汉语应用语言学研究

Research on Chinese Applied Linguistics

北京语言大学对外汉语研究中心　编

第 4 辑

商务印书馆
创于1897 The Commercial Press

2015 年 · 北京

图书在版编目(CIP)数据

汉语应用语言学研究. 第 4 辑/北京语言大学对外汉语研究中心编. —北京:商务印书馆,2015
ISBN 978-7-100-11597-1

Ⅰ. ①汉… Ⅱ. ①北… Ⅲ. ①汉语—对外汉语教学—教学研究—文集 Ⅳ. ①H195-53

中国版本图书馆 CIP 数据核字(2015)第 222870 号

汉语应用语言学研究
第 4 辑
北京语言大学对外汉语研究中心 编

商 务 印 书 馆 出 版
(北京王府井大街36号 邮政编码 100710)
商 务 印 书 馆 发 行
北 京 冠 中 印 刷 厂 印 刷
ISBN 978-7-100-11597-1

2015 年 9 月第 1 版　　开本 787×1092 1/16
2015 年 9 月北京第 1 次印刷　　印张 15
定价: 40.00 元

教育部人文社会科学重点研究基地建设经费及中央高校基本科研业务费专项资金(the Fundamental Research Funds for the Central Universities)资助。

目　录

语体语法的逻辑体系及语体特征的鉴定*

冯胜利

提　要　语体语法是近年发展起来的一个新领域。本文拟在有关书面语、文体特征以及语体属性等方面的研究基础上探讨语体语法的逻辑系统，以便构建一个较为完整、自足的理论体系，为语体研究在理论和实践上的深入做一点基础性的工作。本文在理论探讨的同时，提出单、双音节是汉语区别语体的基本单位；而其对应形式及其不同的语法组配则是语体语法的基本成分。文章认为，由二语教学促发的本体研究与将本体研究成果转化为二语教学语法的实践，是语言与教学互补发展的必由之路。

关键词　理论体系　语体语法　语体特征　语体鉴定　单双音节的语体对立

一　前语体语法的研究

和语体语法直接相关的研究可以追溯到20世纪40年代王力先生对汉语欧化的研究。他在《汉语史稿》中专辟章节讨论汉语中的欧化现象。继王力之后，美国学者顾百里(1985)在《白话文欧化语法之研究》中对汉语书面语中的欧化现象做了专题的研究，认为当代书面语的很多方面都是欧化影响的结果。近年来，贺阳(2008)集汉语欧化研究之大成，对汉语中的欧化语句的类型和结构进行了系统的挖掘、分析和总结。从语体的角度看，欧化，无论是词汇还是句法，均可以看作语体机制区别正式与口语时所用诸多手段之一种。显然，西方的语言特点为什么会植入汉语的原因，以及植入的机制、数量和位置等问题，均可在语体的系统里得到相应的分析和解释。

除了欧化语的研究外，对书面语的关注也是促发语体语法学说的重要来源。现代汉语研究中对书面语的关注是从朱德熙(1987)开始的。他的“书面语语法研究和

---

* 本文部分内容曾在第五届中青年学者汉语教学国际学术研讨会(哥伦比亚大学，2014年5月23日、24日)、第11届对外汉语国际学术研讨会(ICCSL 11，宁夏银川，2014年7月18日—21日)以及第三届汉语中介语语料库建设与应用国际学术讨论会(福建师范大学，2014年8月2日、3日)讲演，得到与会者广泛的批评指教和补充建议，在此表示真诚的感谢。本文是教育部人文社会科学重点研究基地重大项目14JJD740003成果之一。写作中也得到教育部哲学社会科学研究重大课题攻关项目12JZD018与语言能力协同创新中心(江苏徐州，221009)的资助，谨此致谢。

口语语法研究应该分开进行，不能混为一谈”的观点，为口语和书面语的区分奠定了基础。此后，胡明扬(1993)明确提出了“语体和语法”的观点，尽管那里的语体还不是“不同语法的独立体系”。十年以后，冯胜利(2003)提出书面语的独立性，并收集了书面语中使用的250余个“嵌偶词”、400余个“合偶词”以及300余个文言句式(冯胜利，2006)，从具体例证上证明了书面、口语二体的独立性。孙德金(2012)的《现代书面汉语中的文言语法成分研究》更旗帜鲜明地提出并证实了书面语作为独立体系存在的真实性和现实性①。毫无疑问，书面语的研究从根本上回答了长期以来“我手写我口”的局限与偏失，同时也间接地说明了为什么汉语的表达不能简单地代之以拼音的原因所在(嵌偶词无法用拼音来识别)②。

如果说欧化语和书面语的研究是和语体语法直接相关的前理论研究，那么文体语法的研究更是语体语法出现之前的一个独立研究领域。陶红印(1999)提出：语法研究必须以具体的语体或文体为中心，譬如“把”字和“将”字出现的文体差异、被动结构、光杆动词句等在自然对话和影视对白中的差异，都带有明显的文体特征。张伯江(2012)更明确地指出：“任何一个细微的语体变量的不同，都会导致语法特征的差异，而这种微观的语体差别，有时反倒是在语法解释中具有重要意义。”方梅(2007)强调的是语体的决定性，认为语体是决定语句结构和语篇结构的重要因素。她对语体特征的句法表现以及语法特征的语体表现之间的对应关系，给予了特别的关注。

与“欧化语”“书面语”以及“文体/语体”的观察不同，语体语法的理论是从语言交际距离的角度提出的(冯胜利，2010)，其严格定义为：语体是实现人们在直接交际中最原始最基本属性的、用语言来表达或确定彼此之间关系和距离的一种语言机制。因此，语体不是文体，而是人类语言交际语法中的一种普遍机制。继“语体语法”这一概念的提出，很多有关语体的不同研究纷纷而出。其中王永娜(2008、2011、2012)使用“书面正式语体”的“泛时空化”手段解释了[V＋向/往＋NP]、[V和V]动词性并列结构、非计量[一＋量词]等表达格式所以具有正式功能的语体原因。

语体语法的研究正方兴未艾。不仅出现了“专刊”③“专题”④，而且还出现了“专名”：香港中文大学雅礼中国语文研习所所长吴伟平博士风趣地把没有语体的语言教学称作“裸体教学”，提出“裸体教学”的局面必须结束的口号。随着语体理论的出现和语

① 参 *Chinese Language and Discourse* 2013，Vol. 1：297—300的评赞。

② 如“Wo xiao bing wei yin qi zhu yi”中的“wo xiao”是“我笑”还是“我校”，不得而明。

③ 《当代修辞学》2012第二期专刊登载语体文章、美国 *Chinese Language and Discourse* 专门介绍孙德金的《现代书面汉语中的文言语法成分研究》。

④ 哥伦比亚大学东亚系中文部于2014年举办语体系列讲座；香港中文大学雅礼讲习班也于2014年开设语体讲座。

体研究的深入，新现象丰富了，新概念也增多了。于是不可避免地出现概念的混淆和现象的误判。因此，准确地理解术语的概念，正确地鉴定现象的性质，也就成了语体研究深入发展的必要条件。举例而言：

(1)句法不同≠韵律不同

a. *学中文在中国

b. *负责任病房

(1)a 的不合法是句法问题(词序错误)，不是韵律的问题。(1)b 的不合法是韵律问题(只有最小词可以成词带宾语的问题)，不是句法问题。

(2)韵律不同≠语体不同

a. *打牢固基础

b. *教材的编

(2)a 的不合法是韵律的问题("打牢固"超过了最小词)，不是语体问题；(2)b 的不合法是"韵律形态"的问题(动词非双音化不能成为"名动词"或"动名词")，不是简单的句法问题。

(3)韵律要求的双≠语体要求的双

a. 双音节词：知道、喜欢、太阳、月亮……

b. 双音节词：进行、加以、从事、予以……

(3)a 中的双音节词是汉朝以来汉语词语双音化的结果、是"韵律要求的双"；而(3)b 中的双音词如"进行"以及后面动词的"必双"("*进行改"不合法)是韵律语体的要求：用韵律手段创造的正式体语法(之一)，不是纯句法的问题(句法不限制音节的多少，这一点必须分清楚)。

(4)语义不同≠语体不同

有一位著名的美国学者曾把"调戏"错误理解为"戏笑"，一次他跟同事说的是(4)a 这句话，但实际的意思是(4)b：

a. 我刚才在电梯里调戏那位女同学。

b. 我刚才在电梯里跟那位女同学开玩笑。

"调戏女同学"和"跟女同学开玩笑"大不一样，这位美国学者闹笑话的原因是词义理解的错误，不是语体不当的错误。然而，当下面这位外国学生问老师的时候说：

c. 老师您媳妇儿在家吗？

d. 老师您妻子/夫人在家吗？

"媳妇儿""太太""妻子""夫人"的所指之义都一样，但使用的对象和场合不同。这位洋学生犯的是语体错误。

(5)语体语法≠修辞手段

语体语法不是修辞手段,二者必须严格地区分开来。譬如:

a. 春风又过江南岸

b. 春风又绿江南岸

(5)a 和(5)b 这两句的表达(或艺术)效果不一样,这是修辞(美不美)的不同,不是语法(合不合法)的问题。语体语法关心的是语法问题。譬如:

c. *买和看了一本书

d. 购买和保存了一批经典文献

(5)c 和(5)d 这两个句子一个能说、一个不能说(不合法)。但它们的对立不只是合法与非法,重要的是这种合法与非法对应的是不同的"体":能说的是正式语体、不能说的是口语语体。所以,这是语体语法的问题,不是修辞的问题。

由上可见,语体体系的建立引发出一系列的新概念。显然,如果不明确区分这些概念的不同和所指,不仅将导致现象的混淆,还会造成分析的混乱。譬如"说话不得体"有时违背的是语体规则,但不一定违背句法规则,如(4)c 的句法是合法的。然而,我们未曾关心而需要关注的是:不同的语体使用不同的语法,如中文"单、双音节动词"和英文"native/latinate"动词语法之间的语体对立(见下文),尽管不是"所有不同的语体都用不同的语法"。

二　语体语法的韵律基础

语体语法的出现无疑是欧化语法、书面语语法、文体语法等研究的继续,然而需要指出的是:它的出现直接以韵律语法 Prosodic Grammar 为基础。譬如(5)c 和(5)d,如果没有韵律语法做基础,单音节动词并列的非法性与双音节动词并列的合法性之间的对立不仅很难发现,即使发现也很难揭示其"用韵律特征实现语体语法"的本质属性。然而,人们未尝注意的是,韵律语法曾几何时还是语言学界的一个"禁区"。20 世纪 70 年代 Zwicky (1969)提出的"句法无语音原则(Principle of Phonology free syntax)"影响了几代人。汉语的韵律语法正是从这里起步的。我们看到,20 多年以后 MIT 的句法学家 Richards (2010)也开始了韵律语法的研究,并提出"句子的韵律比句法更不可缺"的结论[①]。最近 Simpson (2014)在由 Wiley-Blackwell 出版社出版的《汉语语言学手册》中的"韵律与句法(Prosody and Syntax)"一文里,不仅关注到当代汉语"以双音节

① The sound pattern in sentences is more integral to the syntax。

韵律词为条件的句法构式”，而且还特别强调“韵律词在历史上如何通过音步性质的改变而引起句法的创新”；认为“将来的韵律句法的研究，无论共时的跨汉语方言的不同变异还是历时的(可能)演变，都将是汉语语言学里的一个丰富而广博的研究领域，同时也是汉语可以给人类语言的普通语言学理论做出重要贡献的领域”①。我们将在下文看到：没有韵律，语体语法的逻辑体系很难自足其备(self-sufficient)。事实上，不仅汉语的语体现象，就是英文和法文的语体语法(冯胜利，2014)，也和韵律有着密不可分的联系(参下文)。

三 语体语法的逻辑体系

理论不是说法，更不是现象和条例的堆砌。理论是体系、是一个自足的逻辑体系。什么是理论的逻辑体系呢？我认为巴赫(Bach ，1964)的看法很值得参考。他说：“经验科学里的推论不是按照线性(前后次序)的方式进行的，而是该体系内全体成员(规则)的同步合作。我们不是在堆垒金字塔，而是在构筑‘楔石拱形桥’—— 这里的每一块楔形砖必须同时受力。”②(见图1：楔石拱形桥)。

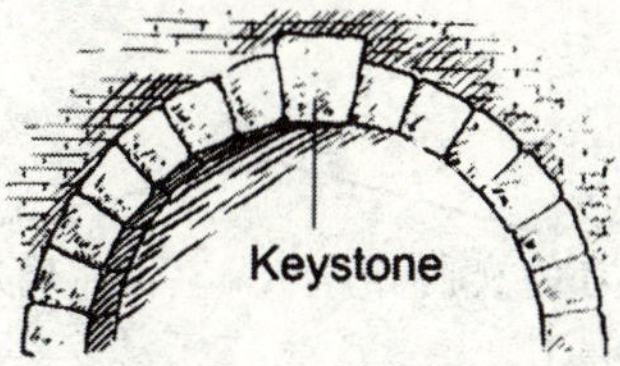

图1 楔石拱形桥

我们可以用巴赫比喻的楔石拱形桥的机制和结构来说明哪些是体系的基本条件和必要要素。具体而言，即：(1)所有的成分(理论规则)必须同时受力支撑(All the pieces must be held up at once)；(2)每一部分均不可或缺(没有多余的)；(3)给定弧度以及嵌入的“块数”，即可预测某一位置上楔形石(keystone)的大小和形状；(4)任何一块楔形

① Simpson (2014：489)的原文是：We provided a short review of syntactic patterns which have been argued to be conditioned by the disyllabic property of prosodic words and how the changing properties of prosodic words in Chinese over time may have been the cause of certain syntactic innovations. The continued study of prosody and syntax interactions, both synchronically across different varieties of Chinese and diachronically (where this is possible), promises to be a rich and very informative area of future research for Chinese Linguistics, and one in which Chinese can contribute importantly to general theories of human language.

② 原文是：Reasoning in an empirical science does not proceed in a linear fashion. It proceeds on all fronts simultaneously. We are not constructing a pyramid but rather a keystone arch, in which all the pieces must be held up at once. (Emmon Bach, 1964：143)

石掉落，整个结构将会全部坍塌(彼此以对方为存在前提)。

理论体系中的各个组成成分，都应当如拱形桥中的楔形石一样，彼此咬合，牵一发而动全身；这是理论体系性的基本特点。语体语法是这样的体系吗？用先秦公西赤的话来说："非曰能之，愿学焉。"(《论语·侍坐》)——我们努力把这个"楔石拱形桥"的结构属性当作我们"理论体系"构建的参考条件和要求，努力追求、逼近目标。

3.1 语体语法的逻辑体系

现在我们本着上述"体系理论"的精神来看语体语法的逻辑系统。首先看定义(冯胜利，2010)："语体是实现人们在直接交际中最原始最基本属性的、用语言来表达或确定彼此之间关系和距离的一种语言机制。"注意：定义中的几个概念是相互咬合的。首先，这里的大前提为"语体是交际的产物"。但这里的"交际"不是所有方面的交际，而是"用语言完成的交际(任务)"。明确了这一限定以后，再看什么是交际的"属性"。在该体系里：交际最原始最基本的属性是"确定关系"。什么是"关系"？从关系的最基本的属性上看，构成关系的基本元素是"距离"。距离的"人文属性"是什么？距离在人和人的关系上的基本表现是："远近"和"高低"。于是我们就有了一个从交际到远近关系的逻辑咬合体系：

(6)

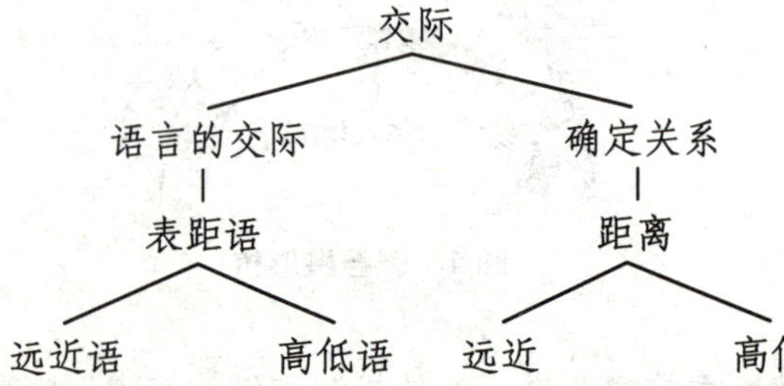

图2 从交际到远近关系的逻辑咬合体系

这里左右、上下的概念是相生相成、彼此依赖的。它们相互咬合、缺一不可，构成一个有机体。这个体系在人类社团和阶级里面的作用，从下面的一段古训中，可以清楚地看出来："不袁(远)不敬，不敬不严。"(《五行·第十二章·经》)就是说，距离产生敬畏。分析至此，我们可以得出下面的逻辑结果：远敬＝正式、高尊＝庄严。如图3所示。

我们平时说的"平易近人"的"平"和"近"，就是用距离来说明人们"亲密无间"的关系①。人类这种对距离的心理反应，表现在语言上(或用语言来实现)，就构成了图4这

① 说话人与听话人之间的"熟知度"即可看作这里人与人之间关系的一种。

种二元对立三维分体的语体系统①。

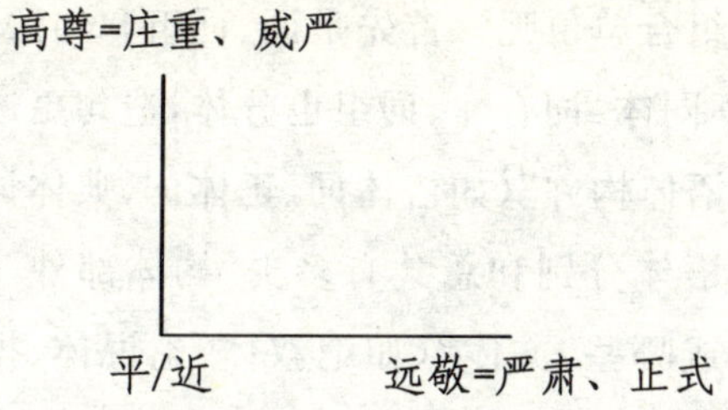

图 3　语体距离示意

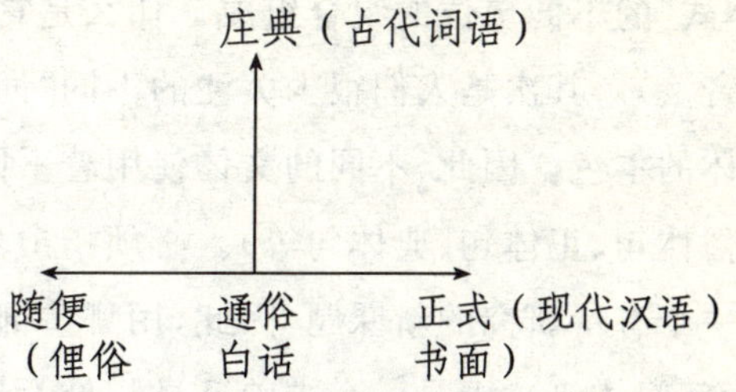

图 4　语体三维坐标

由于“关系”是这个体系的核心，因此该体系很容易地把“关系”所必然关涉的影响因子作为自己的允准条件。亦即：交际的对象（双方的关系、对方身份）、交际发生的场所、交际的内容和交际者的态度，这四者是语体实现和鉴定的决定要素②。这就形成了以交际原理为基础，以二元对立、三维分体、四度定位为体系的语体语法。当然，交际时有无准备可能影响交际的效果，但不会决定交际的语体。因此在这个体系中，有无准备是影响语体因子，不是决定语体的必然要素。

上面的语体模式给我们提供了一个理解为什么文言文被消灭以后（传统正式语体废弃后），汉语欧化现象大量出现的理论解释。当然，导致汉语欧化的原因很多，但是其所以能在汉语中生存和发展的根本原因，是语体的需要。换言之，欧化是表现或实现（正式）语体语法的手段之一③。

不仅欧化现象，书面中古汉语的复活和使用也是语体的需要。语体不仅有“正式格”，而且有“庄典格（庄重典雅体）”。汉语书面语中的古汉语（虚词如“之、乎、者、也”，句式如“为……而……”，语法如“表舅父→舅父而表”④）也是为了满足和发展庄典体的需要才应运而生的。换言之，传统所谓的书面语，实际是正式体和庄典体在文字上（不只是话语中）的表现。

进言之，刚刚开始但仍待深入研究的一个语体领域是“文体的语体配制和派生”，如

---

① 感谢汪维辉先生的提示：吕叔湘在《语言和语言研究》（《中国大百科全书·语言文字》）中提到的“庄重、正式、通常、脱略四级风格”。按，这里的“庄典、正式、通俗、随便”和吕先生的“四级风格”的区分结果是一致的，尽管各自的理论体系不同。

② 唐松波（1961）曾提出：“语体是人们在社会发展过程中，在不同的活动领域内运用语言特点所形成的体系。这些特点首先表现在词汇和熟语材料的选择上，其次是语法结构，最后是语音手段的选择……决定这些差别的因素是交际的对象、交际的目的以及具体的内容。因此，语体又叫作功能（或职能）语体。”这和本文观察的角度是一致的，但逻辑体系不同。首先，唐的体系没有推导出三体系统（风、雅、颂）；其次，四维影响因子缺少一维——场合。

③ 唐松波（1961）提出的“文章语体”也即这里所说“正式语体”之一种。

④ 引自卢振海《女儿的婚事》，载《文艺生活》（精选小小说）2004 年第 9 期。

操作体、网络体、新闻体、记叙体、论说体、日记体、尺牍体等，虽然各自独立，但均由语言“体式”的不同单位的组合组成。什么是它们的组合单位呢？首先是词、词组和句法(包括音法)。其次是人们很少关注的不同“词”的不同体：词有体、词组也分体，造句更逃不开体的本色。因此，不同的文体使用着不同的“语体构件”(如俗体词、正体词、典体词以及俗体句、正体句、典体句等)。必须指出：三种语体分别和总共有多少“构体部件”，还是一个有待研究的新课题，因此，用哪些部件组成哪些“文体”(如记叙体、论说体、操作体、新闻体等)，更是一个未曾开垦的处女地。譬如(双“＋”号表强特征)：

语体|文类	政论文	记叙文	说明文	……	菜　谱	新　闻
通俗	－(＋)	－－	－/＋		－/＋	－
正式	＋＋		＋/－		－	＋＋
庄典	－/＋	＋	－		＋/－	－(＋)

上面只是示意性的分析，我们相信，语体的研究必将在这里开辟出大量的可耕地。

3.2　语体的三分系统

以距离为机制的语体必然导致三分的结果(高、近、远)，而语体的三分不仅是机制必然，更是历史和现实结果。《诗经》的风、雅、颂正和语体理论中口语、正式、庄典的三分不谋而合。需要指出的是：上古不仅诗歌，就是散文也可依风、雅、颂三体区而别之。请看：

风　整闻声，仍打逡。范唤问何意打我儿？整母子尔时便同出中庭，隔箔与范相骂。(《文选·奏弹刘整》)

雅　子所雅言，诗书执礼皆雅言也。(《论语·述而》)

颂　敬夙夜用事。勿废朕命。(《大克鼎》)　敬念王畏不易。(《毛公鼎》)

孔子在“执礼”和诵读“诗经”和“书经”的时候要用“雅正之言”，可证古代的正式语体不仅“韵文(诗)”，“散文(书)”亦然。而《奏弹刘整》中的“闻、打、问、出、骂”和《毛公鼎》中的“敬念、不易”：一对人，一对神，两种用语，界判分明。当然，后者庄典体的使用不限于“敬鬼神”，其他如国礼、庆典、盛会、殡仪等隆重场合，庄典体式的语言也是必需的。庄典语无论对说者还是对听者，“虔敬的气氛、庄严的语调”是首要的，“词语的确切定义和所指”反倒是次要的①。譬如《祭孔子文》：

维公元2010年先师孔圣夫子诞日，谨备时蔬玄酒，雅乐升舞，恭奠于大成殿阶下，肃拜追远，上达夫子暨诸先哲先贤。其辞曰：吾国文明，渊源何远！洪荒无征，

① 感谢李宇明教授对庄典体更重气氛的提示。

蒙昧万年。既历三皇，五帝相衔；贤哲冥思，归之鬼天。吾侪何来？终将何还？何者为福？何者为善？生应何求？何为圣贤？茫茫长夜，踽踽盘桓。

这里“维公元”的“维”、“玄酒”的“玄”的确切意思，恐怕大多数人都似懂非懂，因为它们是古语。事实上，似懂非懂正是“庄典效应”之所由。无论如何，“庄典体”的存在是毋庸置疑的；而孙德金的“书面语中的文言成分”、黄梅(2012)的“古代嵌偶单音词”，都是经过语法和韵律加工而融入现代汉语庄典体用语的。

语体三分不仅有古代的证明，同时也有当代证据。请看下面词汇中的语体对应性：

(7)

口语体	正式体	庄典体
风	雅	颂
挖	挖掘	掘
骗	欺骗	欺
帮	帮助	帮
躲	躲避	避
学	学习	习
建	建筑	筑
想	想念	念
输	运输	输

上面“二字三体”①的分合形式说明语体语法在汉语词汇中的表现②。语体三分的“现实见证”莫过于郭熙(2014)建议的汉语教学的三大分野：国文、华文和中文。亦即：

国文：国语教学(对象是国人)	雅、颂为主(而风体为次)
华文：民族语教学(对象是海外华人)	风、雅为主(而或及颂体)
中文：外国语教学(对象是外国人)	风体为主而渐及于雅(不必颂)

就是说，国文、华文和中文所教语言的异同可以从语体三分的风、雅、颂上得到有机的区别。换言之，语体三分为不同对象和文化的中文教学(国文、华文和中文)提供了理论的根据。

3.3 语体“语法属性”的理论原理

语体的不同，处处可见；然而语体有法，则非人人认同；即使认同，也是把语体语法理解为修辞或者语法的变体。这里所要强调的是：从语言学原理上说，“不同的语体有

① 感谢崔希亮教授对这里“二字三体模式”的建议。

② 参汪维辉(2014)有关词汇语体的历史考证。

不同的语法”是人类语言“双言(diglossia)”属性的表现(参 Kroch，1989；Roeper，T. 2003；Yang，2011)。我们承认双语(bilingualism)语法的不同，但人们很少了解“双言(diglossia)”的语法也不同。前者是两种不同语言(如中文和英文)的语法，好理解；后者是同一语言中的不同语法(如口语体语法和正式体语法)，则不好理解。然而，这正是 Kroch (1989)，Roeper，T. (2003)以及 Yang (2011) 等学者从语言历时演变的角度提出的新理论(冯胜利，2015)。正如 Yang (2011)指出的：语言习得中参数的设定不是在关键语证(evidence)的触发下，一次性激活(trigger)就一生注定的，而是在概率模式下不断进行的。因此语言演变不仅是缓慢的，而且是一个对不同语法选择的过程。什么是“选择”的动机和机制呢？语体语法为此提供了一个很好的理论。请看下面的事实：

(8)	非正式体语法	正式体语法
	*买和看了一本书；	购买和保存了一批经典文献
	*豪车的买与修都很贵；	豪车的购买与维修都很昂贵
	*对文章进行反复改	对文章进行反复修改
	非庄典体语法	庄典体语语法
	*我学校/我们学校	我校、他校
	*这个校/这个学校	此校、本校
	*我的校/我的学校	校与校之间、在校劳动

区分正式与非正式，庄典与非庄典，英语的语法也不例外。请看：

(9)He gave him a book.

*He donated the church a book.

'give' = 盎格鲁撒格逊动词　单音节　非正式体

'donate' = 拉丁动词　双音节　正式体

下面这个段子中省“一”的句子，只在口语里出现，不是正式或庄典体的语法规则：

(10)过个车大桥坠毁；打个雷高铁追尾；下个雨满城泡水；开个会全国戒备；

生个病债台高垒；读个书全家受累；眨个眼肉价狂掉；上个访有去无回；

喝个奶时间不对；摆个摊城管砸毁；炒个股终生后悔。①

显然，这里的[V 个 N](“过个车”“打个雷”)都是口语语法，在正式体中是非法的。比较：

① 出自《本年度最经典的段子》，http://80dg. com/rizhi/book_view. aspx? siteid=1000&classid=0&id=32&sid=-2-0-0-0-0。

(11)过个车　　＊飞过架军机
开个会　　＊举办场国宴
生个病　　＊传染种疾病
读本书　　＊阅读部法典

毫无疑问,正式体与非正式体的(核心)语法,泾渭分明,不容忽略。

四　语体的鉴定标准

语体三分既如上述,三分的语体如何鉴定呢?我们尝试提出如下二法:交际中的时空鉴定和语法中的时空鉴定。兹分述如下。

4.1　语体鉴定原则之一:交际中的时空

一个句子,它属哪类语体,如何判断呢?我们认为首先可用下面的"交际时空鉴定法":

	人	事	地	意
风—通俗	妈	吃	家	亲近
雅—正式	官	法	厅	尊重
颂—庄典	神	祭	庙	敬畏

这就是看那个句子是谁说的、说给谁的(人)、说的是什么内容(事)、在什么场合说的(地),听说者的态度如何(意)。有了这个四维坐标,任何表达(词、词组、短语、句子或更大的单位)的"体",就大体可定了①。

4.2　语体鉴定原则二:语法中的时空

语体鉴定的第二种方法是语法中的时空鉴定法。前面看到,语体语法的自身体系有很强的自足性和综合型。这里所要指出的是:从语法结构标记时空的机制上看(如指示词、量词、单复数、体态标记等),语法系统可以很好地表现"时空标记"和"语体属性"之间的对应关系,如(参 Feng & Ash,2014):

① Pinker (1989:123) 在解释"give the picture to B(give B the picture)"和"donate the picture to B(* donate B picture)"的不同时说:in order to *donate* something to someone, as opposed to merely *giving* it, one must have publicly charitable motives (意), the recipient must be an institution(场所)or an individual representing an institution or cause, and the donor need not know the recipient personally(对象)。虽然没有语体理论,但却道出 give 和 donate 二者不同的语体特征。

时空度　具时空　泛时空　虚时空　超时空

语体类　口语　　正式　　庄典　　文艺

举例而言，口语体的具时空和正式体的泛时空可以从“挖”和“挖掘”的不同上看出来：

(12)a. 挖槽、挖坑、挖土、挖钱、挖战道、挖潜力、挖财富

b. *钱的挖、*潜力的挖、*战道的挖

c. *挖掘坑、*挖掘土、挖掘财富、挖掘潜力

d. 财富的挖掘、潜力的挖掘、? 战道的挖掘

“挖坑、挖土”都能说，但是不能说“*挖掘坑、*挖掘土”。“潜力的挖掘”可以说，但是不能说“*潜力的挖”。可见“挖”与“挖掘”的语法不同。然而这些语法的不同还告诉我们：“挖”是口语体的、“挖掘”是正式体的。此前我们只从单双音节的韵律上区分二体的不同(正如英文用音步限定来 give 和 donate 的不同一样，参 Pinker，1989)，近来的研究发现，它们的语法中潜藏着时空信息的不同。比较：

挖：用工具或手从物体的表面向里用力，取出其一部分或其中包藏的东西。

挖掘：挖。　　　　　　　　　　　　　　(《现代汉语词典》)

《现代汉语词典》没有区分“挖”与“挖掘”的不同语法(不同的带宾能力、能否做“的”后面的中心语等)。不但如此，《现代汉语词典》还把“挖掘”注释成“挖”，似乎二者没有区别。事实上，“挖”的语法和它的义素成分，息息相关。“挖”至少是由下面几个义素组成：

|挖| = |用工具或手+从物体的表面向里+用力+取出东西|

与“挖”相比，“挖掘”意义中“工具”项则不是必需的，因此“挖掘潜力”“挖掘思想”不必“用工具或手”。这就告诉我们：口语“挖”的时空性比正式体“挖掘”的时空性不仅具体而且要强。换言之，口语体具有“具时空”的要求，而正式体则有“泛时空”的特征。它们语体和语法的不同正和它们“时空义素”的有无(或多少)直接相关。进言之，语体可以通过语法和词义中的时空要素来鉴定。单双音节词汇的不同，不仅是韵律的对立，而且是语体的对立；不仅是语体的不同，而且是语法的不同。而这些对立和不同的一个共同点，就是“时空度”的差异，亦即双音节的泛时空化。

双音节的泛时空化不仅表现在动词上，同时也表现在名词上。比较下面一些双音节名词和动词的共同特征①：

---

① Pinker(1989：123)说：“many of the familiar creation verbs do specify instruments, and none, to my knowledge, is Latinate. (e.g., she hammered me out a disc; he sawed me a piece of wood).”又说：“because of their (latinate words) abstractness and semantic complexity, they connote less of a sense of directly acting on or affecting the recipient that native words do.”也可证明我们这里语体的时空理论。

双音节名词的语法特征

a. 由单音虚字(功能词)组合的概念：船只、马匹、花朵、纸张(这里的量词都不轻读)；

b. 有的不能数：* 三枝花朵、* 五张纸张、* 思想的一种；

c. 有的不能具指：* 这就是你的班级、* 这船只有点旧了；

d. 有的不能问“谁”或“哪儿”：* 你的马匹在哪儿呢？

e. 有的不接受单音节动词：* 炒蔬菜、* 回家庭、* 吃花朵、* 治疾病、* 有习惯；

f. 不能重叠：家家都有一本经、* 家庭家庭都有一本经；

g. 不能入“俗语套话”：真不像话！ * 真不像语言！

双音节动词的语法特征

a. 单音节动词含“具时空”性：抠＝用手指或细小的东西＋从里面往外＋挖(《现代汉语词典》)；

b. 双音节动词可变为“[-V]”(动名词/名动词)：教材的 *(编)写；

c. 有的不能带体貌助词 ASP：跑(＝run)着/过/了、* 奔跑(＝run)着/过/了；

d. 通常不能 V-not-V 问：* 奔跑不奔跑？ * 挖掘不挖掘？

e. 通常不带单音节宾语：* 种植树、* 阅读报、* 购买纸；

f. 有的不能重叠(尝试体)：* 挖掘挖掘、* 奔跑奔跑；

g. 有的不接受具体(像)宾语：* 挖掘土坑、* 挖掘土壤、* 挖掘战道、* 钱的挖、* 潜力的挖、* 战道的挖、财富的挖掘、潜力的挖掘、? 战道的挖掘；死了一只猫、* 死亡了一只猫、* 三毛死之谜、三毛死亡之谜；忙论文、* 忙碌论文、忙碌论文的日子、忙碌生活/上班的日子；

h. 单双音节的论元结构是不同的(“v 用”表示 L-syntax 中由轻动词 v=用生成的词汇论元结构。冯胜利，2005)：

(a) 唱$[_{+v用}]$：歌唱$[_{-v用}]$ 唱美声、* 歌唱美声

(b) 唱$[_{-v为}]$：歌唱$[_{+v为}]$ * 唱祖国、歌唱祖国

这里，单、双音节的对立表现为低阶轻动词[$v_{用}$](表工具、手段)和高阶轻动词([$v_{为}$]表原因、目标)之间的句法对立。显然，这种单双论元结构对立的发现为将来进一步的深入研究提供了一个新视角。总之，根据上面的例证和分析，我们可以概括出下面的规则：A. 单音节动词含“具时空”性，$V_{\sigma[-N]}$(单音节动词不具备转换成 N 的条件)。B. 双音节动词可变形为 $V_{\sigma\sigma[-V]}$ 或 $V_{\sigma\sigma[+N]}$(双音节动词可转换成 N 或-V)。这一规则还可以从下面的对立看出来：A. 对应双音节的单音节动词一般都是强时空动词(包含工具、方式和具体对象等时空属性)，如“抠、掰、咬、吐(痰)”等。B. 对应单音节的双音节

动词一般都是泛时空的动词(没有具体的工具、方式或具体对象),如“生活、认识、整改”等; C.在单双音节对应的词里面(这里只选取了单双同语素对应词),单音词具体(全时空)而双音的抽象(泛时空),没有相反的。譬如“想家:怀念*家;跑了三步:*奔跑了三步”。

由上可见,单双音节在语法和语体上的对立是一个崭新的、有前景的研究领域①。古川裕(2013)曾指出日语和汉语“流体动词”的对立,“日语对流动体的选择范围比汉语宽,除了液体以外,气体以及声音等抽象名词都可以做日语动词‘流’的主语;而汉语一般只有液体才可以当动词‘流’的主语”。譬如:

(13) *中国北方上流着叫黄河的大河。

*在中国北方流着一条大河叫黄河。

*有一条大河叫黄河流在中国的北方。

这些句子在日文中都可以说,中文则不可。其所以如此的原因,在我们看来正是汉语单音节动词的“具时空性”的语法表现。就是说,动词时空性的研究可以延伸到比较词义学的领域。

4.3 叙事体语体特征

具时空理论告诉我们:人们在描述、记叙一个事件的时候,使用口语“强时空性动词”才生动而切情。这也就是为什么记事文口语性很强的缘故②。比较:

(14) a.口语体(画线部分表口语体特征)

米歇尔开着车,跟前座上的伽缪说说笑笑。伽太太让娜坐在后排座上,听见丈夫叫了声“坏啦!”,车子兜了个弯儿一下子飞出了路面,重重地撞到树干上。伽缪的头撞碎了,脖子折断了,当场就没气了。那年他才46岁。没几天,米歇尔也死在了医院。

b.典雅体(画线部分表典雅体特征)

米歇尔驾车,与前座的伽缪谈笑风生。伽太太让娜坐在后座,听见丈夫叫“屎!”车体转向、飞出路面,重击树干,伽缪颅裂颈断,当场殒命,年仅46岁。数日后米歇尔亦告不治。(康慨《克格勃杀伽缪?》,《中华读书报》2011年8月10日第4版)

不难看出,时空特征多则口语性强、时空要素少则正式性强。更可看出的是:时空

---

① 参骆建飞的《单双对应动词的语体语法研究》和索潇潇的《单双对应名词的语体语法研究》。

② 英文也一样,要用安格鲁撒格逊的词:“When writing an emotional scene, try to get into your character's body or use blunter language. Use more of those Anglo-Saxon type words and try to avoid abstract thinking.”

特征不仅可以从词的义素结构中看出来，还可以从构词法中表现出来；不仅可以从词与词的组合中看出来，还可以从句子和句子的搭配上，以至于段落和段落的安排中表现出来。进言之，时空特征也是构成文体、区别文类的重要手段。因此，时空可能正是我们寻找的决定语体的一个核心要素(冯胜利，2010)。正因如此，语体的鉴定可以从表达时空的方式、工具、时间、地点等要素，来考察词义特征、词法构造、组词造句，连句结篇以至于织文创体等语言创造和使用。

4.4 单、双的语法性质

汉语的单双对应词越来越引起重视，因为它们是规则的产物。然而需要注意的是：单双音节的对应不是单一规则的产物。因此鉴别单双形式的不同语法的性质，就成了我们认识汉语、鉴别汉语的语体以及研究汉语的语言使用和语言艺术的一种不可缺少的前提和手段。譬如下面的双音形式，它们的出现和功能是不同语言层面的不同规则的不同产物。请看：

(15)a. 韵律构词

蒜[大蒜]、冰[凉冰]、眼[眼睛]、搅[搅和]、掺[掺和]、邪[邪性]

这里的单、双音节的对立是汉语韵律构词的产物。汉语根语素是一个音节(Downing，2006；Feng，2009)，而“合成词必须首先是一个韵律词”。这条规则首先适用于口语，这就是为什么“大蒜”“凉冰”虽是双音，也是口语体词汇的缘故。这类双音节形式，从来源上说不能混同于正式体的双音词。譬如：

b. 韵律语体

妈[母亲]、挖[挖掘]、桌子/椅子[桌椅]

挖钱、*挖掘钱；挖掘财富、? 挖财富

校：[学校] = 我校/*我学校、我们学校/*我们校、*我的校/我的学校

口语体尚单(及轻声)、正式体用双(泛时空)，因此有“妈”和“母亲”的不同。此外，与西方的“大词(big word)”不同，汉语的庄典体词汇取自古代的单音词，于是单音节“校”(在校劳动)比双音节“学校”更文雅。这类“单、双、单”对应是“风、雅、颂”的语体之需，不是上面(15)a 中按照纯韵律的需要构成的双音词。

c. 韵律形态

(a)编教材/编写教材、教材的*编/教材的编写

发文章/发表文章、文章的*发/文章的发表

规则：只有双音节动词可以进入[……的[_]$_N$]

(b)贩毒者、*毒贩者、毒品贩卖者(=类型)、贩卖毒品者(=个案)

规则：只有双音节动词可以在［OOVVN］内构词（比较“贩卖毒品者＊们”）[①]

(c)进行改革、＊进行改；从事写作、＊从事写

规则：只有双音节动词可以做“进行”“从事”等轻动词的补述语

上面这类单双形式的对立可以说是汉语独有的语法机制或运作，亦即“韵律形态”或“准形态”的表现（［σσ］＝形态，冯胜利，2009；王丽娟，2009、2015）。换言之，双音节形式具有改变词性的功能。其规则可以表述为：$V_{\sigma}\rightarrow$ V－ing(－tion) \ V［$_{\sigma\sigma}$］。根据这里的分析和论证（语体的语法证据），我们可以归纳出如下规则：

$$a.\ V\begin{cases}\rightarrow V_{[+正,-V]} \backslash V_{[\sigma\sigma]}\\ \rightarrow V_{[-正,+V]} \backslash V_{[\sigma]}\end{cases}$$

$$b.\ N\begin{cases}\rightarrow N_{[+正,+N]} \backslash N_{[\sigma\sigma]}\\ \rightarrow N_{[-正,+N]} \backslash N_{[\sigma]}\end{cases}$$

动词要成为正式体或要去动词性的话，那么最佳的形式手段就是启用双音节的形式，反之则用单音节形式；名词要成为正式体的最佳形式手段也是双音节化，反之则用单音节（北京话的轻声不在双音节之列）。

上面三种规则的运作（韵律构词、韵律语体、韵律形态）都能产生“双音节”形式，因此，不能不加区分地把它们的不同性质和来源混淆起来。

五　语体特征鉴定举隅

为了更好地说明上面的理论和实践，这里用几个具体实例说明如何进行语体的鉴别。先看语缀的语体属性。(16)a 是根语素词缀，简称为“根素缀”；(16)b 附着于双音节韵律模板上的类语缀，简称“韵模缀”。

(16)a. 根素缀一子$_{[+口语]}$

剪子、梳子、桌子、凳子、瓶子、茄子、橘子

＊菠萝子、＊苹果子

b. 韵模缀一家$_{[+正式]}$

政治家、军事家、思想家、收藏家、活动家

＊计算机家

(16)a 的规则很简单：双音节词不能带词缀“-子”，所以我们称之为根素缀（只能与

---

① 有人认为“贩卖毒品者”是上面公式的反例。但实际上，正如何元建(2004)指出的：“毒品贩卖者们”可以说，但是“＊贩卖毒品者们”不合法。这说明“贩卖毒品者”不是反例，而是特例。

单音节根语素组合的词缀）。这类词缀是口语性的，所以用“子$_{[+口语]}$”来标识。“革命家”的“家”是不是“语缀”可以再讨论，为方便起见称之为“类语缀”。这里所要指出的是这类形式一般只与双音节、不与三音节名词结合（与单音节组合的是另一类）[①]，所以叫作“韵模缀”。这类“准语缀”是正式性的。就是说，“缀”（词缀或准语缀）也有体的不同。然而，实语素（或根语素）如果不能独立使用（不是自由语素），那么就没有“体”的属性。我们称之为“不独不体原则”[②]。比较：

(17) a. 嵌偶词　我校$_{[+典]}$　贵校、在校工作、离校之前……；我的＊校
　　每逢$_{[+典]}$　再逢、又逢、未逢、逢年过节……；他＊逢老师就问。
　　改$_{[+典]}$乘　改写、改唱、改学、改练跳水……；他＊改学习英文了。
b. 根语素　电视机$_{[-体]}$　手机、洗衣机、收音机、机器……；我买了两台＊机。
　　太师椅$_{[-体]}$　椅子、摇椅、轮椅、藤椅、躺椅……；我买了一把＊椅。
　　方向盘$_{[-体]}$　盘子、茶盘、冷盘、拼盘、磨盘……；我买了一个＊盘。

“校”“逢”“改”与“机”“椅”“盘”都是单音节语素，但它们有很大的不同：“校”等是“句法自由、韵律黏着”的词（黄梅，2012），而“机”等则是不能独立使用的“黏着性根语素”。根据“不独则无体”的原则，“校”有语体性（庄典体）而“机”则不赋语体值[③]。

“黏着根语素”很像嵌偶词，但它没有“体”。这一点非常重要，因为我们注意到《现代汉语词典》中一些传统看作“非自由”的语素，一般都没标词性。然而，它们中间有些是嵌偶词，是有体的。譬如（取自《现代汉语词典》）：

(18) 学 [xué]

①〈动〉学习：～技术｜勤工俭～｜我跟着他～了许多知识。

②〈动〉模仿：他～杜鹃叫，～得很像。

③学问：治～｜才疏～浅｜博～多能。

④指学科：数～｜物理～｜政治经济～。

⑤学校：小～｜大～｜上～。

⑥〈名〉姓。

黄丽君、端木三（2013）指出：非自由词义也有词类性质……因此，我们给无标注的汉语词义一律添加词类标注。以“学”为例，标注结果如下：

---

① 在[σ＋家]里面，家＝根语素；在[σσ＋家]里面，家＝韵模缀。

② 感谢崔希亮教授给笔者的提示。

③ 注意：一般人认为“校”和“机”都是不自由语素，但“我校”和“手机”中的“校”与“机”显然有语体的差异。这种语感的不同不仅说明它们语体的对立，更重要的是提供了“校”不是（句法）黏着语素的独立证据（independent evidence）。

(19) 学［xué］

①〈动〉 原 学习：～技术|勤工俭～|我跟着他～了许多知识。

②〈动〉 原 模仿：他～杜鹃叫，～得很像。

③〈名〉 加 学问：治～|才疏～浅|博～多能。

④〈名〉 加 指学科：数～|物理～|政治经济～。

⑤〈名〉 加 学校：小～|大～|上～。

⑥〈名〉 原 姓。

我们同意给非自由语素加标词性，但是要特别注意的是：《现代汉语词典》未加词性标注的单音词有些是"嵌偶词"。譬如上面的"学"，"治学"可以说，但"＊研究学、＊广博学、＊学浅薄"都不合法。如果把"学"与其他标注名词的单音节语素如"机"一样等量齐观，结果将把两类不同的〈名〉词混淆起来。但事实上，它们不仅语法性质不同，语体性质也不一样，因为真正的黏着语素（如"机""椅""盘"）是不赋"体"的。《现代汉语词典》未标词性不为过（尚有来日续标的可能），如果把它们混而一之则有很大的误导性。

由此看来，语体辨识不能不从义素、语素、根词、语缀、嵌偶、合偶、韵律、语法、语体等多层、多维的角度来分析。事实还不止于此，下面的例子告诉我们，语音的不同也是语体辨别的重要手段。请看（取自刘智伟，2007）：

(20) a. 我盼冰面融化，我欲春水溶漾，却又不愿没有一种必要的过渡。

b. 读我文字者，盼你我会心，尽在不言中。

c. 明知道老爷子的心事，盼着抱个孙子。

d. 他们一直巴巴盼着他回来。

a 中的"盼"与"欲"相对，表现出明显的文雅色彩。b 中"盼"的前后都带有明显的典雅味道，因而"盼"也带有较浓的书面语色彩。c 和 d 所呈现的语境本身就带有较浓的口语特点，所用的"盼"也带有明显的口语色彩。因此，同一个形式在不同的语境中表现出的语体色彩也不同。为什么同一个形式可以表现不同的语体效应呢？这里的语体语法是什么呢？我们认为是韵律。请看：

(21)【盼＋Ø】：【盼＋着】

正式 ： 口语

［托腔］ ［悬差］

$盼_{[+正]}$ $盼_{[+口]}$

显然，用托腔或空拍（Ø）来支持的"盼"，是典雅体；用"-着"字黏着而成的"盼着"，是口语体。前者声平调稳，是"庄典"正式语调，后者扬抑悬差（trochee）是典型的口语节奏。因此，语体的辨别还需韵律的帮助，因为韵律也是语体用来表现自己的重要工具

（韵律语法）。

六　结语

理论体系的理想境界是它严密的逻辑系统。当然，这是我们的目标：求上得中，求中得下，虽曰“非能”，“愿学焉”。本文提出的语体语法的逻辑系统及其多层、多维的鉴定，不仅是二语习得，同时也是中小学语文教育的重要工具和理论。因为没有没有语体的话语，因此无体（裸体）的二语教学（和一语教学）必将很快地得到修正和改进。我们看到：随着二语教学的深入，一个由二语教学促发的本体研究以及将本体研究成果转化为二语教学语法的实践，给我们辟出了一条语言与教学互动互补的新途径。

参考文献

崔希亮（2013）现代汉语书面语的三个境界，冯胜利主编《汉语书面语的历史与现状》，北京：北京大学出版社。
方　梅（2007）语体动因对句法的塑造，《修辞学习》第6期。
冯胜利（2003）书面语语法及教学的相对独立性，《语言教学与研究》第2期。
冯胜利（2005）论汉语书面语语法的形成与模式，《汉语教学学刊》第1辑。
冯胜利（2006）《汉语书面用语初编》，北京：北京语言大学出版社。
冯胜利（2009）论汉语韵律的形态功能与句法演变的历史分期，《历史语言学研究》第2辑。
冯胜利（2010）论语体的机制及其语法功能，《中国语文》第5期。
冯胜利（2012）百年来正式语体的灭亡与新生，澳门语言文化研究中心组织的第六届海峡两岸现代汉语问题学术研讨会论文。
冯胜利（2014）论元结构与语体语法：兼谈英文中“本土语与格”与“拉丁语与格”之间语体语法的对立，第十八次现代汉语语法研讨会，澳门大学，11月27日—31日。
冯胜利（2015）《汉语历时句法学论稿》，上海：上海教育出版社。
古川裕（2013）汉语和日语“流动事件”的语法表现及其认知特点，《现代中国语研究》第15期。
顾百里（1985）《白话文欧化语法之研究》，台湾学生书局。
郭　熙（2014）论汉语教学的三大分野，第11届对外汉语国际学术研讨会（ICCSL 11）主题发言，2014年7月18日—21日。
贺　阳（2008）《现代汉语欧化语法现象研究》，北京：商务印书馆。
何元建（2004）回环理论与汉语构词法，《当代语言学》第3期。
胡明扬（1957）书面语和口语之间的关系，《教学与研究》第2期。
胡明扬（1993）语体和语法，《汉语学习》第2期。
黄　梅（2012）《汉语嵌偶词的句法分析及其理论意义》，北京：北京语言大学出版社。
黄丽君、端木三（2013）现代汉语词长弹性的量化研究，《语言科学》第1期。
江蓝生（2000）《古代白话说略》，语文出版社。
李如龙（2003）文言、白话、普通话、方言，《语言文字应用》第4期。

铃木庆夏（2010）文白相间的叙事体与文雅语体形式的篇章功能，《语言科学》第3期。

刘智伟（2007）含同一语素的同义单双音节动词语体色彩对比研究，《语言文字应用》第2期。

吕叔湘（1944）文言和白话，《国文杂志》（桂林）第3卷第1期。

任学良（1982）先秦言文并不一致论——古书中口语和文言同时并存，《杭州师范学院学报》（社会科学版）第1期。

孙德金（2012）《现代书面汉语中的文言语法成分研究》，北京：商务印书馆。

陶红印（1999）试论语体分类的语法学意义，《当代语言学》第3期。

唐松波（1961）谈现代汉语的语体，《中国语文》第5期。

王培光（2012）语体的正式性、典雅度与修辞语感，汉语语体研讨会（香港中文大学）论文。

王洪君、李　榕、乐　耀（2010）“了$_2$”与话主显身的主观近距离交互语体，《语言学论丛》第40辑。

王丽娟（2009）从名词、动词看现代汉语普通话双音节的形态功能，北京语言大学博士学位论文。

王丽娟（2015）《汉语的韵律形态》，北京：北京语言大学出版社。

汪维辉（2014）现代汉语“语体词汇”刍论，《长江学术》第1期。

王永娜（2008）谈韵律、语体对汉语表短时体的动词重迭的制约，《语言科学》第6期。

王永娜（2011）“NP＋们”的书面正式语体功能成因分析，《云南师范大学学报》（对外汉语教学与研究版）第5期。

王永娜（2012）书面语体“和”字动词型并列结构的构成机制，《世界汉语教学》第2期。

张伯江（2007）语体差异和语法规律，《修辞学习》第2期。

张伯江（2012）以语法解释为目的的语体研究，《当代修辞学》第6期。

张世禄（1939）文言白话的区别，《社会科学月刊》第1卷第3期。

张正生（2013）汉语书面语中的“书”与“文”两个面向，冯胜利主编《汉语书面语的历史与现状》，北京：北京大学出版社。

张中行（1987）《文言与白话》，哈尔滨：黑龙江人民出版社。

朱德熙（1987）现代汉语语法研究的对象是什么？，《中国语文》第5期。

徐时仪（2007）《汉语白话发展史》，北京：北京大学出版社。

徐时仪（2009）略论文言与白话的特色，《苏州科技学院学报》（社科版）第1期。

袁　晖、李熹宗（2005）《汉语语体概论》，北京：商务印书馆。

Bach, Emmon (1964) *Introduction to Transformational Grammars*, New York: Holt, Rinehart and Winston.

Biber, Douglas (1989a) Drift and the evolution of English style: a history of three genres, *Language*, 65:487－517.

Biber, Douglas (1989b) Styles of stance in English: lexical and grammatical marking of evidentialityand affect, *Text*, 9:93－124.

Biber, Douglas & Susan, Conrad (2009) *Register, Genre, and Style*, Cambridge University Press.

Downing, Laura (2006) *Canonical forms in Prosodic Morphology*, Oxford University Press.

Feng, Shengli (2009) Monosyllabicity and disyllabicity in Chinese prosodic morphology, *Macao Journal of Linguistics*, 1: 4－19.

Feng, Shengli & Henson, Ash (2014) Prosody of parallel prose and spatiotemporal-free syntax——A case study of *Wucheng Fu* 芜城赋, *Journal of Chinese Literature and Culture*, Vol. 2.

Kroch, Anthony (1989) Reflexes of grammar in patterns of language change, *Language Variation and Change*, 1:199－244.

Pinker (1989) *Learnability and Cognition*: *The Acquisition of Argument Structure*, The MIT Press.
Roeper, T. (2003) Multiple grammars, feature-attraction, pied-piping, and the question: Is AGR inside TP? In Muller, N. (In) *Vulnerable Domains in Multilingualism*, 335－360, John Benjamins: Amsterdam.
Roeper, T. (2011) Strict interface and the three kinds of Multiple Grammars, In Rinkle, E. and Kupisch, T. (Eds.), *The Development of Grammar*: *Language Acquisition and Diachronic Change*, 205－228. John Benjamins: Amsterdam.
Richards, Novin (2010) *Uttering Trees*, The MIT Press.
Simpson, Andrew (2014) *Handbook of Chinese Linguistics*, Blackwell: 465－492.
Yang, C. (2011) Computational models of language acquisition. In DeVillers, J. & Roeper, T. *Handbook of Generative Approaches to Language Acquisition*, 119－154, Springer: New York.
Zwicky, A. M. (1969) Phonological constrsaints in syntactic descriotion, *PiL*, 1: 411－463.

(冯胜利　香港　香港中文大学中国语言及文学系)

“是……的”强调句中的“是”和“的”*

黄理兵

提　要　本文对“是……的”强调句中的“是”和“的”提出一种新观点：“是”在语义、语法、语气三个层面上都是系词，在语用层面上是焦点标记语；“的”仍然是结构助词，它插入一个动词短语，将其改造成名词短语，获得指称性，从而起到标示事件“已然”义的作用。文章还分析了指称性和已然义的关系，认为它们在认知上是相通的。

关键词　“是……的”强调句　“是”　“的”

一　引言

对外汉语教学中，“是……的”句是比较重要的语法点。“是……的”句通常被分为两类或三类，其中都会包括“是……的”强调句，也就是下面这样的句子：

(1)我们是骑车去的。

(2)我是昨天买的票。

(3)是小王告诉我的。

上面这些句子，刘月华等(2001)归为“是……的”句(一)，张和友(2006)称之为“聚焦句”，邓守信(1984)把这叫作“分裂句”(cleft sentence)。也有人称之为“是”字强调句或“是……的”强调句，我们采用最后一种说法。

这种句式一直是有争议的。有人认为它跟其他“是”字句相比并没有特殊性，如杨石泉(1997)。对于这种句式的标志“是”和“的”，也有很多争论。这种句式中的“是”，有人认为是动词(系词)，有人认为是副词，还有人认为它是焦点标记语。这种句式中的“的”，有人认为是结构助词，有人说是时间助词，有人说是动词名物化的标记。

本文认为：“是……的”强调句中的“是”在语义、语法、语气三个层面上都是系词，在语用层面上是焦点标记语；“的”仍然是结构助词，其前插入一个动词短语，从而构成名词短语，获得指称性，从而起到标示事件“已然”义的作用。

* 本课题为北京语言大学校级科研项目(中央高校基本科研业务专项资金资助)，项目编号为13YBB21。

二 “是”

2.1 “是”的性质

现代汉语的系词“是”，意义和用法纷繁复杂，各种意义和用法之间的关系不容易理清。我们建立了一个简洁的系统，对“是”的这些意义和用法做出了统一的描写和解释。我们认为，现代汉语判断句中的系词“是”的不同意义和用法都是相关的。判断、联系、肯定、强调是在四个不同层面上对“是”的意义和用法的归纳总结——在语义上，“是”的基本意义是判断；在语法上，“是”的基本作用是联系；在语气上，“是”的基本功能是表达肯定语气；在语用上，“是”可以标记强调焦点①。

具体到“是……的”强调句中的“是”，我们认为它在语义、语法、语气层面上仍然是系词，在语用层面上则是焦点标记语。这就是说，在语义上、语法上、语气上，它和其他判断句中的“是”一样，分别表示判断、联系、肯定；在语用上，它是一个焦点标记语，用于标示后面的重读音节是被强调的焦点。

当然，由于“是”在“是……的”强调句中主要发挥的是语用功能，它在语义、语法、语气上与一般判断句中的系词“是”又有一些差别。

2.1.1 语义上

从语义上看，多数“是……的”强调句和一般判断句一样，“是”前的部分（主语）表示认知对象，“是”后的部分（表语）是这个对象的认知属性，整个句子的意思是用表语来对主语的属性进行说明。“是……的”强调句反映的是事件范畴，它的主语通常表示事件的直接参与者，如施事或受事。有时候，主语也可能是其他一些语义角色，或含有多种角色，这与表示等同、归类的典型判断句有所不同。如：

(4)今天中午我们是吃的饺子。（施事、时间）

(5)我对新事，是一点一点明白的。（施事、受事）

(6)她脸红恐怕是海风吹的。（受事、结果）

(7)他在教室给老师是送的一个蛋糕。（施事、处所、与事）

(8)他昨天在岳父家里用电饼铛是烤的平鱼。（施事、时间、处所、工具）

上面这些句子中，如果把“是”前的成分一律看成主语，一般人很难接受，因此会把

---

① 一般把“语气”归入“语用”，我们则把表示肯定语气的功能归入“语气”，而把标记强调焦点的功能归入“语用”。

诸如时间成分等看成状语。从认知角度来说,“是”前出现的语义角色如果太多,也不好把它们都看成认知对象。从这个意义来看,“是……的”句跟一般的判断句在语义上有些不同。它虽然也表示判断,但主要不是用“是”后面的这些属性来说明“是”前面的那些语义角色,而是用“是”所标记的那个读逻辑重音的属性来说明整个事件。

我们上面提出的这种说法,同样适用于“是”居句首的“是……的”强调句。如:

(9)是谁把信寄走的?

(10)是你引诱的我!

上两例“是”前没有主语,也不存在省略的或隐含的主语,不能像一般的判断句那样根据“是”前后的位置来确定认知对象和认知属性。在我们看来,这两句的判断语义是:用作为强调焦点的属性“谁”“你”来说明整个事件。

2.1.2 语法上

从语法上看,“是……的”句中的“是”也是用于联系主语和表语、使之成为一个合格的判断句。但是考虑到这种句式中的“是”都可以删除,尤其是考虑到(9)(10)这种“是”居句首的情形,我们认为“是”在语法上的联系功能已经相当弱了。

2.1.3 语气上

从语气上看,“是……的”句中的“是”仍然表示肯定语气,但是这种语气非常虚,“是”主要不是表达主观性的确认评价,而是对焦点成分进行标记。而且,由于“是”通过对焦点的标记所传达出来的语用意义是一种规约性的含义,句子的主观性程度是比较低的,所以“是”删除之后,新句子的语气不受太大的影响。除非句中另有情态成分,否则,“是……的”强调句通常是用于对一个事件做出比较客观的说明。

2.1.4 结论

我们的结论是:“是……的”句中的“是”是系词,但更主要的还是一种语用成分,做焦点标记语。它以语义、语法、语气方面功能的弱化换取了语用功能的强化。“是”作为焦点标记语,标示着它后面的重读音节是全句的强调焦点。

2.2 与强调有关的另外两种“是”

实际上,有三种“是”与强调有关。作为焦点标记语的“是”我们列为第一种,这是我们的研究重点。

第二种是一个巧合,即,一个句子有逻辑重音,同时又有“是”(不重读)。这种巧合往往让人产生错觉,以为这个强调与“是”有直接关系。例如:

(11)是老张批评了小李。

(12)他是早早地就起床了。

上面两句,由于"是"刚好位于强调对象之前,其中的"是"与"是……的"句中的"是"很相似,所以常常会被当成焦点标记语。如石毓智(2005)就把(12)中的"是"视为"强调标记"。实际上这两句中的"是"并非焦点标记语。一是,焦点标记语作为一种"标记",它对句子语义、语法、语气上的贡献是比较小的,删除它之后句子的语义、语法、语气上应该没有太大的变化,但是这两例并非如此,删除之后句子由判断句变成了叙述句。二是,这种句子中的逻辑重音可以很自由地转移到别的位置(如"批评""小李""他""起床"),可见,"是"后面的"老张"和"早早地"被强调只是巧合。

方梅(1995)也有与石毓智(2005)类似的主张。如:

(13)小王是昨天在门口用钳子把自行车修好了。

(14)我们是明天在录音棚用新设备给那片子录主题歌。

石毓智(2005)认为(13)中"是"标记了"焦点时间"。方梅(1995)认为(14)中是"用于回答'哪天'"。两位学者都认为这个"是"是焦点标记。实际上,这两例的"焦点"(逻辑重音)不一定刚好是在"是"后面的"昨天""明天"。逻辑重音完全可以落在"是"后面的其他成分上,比如"在门口""用钳子""把自行车",以及"在录音棚""用新设备""那片子""主题歌"等。特殊语境中还可以重读"小王""我们"。在我们看来,(11)—(14)这些句子中的"是",主要是表示肯定语气的。这样的句子也可以没有逻辑重音,如:

(15)他是下个月要去上海工作。

(16)是他下个月要去上海工作。

这两句如果没有强调重音,(15)是对"他"的一个有关情况的说明,(16)是对一个完整的新情况的说明,两句都有较明显的肯定语气。句子如果带上强调重音,则在前述意思的基础上,相应地增加了强调的意思。强调重音的位置可以在句中除"是"以外的任何词语上。

当然,如果上面两句的重音在"是"上,也是可以的,但那就成了强调"是",也即强调肯定语气了,这是与强调有关的第三种"是"。限于篇幅,我们将另文深入讨论这种"是"。

三 "的"

3.1 判断句主语、表语的指称性

最典型的判断句,主语、表语都是名词性成分。实际上,"SVO"结构的句子,充当主语、宾语的典型成员都是名词。动词前后的成分有时也可能由动词、形容词性成分充

当，这是一种非典型的配置，一般来说是有条件的。动词、形容词性词语做主语或宾语，通常会被理解成跟名词性词语一样，是有指称的形式。这种现象在语法学界曾经引起过一场讨论，很多学者把这种现象称作动词、形容词的“名物化”。名物化主要是从语义上来说的。动词、形容词做主语、宾语，往往在语法上也会有一些表现，做主语的动词、形容词会带上名词的一些语法特点，从而强制性地获得指称性。最主要的语法表现就是，动词、形容词可以受到定语的修饰、限制，成为定中短语的中心语。例如：

(17)宽容罪恶是一种犯罪。

(18)未接到命令就退却是一种犯罪，它将受到战时最严厉的惩处。

(19)作家要对社会的各种丑恶腐败的现象进行大胆的批判，这种批判必然是站在人民的立场上，因而它对广大读者来说仍具有陶冶情操的作用。

(20)咱跟他的这种联合，真是耻辱！真是犯罪！

数量短语和带“的”的定语，都能使动词、形容词获得指称性。例(19)中“批判”的定语“大胆”指向的是主语“作家”，它也可以前移，作为谓语主要动词“进行”的状语，说成：

(19')作家要对社会的各种丑恶腐败的现象大胆进行批判……

这样，动词宾语“批判”失去了定语，其指称性就有所减弱。

相对来说，汉语的句子主语更容易被理解成有指称的成分，因为它是判断、描写、叙述的对象，而且常常是话题。因此，动词、形容词做主语时，即使不带定语，也倾向于被看成指称性成分。而动词的宾语如果是动词、形容词，被理解成指称性成分就困难一些，因此它总是倾向于被加以定语等方式来进行改造，从而形成有标记的名物化。

判断句“A是B”的情况和一般的“SVO”句式一样，如果主语或表语(尤其是表语)为动词、形容词，它也常常会被改造成名词性短语。判断句中动词、形容词性成分做表语往往被放入定中结构的中心语位置，还有一个原因是，判断句的主语、表语更加讲究主语、表语的一致性。如果主语是动词，表语可以是动词；主语是形容词，表语也可以是形容词；主语如果是名词，表语一般也应是名词。主语是名词，表语如果是动词或形容词的话，这就是一种不理想的配置。

3.2 “是……的”强调句中“的”的作用

根据我们上面的说法，“是……的”强调句中“的”的主要作用就是将动词性的表语改造成定中短语(或“的”字短语)，使之具有指称性，从而更和谐地做“是”的表语，同时也与名词性主语保持一致。“是……的”强调句中将动词改造成名词性短语的具体形式与其他句式中的这一类改造不同，动词、形容词不是充当定中短语的中心语，而是位于“的”前的位置，参与做定语，或者参与构成“的”字短语。也可以说，这个“的”的作用就

是插入一个现成的动词短语(主要是动宾短语,也包括动宾式的或类似于动宾式的离合词),使之成为名词短语。例如:

(21)a.张三是在五道口坐公共汽车。

b.张三是在五道口坐的公共汽车。

(22)a.张三是用冷水洗澡。

b.张三是用冷水洗的澡。

袁毓林(2003)把“是……的”句(一)和“是……的”句(二)里的“的”一律称为“句尾‘的’”,其结论是:句尾“的”的句法功能是名词化,语义功能是自指,语用功能是表示确认语气。我们部分同意这种说法,同时持有一定的不同看法。我们同意的是:“是……的”句(一)和“是……的”句(二)中的“的”都能把表语改造成名词性成分,从而具有指称性,以与主语保持一致。我们的不同看法是:首先,“是……的”句(二)是表示强烈肯定的,其中的“是”与“的”都承担这种语用功能,“的”更主要地还是一个语气词;其次,“是……的”句(一)用于强调,“是”所标记的是一个语用上的焦点,这种句子主要特点是有信息焦点,它的肯定语气不是句子表达的重点,其中“的”表达语气的功能很弱。

在我们看来,“是……的”强调句是一种特定的句式,它有一个作为逻辑重音的强调焦点,同时句中又有“的”来从语义上和语法上对表语部分进行改造,使之部分失去陈述性,获得指称性,同时从动词性短语变为名词性短语。“是”作为其中的焦点标记语,可以不出现,这时候焦点仍然是焦点。

上面两例的a句也都是判断句,表语是动词短语,跟主语(名词)不是理想的配置。两句如果没有“是”,就是叙述句,有“是”则为判断句,“是”主要发挥的是语义、语法、语气上的功能,即判断、联系、肯定。两句通常没有强调重音。在一定语境中,这两句也可以有强调重音,但重音的位置不固定,可以是“在五道口”“用冷水”,也可以是“坐公共汽车”“洗澡”,还可以是整个表语。“是”对这些重音没有标记作用,因此这两句中的“是”并非焦点标记语,而是单纯的系词。两例的b句是特殊的判断句,即“是……的”强调句。其中的“是”如果删除,句子仍然是“是……的”强调句,句子在语义、语法、语气上基本没有太大的变化,可见“是”主要起到的不是语义、语法、语气上的作用,而是语用上的焦点标记作用。表面看起来,“的”似乎也对强调焦点起到标记作用,因为这两句的强调重音都在“的”的前面。但是,看更多的例子会发现,有时候句子的强调重音会在“的”的后面。如:

(23)我是吃的饺子,不是吃的面条。

(24)A:你是投的赞成票,还是投的反对票?

B:我是投的赞成票。

上两例的强调重音都在“的”后面。可见，“的”对于强调焦点没有标记作用。

3.3　指称性和已然义

很多研究者都发现，“是……的”强调句所涉及的事件都是已然事件。研究者们注意到，有不少“是……的”强调句，如果没有“的”，句子仍然成立，只是句子所述事件就成为未然事件。如上面(21)(22)。再如：

(25)a. 他是什么时候来的北京？

b. 他是什么时候来北京？

(26)a. 你是哪儿上的车？

b. 你是哪儿上车？

(27)a. 是黄兴开的第一枪。

b. 是黄兴开第一枪。

句子中如果有表示事件发生时间的信息，应该与“的”的隐现一致。如：

(28)a. 他是昨天来的北京。

b. 他是明天来北京。

(29)a. 他昨天是一个人来的北京。

b. 他明天是一个人来北京。

“是……的”强调句中“的”的隐现与事件发生时间的关系如此紧密，难怪不少研究者认为“的”就是这种句式的已然义的载体，如赵淑华(1979)认为它是“时态助词”，宋玉柱(1981)称它为“时间助词”，马学良、史有为(1982)承认它是已然义的载体，但还不是纯粹的表过去时或已然义的动态助词或时间助词。

我们认为，“是……的”强调句中的“的”并不能直接承载已然义，它不是一个时态助词或时间助词。它和其他的定中短语中的“的”一样，是个结构助词。含有强调焦点的句子中，“的”所出现的句子之所以必然表现已然事件，是因为，“的”使得表语名词化，具有了指称义，这种指称义与事件的已然义在认知上是相通的。

语句当中所陈述的一个事件，它可能是现实的、已然的事件，也可能是非现实的、未然的事件。这两类事件在人类的认知中都很重要。前者用于记录和总结过去的经验，后者用于预测未来的各种可能性，推演事物发展的规律，指导即将开展的生活。至于事物，当人们在指称一个事物时，通常都默认它是有指称的，也即默认它是现实存在的。因此，从认知上来看，如果要将事件和事物进行类比的话，已然事件跟现实存在的、有指称的事物是类似的，而未然事件则不然。已然事件只要曾经发生，哪怕它已经结束，只要它对现实生活仍然存在影响，当人们陈述它时，它就跟事物一样具有现实性，具有可指称性。正因为如此，人们在用语言来陈述已然事件时，就有可能通过语言形式使它获得指称义。而陈述一个未然事件，则应该避免使它获得这种指称义。结构助词“的”主要的语法功能是在定中短语当中，联系定语和中心语，它是这个定中短语的指称义的一个标记。一个已然事件之所以能进入定中短语当中，就是因为已然事件和事物一样具有可指称性。因此，“的”并非已然义的标记，而仍然是指称义的标记。

我们的这种解释，在理论上比“已然义标记”的说法更简洁，因为我们没有为“的”增加新的意义，而是尽量不突破现有的理论框架。跟强调标记、焦点标记分立的做法比起来，我们付出的理论代价更是要小很多，符合“奥卡姆剃刀”原则（Ockham’s Razor）。当然，我们关于指称义和已然义相通的观点，还需要用更多的篇幅来证明，才有可能作为定论，只是本文无法承担这个任务，我们将另文解决。

要凸显一个已然事件的指称义，可以通过“的”；如果不想凸显它的指称义，就不必用“的”。例如：

(30)他是昨天来的北京，还没休息好。

(31)他是昨天来了北京，今天又要去天津。

(32)他昨天是坐火车来的北京，到了之后就给我打了个电话。

(33)他昨天是坐火车来北京，今天是坐火车回天津。

(30)的强调焦点是“昨天”，已然义必然凸显。(31)强调的是他行色匆匆，来北京和去天津在这里是同类事件，不必凸显前者的已然义。(32)的前一小句强调的焦点是来京的交通工具，整个复句是交代他昨天所做的几件事情，已然义自然凸显。(33)的“来北京”与“回天津”形成对比重音，表意重点是这两段行程的相同点（交通工具）和不同点（方向、目的地），并不凸显已然义，并且“回天津”是已然还是未然不清楚、不重要。

参考文献

邓守信（1984）有关汉语分裂句的一些问题，徐仲华译，《首都师范大学学报》第1期。
方　梅（1995）汉语对比焦点的句法表现手段，《中国语文》第4期。
刘月华、潘文娱、故　韡（2001）《实用现代汉语语法》（增订本），北京：商务印书馆。
马学良、史有为（1982）说“哪儿上的”及其“的”，《语言研究》第1期。
齐沪扬、张秋杭（2005）“是……的”句研究述评，《广播电视大学学报》第4期。
石定栩（2003）理论语法与汉语教学——从“是”的句法功能谈起，《世界汉语教学》第2期。
石毓智（2005）论判断、焦点、强调与对比之关系——“是”的语法功能和使用条件，《语言研究》第4期。
宋玉柱（1981）关于时间助词“的”和“来着”，《中国语文》第4期。
杨石泉（1997）“是……的”句质疑，《中国语文》第6期。
袁毓林（2003）从焦点理论看句尾“的”的句法语义功能，《中国语文》第1期。

张和友（2006）聚焦式"是"字句的句法、语义特点，《语言教学与研究》第1期。
张和友（2012）《"是"字结构的句法语义研究——汉语语义性特点的一个视角》，北京：北京大学出版社。
赵淑华（1979）关于"是……的"句，《语言教学与研究》第1期。

（黄理兵　北京　北京语言大学　h1697@sohu.com）

从梯级的角度阐释“即使”句式及教学建议*

王瑞烽

提　要　本文从梯级的角度重新阐释了“即使”句式，认为“即使”句表述的是一个情理值事件，这一事件及其关联的情理值梯级具有两种作用：(1)强调事件的特殊性；(2)通过关联的情理值梯级进行梯级推理，可以对相对较高或者较低情理值事件进行梯级推理，也可以对所有情理值事件进行梯级推理。“即使”句不是或者不仅仅是为了表述情理值事件，而是为了表达通过梯级推理所获得的语用义。在此基础上，提出了对于“即使”句式的教学建议。

关键词　“即使”句式　梯级　情理值　虚词教学

一　引言

对于“即使P，也Q”这一句式，很多学者根据P与前文的关系进行了下位分类，邢福义(1985)结合“即使”实言句的语言环境例举了它的四种类型；梅立崇(1995)研究了“即使”假言句，根据“即使”假言句与前文的语义关系划分出了六种类型。戴悉心(2001)根据Q的语义是否指向让步前项，将“即使”句分为两类。

学者们从语篇的角度分析“即使”句，指出语篇中存在与之紧密关联的语言片段，这对于我们认识“即使”句的语义和语用有着重要的作用，同时也让我们认识到研究“即使”句应该着眼于语篇，而不仅仅是孤立的“即使”句。但是，为什么学者们都是根据“即使”句与前文的关系进行下位分类，却分出了如此不同的类别？而且每个研究中的下位分类相互之间具有什么内在联系？“即使”句所表达的核心语义是什么？这些问题似乎都没有说清楚。

西方语言学者(Levinson，1983；Carston，2002；Israel，2004)发现人类大部分的基本概念域都是以梯级(scale)形式存在的，梯级表现出程度和等级的特性，即梯级内部成员间在大小、高低、强弱等方面存在量的差别，而且这些特性会自然而然地反映在语言的词汇语义中。

---

* 本成果获北京语言大学校级科研项目(中央高校基本科研业务专项资金)资助，项目编号为14YBB03。

西方语言学者在研究中发现，在言语交际中，概念域中的这种梯级可以帮助人们通过梯级推理(scalar inference)获得隐含的梯级含义(scalar implication)。梯级推理是指人们以梯级中的某一参照点的情况去推知或者认定同一梯级中的目标点的情况，其推导方法分为最基本的两种：从较低级的参照点的情况推导出较高级的目标点的情况；从较高级的参照点的情况推导出较低级的目标点的情况(蒋勇，2004)。例如：

(1)小孩都搬得动。(大力士当然搬得动)

(2)大力士都搬不动。(小孩儿当然搬不动)

“大力士”和“小孩”在力量的大小上存在一个梯级序列，在这个梯级序列中，“大力士”处于较高的序列位置，而“小孩”处于较低的序列位置。从例(1)中，我们可以从较低的参照点(小孩)推导出较高的目标点的情况——“大力士搬得动”，而从例(2)中，我们可以从较高的参照点(大力士)的情况推导出较低的目标点的情况——“小孩儿搬不动”。

国内英语学界的一些学者(蒋勇，2004；龚卫东，2006；蒋勇、龚卫东，2006；蒋勇、翟澍、邢雪梅，2011；周家发，2012)在西方梯级含义理论的启示下对汉语中的梯级含义现象进行了一定的研究，研究内容涉及极性词语的梯级含义功能、极性隐喻现象、夸张性隐喻的梯级含义功能、虚拟参照点的梯级含义功能、主观量的梯级模型解释等。汉语学界的一些学者(崔希亮，1990；沈家煊，2001；张旺熹，2005；曹秀玲，2005；郭锐，2006；袁毓林，2006；陆方喆、李晓琪，2013；石慧敏、吴为善，2014)在其汉语语法研究中也涉及梯级及梯级含义。

梯级含义理论指出了两个重要的问题：一是人类的很多概念范畴中存在梯级；二是这种梯级会反映到人类的言语交际中，很多语言现象与梯级密切相关，从梯级的角度能对之进行更准确和深入的分析。

我们发现“即使”句式其实与梯级密切相关，如果从梯级的角度进行研究，可以对“即使”句式做出更概括而统一的解释。在此基础上，还将提出对于“即使”句式的教学建议。

二　“即使”句与情理值梯级

张旺熹(2005)指出：“语义理解的基础是一个涉及背景知识的复杂认知结构。这种复杂的认知结构反映着特定社会各种相关认知域里的文化环境中的说话人对某个或某些领域里的经验具有统一的、典型的、理想化的理解。”这是一种“理想化的认知模型(ICM)”(张敏，1998)。符合“理想化的认知模型”的事件一般是自然世界和现实生活中常态的、符合一般情理的事件，这样的事件具有较高的“情理值”(张旺熹，2005)，如“大力士搬得动”“小孩儿搬不动”。而不符合“理想化的认知模型”的事件一般是自然世界和现实生活中特殊的、不符合一般情理的事件，这样的事件具有较低的“情理值”，如“大力士搬不动”“小孩儿搬得动”“冬天气温高”“夏天气温低”。

相关事件的情理值会依据其高低而自然形成一个由高到低的情理值梯级，如：

大力士搬得动	小孩儿搬不动	夏天气温高	冬天气温低	情
……	……	……	……	理
小孩儿搬得动	大力士搬不动	冬天气温高	夏天气温低	值 ↓

这种情理值梯级从另一个角度来看，其实也是一种可能性梯级，情理值的高低也就是可能性的大小，即高情理值事件是在自然事件和现实生活中发生的可能性大的事件，低情理值事件则是发生的可能性小的事件。

“即使”句所表述的事件是情理值梯级中的一个情理值事件，从事件的情理值高低来看，“即使”句所表述的事件可以分为两类：一是肯定的低情理值事件，即表述低情理值事件存在或发生；二是否定的高情理值事件，即表述高情理值事件不存在或发生。如：

(3)(这个箱子非常轻，)即使小孩儿也搬得动。(肯定的低情理值事件)

(4)(这个箱子非常重，)即使大力士也搬不动。(否定的高情理值事件)

(5)(这里气候非常特殊，)即使夏天气温也很低。(肯定的低情理值事件)

(6)(这里气候非常特殊，)即使冬天气温也不低。(否定的高情理值事件)

不论肯定的低情理值事件还是否定的高情理值事件，都是自然世界和现实生活中特殊的、不符合一般情理的事件，是发生可能性小的事件。

三 “即使”句关联的情理值梯级的作用

“即使”句与情理值梯级相关，表述的事件也是情理值事件，那么“即使”句表述情理值事件及其相关的情理值梯级又有什么作用呢？通过分析，我们发现主要有两个作用：

3.1 “即使”句通过关联的情理值梯级强调事件的特殊性

一是强调事件的特殊性，因为肯定的低情理值事件和否定的高情理值事件都是自然世界和现实生活中特殊的、不符合一般情理的事件，往往需要加以特别强调，以使听者注意到这一事件的特殊性。如通过前文例(3)可以强调“这个箱子非常轻”，例(4)可以强调“这个箱子非常重”，例(5)和例(6)都可以强调“这里气候非常特殊”。

我们从CCL语料库中搜索到的“即使”句，其表述的事件也都是肯定的低情理值事件或者否定的高情理值事件，如：

(7)海南省的儋县，平均每年有130天雷声隆隆，是我国雷暴天最多的地方。即使在冬季，这一带也能听到阵阵雷声。

(8)他们通过基因植入技术将普通实验鼠改造成了耐力大增的“马拉松运动员”，并且这种基因工程改良过的老鼠即使不运动、吃高脂肪食物也不会长胖。

例(7)表述的事件——“在冬季听到阵阵雷声”，是肯定的低情理值事件，例(8)表述的事件——“不运动、吃高脂肪食物不会长胖”是否定的高情理值事件，如前文所述，这两种事件都是在自然世界和现实生活中特殊的、不符合一般情理的事件。通过强调这样的事件，以使听者注意到这一事件的特殊性，如例(7)中的这个地方气候很特殊，冬季也常常下雨，例(8)中的这种老鼠身体的生长很特殊，不运动、吃高脂肪食物也不会长胖。反之，当表述一种常态的高情理值事件时，则不能使用“即使”句式，如：

(7’)＊即使在夏季，这一带也能听到阵阵雷声。

(8’)＊即使不运动、吃高脂肪食物也会长胖。

例句中，“在夏季”“听到阵阵雷声”、“不运动、吃高脂肪食物”“会长胖”符合我们“理想化的认知模型”，在现实世界及我们的认知概念中是大情理值事件，具有较大可能性发生。当表述这种常态的大情理值事件时，是不能使用“即使”句式的。

3.2 “即使”句通过关联的情理值梯级进行梯级推理

除了通过关联的情理值梯级强调事件的特殊性以外，“即使”句还可通过关联的情理值梯级进行梯级推理。如前文所述，由于情理值梯级的存在，人们在语言的表达和理解时，就可以据此进行情理值梯级推理，获得隐含的梯级含义。具体说来，主要有以下两种梯级推理。

3.2.1 对相对较高或者较低情理值事件的梯级推理

人们可以依据情理值梯级，通过肯定的低情理值事件来表达较高情理值事件必然存在或发生的梯级推理，或者通过否定的高情理值事件来表达较低情理值事件必然不存在或发生的梯级推理，例如：

(9)厦门市环卫管理处卫生科分析，厦门所有的公厕都没有门牌号且一般都在较偏僻的地方，即使厦门本地人寻找公厕也会有困难，外地来厦门的人找公厕更是难上加难。

(10)现在别说是一般路段，即使二环三环上也不是时时都那么顺畅。

例(9)中,说话人通过肯定厦门本地人寻找公厕会有困难(肯定的低情理值事件),更加肯定了外地人找公厕更困难的事实(较高情理值事件也必然存在);例(10)中,说话人没有直接表达对一般路段交通是否顺畅的判断,但通过表述“一般来说比较顺畅的二环三环不顺畅”(否定的高情理值事件),间接地表达了“一般路段交通不顺畅”(较低情理值事件也必然不存在)。

程度的变化往往改变着事件情理值的高低,很多“即使”句含有“再”“更”等程度副词,用来表述较高或者较低的情理值事件,进而间接地表达更高或者更低情理值事件的情况。例如:

(11)在昨天的那种情况下,即使做出比这更严厉的决定来,我也一定会同意。

(12)(其他东西很便宜)如果人们除了穿衣吃饭等基本需要以外已经囊中羞涩,那么即使其他东西再便宜,他们也不一定愿意去买。

例(11)中,说话人假设“做出更严厉的决定,我一定会同意”(较低的情理值事件会发生),强调了“我同意昨天做出的严厉决定”(相对而言具有更高情理值事件必然发生)的事实;例(12)中,说话人假设“东西更便宜,他们不一定愿意去买”(较高的情理值事件不会发生),就间接地强调了现实中“东西很便宜,他们不愿意买”(相对而言具有更低情理值事件必然不发生)的事实。

3.2.2 对所有情理值事件的梯级推理

除了可以依据情理值梯级对相对较高或者较低情理值事件进行梯级推理以外,甚至还可以对情理值梯级中的所有情理值事件进行周遍性地梯级推理。吕叔湘(1980)指出,“即使”句常用来表示一种极端的情况,从我们的视角来看,这种极端的情况实际上就是情理值梯级的极端值,也就是极低情理值或者极高情理值事件。例如:

(13)《圣经》通过这个故事宣称:人类由于他们的始祖犯了“原罪”,这种罪孽要世世代代留传下去,后代人们即使是刚出生的婴儿也是有罪的。

(14)没有人要求你作一个百科全书。即使一个最有学问的人,也不知道所有的事情。所以,坦白地承认你对于某些事情的无知,这决不是一种耻辱。

例(13)中,“刚出生的婴儿有罪”(最低情理值事件存在),也就意味着“所有人都是有罪的”(相关情理值梯级中的所有情理值事件都必然存在);例(14)中,“最有学问的人也不知道所有的事情”(最高情理值事件不存在),表达了“所有的人都有不知道的事情”(相关情理值梯级中的所有情理值事件都必然不存在)。

需要指出的是,在言语交际中,极端情理值并不都是绝对的,而是取决于说话人的心理认知,说话人并不是总是通过对最低或者最高情理值事件来对所有情理值事件进行梯级推理,而是常常把情理值梯级中的任意一个情理值低点或者高点看作是极端情理值事件，并通过这样的“主观极端情理值事件”来表达整个情理值梯级事件的情况。例如：

(15)即使是平凡的工作，也要用敬畏的态度去面对。

(16)即使是著名的经济学家，也无法准确预测金价的走势。

例(15)中，虽然不是指明最低情理值事件“最平凡的工作要用敬畏的态度去面对”，但可以体会到说话人把这一事件看作是整个情理值梯级的最低点，要表达的周遍语义——所有的工作都要用敬畏的态度去面对。例(16)也是将“著名的经济学家能准确预测金价的走势”看作是整个情理值梯级的最高点，通过否定这一情理值事件，来否定情理值梯级中的所有情理值事件，即“所有人都不能准确预测金价的走势”周遍性语义。

在“即使”句中，有一类句子常常被作为典型的“即使”句在诸多研究中加以研究和讨论，这类句子含有让步意味，一般是说话人先表述一种情况，然后再让步性地否定这一情况，最后指出在否定的情况下也是同样的结果。例如：

(17)中国队后防队员对对方前锋崔成国的盯防比较到位，让他无法传出球，即使传出来也都在中国队脚下。

(18)它的飞行高度仅约5米，敌舰上的雷达难以发现，即使发现了也很难进行反击。

在这类句子中，“即使”句表述的事件其实也是一个较高或较低的情理值事件。例(17)中，“(崔成国)传出球来，也都在中国队脚下(对中国队没有造成威胁)”与前文中的“(崔成国)无法传出球，(对中国队没有造成威胁)”相比，也是一个情理值相对较低的事件，这正反两个事件，其实就形成了一个完整的情理值梯级，通过这样的表述，表达了“崔成国在任何情况下也没有对中国队造成威胁”的语义；例(18)中，比较而言，“敌舰上的雷达难以发现，(无法进行反击)”是一个情理值相对较高的事件，而“(敌舰)发现了，很难进行反击”是一个情理值相对较低的事件，通过正反两个事件的表述，表达了“敌舰无论如何都无法进行反击”的语义。

四 “即使”句所表达的语用义及其语篇隐现

如前文所述，“即使”句式表述的是较高或者较低情理值事件，说话人使用“即使”句仅仅是为了强调存在这样的事件吗？其实不是，从“即使”句出现的语篇环境，我们可以看出，说话人使用“即使”句不是或者不仅仅是为了强调情理值事件，而是为了表达其语用义，“言在此而意在彼”。前文提到过，由于情理值梯级的存在，人们在语言的表达和理解时，就可以进行相应的梯级推理，也就是通过指出较低情理值事件的存在或发生，来表达较高情理值或者所有情理值事件都必然存在或发生，或者通过较高情理值事件不存在或不发生，来表达较低情理值或者所有情理值事件必然不存在或不发生。这种通过梯级推理所获得的意义往往才是说话人想主要表达的意义。

"即使"句所要表达的语用义在语篇中有时是显现的。例(9)中，说话人所要表达的语义重点，也就是较高情理值事件——"外地来厦门的人找公厕更是难上加难"出现在语篇中。

"即使"句所要表达的语用义在大部分时候则是隐含的，由受众通过情理值梯级推理而自动获得，无须说话人赘述，特别是在对话的语境中，例如：

(19)A：你认识这个字吗？

B：即使是小孩儿也认识。

(20)A：你明天去吗？

B：即使八抬大轿来抬我，我也不去！

例(19)中，B所要表达的语义重点不是"小孩儿认识(这个字)"，而是为了表达较高情理值事件——"我当然认识(这个字)"；例(20)中，B所要表达的语义重点不是"八抬大轿抬我，我也不去"，而是为了表达所有情理值事件——"无论如何，我都不去"。这两个例句中，虽然B都没有明说，但是受众可以通过情理值梯级推理而理解其隐含的语义重点。

在语篇中，"即使"句所要表达的语用义也常常是隐含的，并不在语篇中出现。如例(14)，说话人使用"即使"句所要表达的语用义就隐含在文中，"没有人要求你作一个百科全书。即使一个最有学问的人，也必有不知之事。(你当然也有不知之事。)所以，坦白地承认你对于某些事情的无知，这决不是一种耻辱"。再如例(16)，说话人使用"即使"句所要表达的语义重点也隐含在文中，"(谁也无法准确预测金价的走势，)即使是著名的经济学家，也无法准确预测金价的走势"。

五 "即使"句的教学建议

在对外汉语教学中，"即使"句式是初级阶段重要的句法结构。基于前文对"即使"句的研究，我们提出以下教学建议：

首先，注意"即使"句教学的层次性和教学重点。首先要使留学生理解情理值梯级，可以通过形象的例句列举情理值高低不同的多种情况，引导学生认识到情理值存在高低之分，例如：

在上课的时候，努力学习

在休息的时候，努力学习

在生病的时候，努力学习

通过这些例句，让学生认识到，比较而言，“在休息的时候，努力学习”和“在生病的时候，努力学习”出现的可能性比较小，是种特殊的、反常的事情。

然后指明“即使”句只能在表述可能性较小的事情的时候才能用，如“即使在休息的时候，他也努力学习”，而对于一般的、正常的事情，是不能使用“即使”句的，如“＊即使上课的时候，他也努力学习”。为了教学的简洁，我们可以不再细分“即使”句表述情理值事件的肯定和否定，而是将其整体看作是一个事件，那么这一事件就都是低情理值事件，如“小孩儿也搬得动”“大力士也搬不动”都可以从整体上看作是低情理值事件。

最后，引导留学生理解“即使”句往往不是说话人所要表达的语义重点，说话人往往使用“即使”句来表达其他相关的事情，如“（他在任何时候都努力学习/他学习非常努力），即使在生病的时候，也努力学习”。括号中的语义才是说话人所要表达的语义重点。可以使用完成句子的练习题来使留学生理解“即使”所表达的语用义。

整个教学过程可以简单概括为：

理解情理值梯级⇨“即使”句关联小可能性事件⇨“即使”句的语用义

其次，例句和练习的编写要考虑预设的因素。由于留学生来自不同的国家、文化圈，应该以人类普遍共有的认知经验为基础编写，以便于留学生理解。外部世界的共同点反映到人类的头脑中，形成了普遍的认知经验，如生老病死的感受及必然性、饥渴困累的感受及解决办法。这些都是人类同有的普遍认知经验。但由于自然环境、文化等因素的影响，人的认知经验还具有社团性，如在汉族人的认知经验中，过春节要团圆、红色代表喜庆等。认知语言学认为，在语言交际中，语义理解和表达都会离不开人的认知经验的参与，认知经验是言语交流的前提、基础。说话人在表达时预先假定自己的认知经验对听话人来说是已知的，而不需要作为断言表达出来。而听话人在理解时则要调动认知经验来理解说话人的意思。如果听话人不具备说这样的认知经验就难以理解说话人的意思。“即使”句的理解和表达也会涉及预设，例如：

(21)他即使每天吃很多也不长胖。

(22)他即使春节的时候也不回家。

例(21)中的预设——吃很多会长胖，这是人类普遍共有的认知经验，说话人把这种认知经验作为预设隐含在句子中，而这种认知经验是不同种族、国家、文化圈的人都共有的，所以这句话对于所有的人都是可理解的。而例(22)中的预设——春节要回家团圆，只是了解汉文化圈习俗的人所拥有的认知经验，对于不拥有这种认知经验的人来说，是很难理解的。如果例句的预设涉及留学生所不具备的认知经验，就会对留学生的理解造成困难。这一点应该特别注意，应该审视例句和练习的预设与留学生的认知经验是否相符。

参考文献

曹秀玲（2005）再议“连……都/也……”句式，《语文研究》第1期。
崔希亮（1990）试论关联形式“连……也/都……”的多重语言信息，《世界汉语教学》第3期。
戴悉心（2001）“即使”句的分类及其语义语用分析，《世界汉语教学》第2期。
郭　锐（2006）衍推与否定，《世界汉语教学》第2期。
龚卫东（2006）广义梯级含义理论及其应用，上海外国语大学博士学位论文。
蒋　勇（2004）夸张性隐喻的梯级含义功能，《现代外语》第3期。
蒋　勇、龚卫东（2006）极性词语的梯级模型及补充，《现代外语》第1期。
蒋　勇、翟　澍、邢雪梅（2011）极性隐喻的梯级逻辑，《当代修辞学》第3期。
陆方喆、李晓琪（2013）“何况”的主观性表达功能——兼析与“况且”的区别，《汉语学习》第6期。
吕叔湘（1980）《现代汉语八百词》，北京：商务印书馆。
梅立崇（1995）现代汉语的“即使”假言句，《世界汉语教学》第1期。
石慧敏、吴为善（2014）隐性语义等级序列的激活机制及其语篇整合效应，《世界汉语教学》第4期。
邢福义（1985）现代汉语的“即使”实言句，《语言教学与研究》第4期。
袁毓林（2006）试析“连”字句的信息结构特点，《语言科学》第2期。
张旺熹（2005）连字句的序位框架及其对条件成分的映现，《汉语学报》第2期。
沈家煊（2001）跟副词“还”有关的两个句式，《中国语文》第6期。
张　敏（1998）《认知语言学与汉语名词短语》，北京：中国社会科学出版社。
周家发（2012）主观量的梯级模型解释，《汉语学习》第4期。
Carston, R. (2002) *Thoughts and Utterances: the Pragmatics of Explicit Communication*. Oxford: Blackwell.
Israel, M. (2004) The pragmatics of polarity. In L. R. Horn & G. Ward (eds.). *The Handbook of Pragmatics*, 701—723, Blackwell Publishing.
Levinson, S. C. (1983) *Pragmatics*. Cambridge: Cambridge University Press.

（王瑞烽　北京　北京语言大学汉语进修学院　wangruifeng@blcu. edu. cn）

现代汉语主观评议句“有 X，Y”

胡孝斌

提　要　本文主要考察现代汉语中的“有 X，Y”句。研究表明，“有 X，Y”句主要表示主观评议，句子带有强烈的主观情感。“有 X，Y”句中，“有 X”已经话题化，Y 表达的是说话人对“有 X”的评述，而“有”的主要功能是引出已知话题，确认定指信息，以表明说话人的态度、立场及情感，具有较强的主观性和交互主观性。另外，“有”正在向话题标记演变，但这种演变并没有终结，因此部分句子中“有”仍然保留表示“存在”的动词意义和功能。

关键词　主观评议　有话题标记

一　引言

“有”是现代汉语中的常用词，它表意丰富，吕叔湘（1991：557—559）曾归纳出“有”的四种常见语义类型：领有；存在；发生、出现；性质或者数量达到某种程度。其中表“存在”又可以看作是它最基本的意义。邵素芝（2009）认为，从历史上看，“有”字句的发展在东汉时期就已经基本定型。

已有的研究大多是关于“有＋NP＋VP”句的，有人称之为“有”字无主句，也有人称之为兼语句。关于“有＋NP＋VP”句中“有”的语用篇章功能，石毓智（2001）、孟艳丽（2009）指出，“有”是一个专门表无定的语法标记，它的句法功能是标记一个不定指话题。如：

（1）a. 有老师来了。　　　　b. ＊有小王来了。

（2）a. 有两个学生找过你。　b. ＊有那个学生找过你。

张先亮、郑娟曼（2006）则认为“有”字句有突出主要信息的功能。而高再兰（2007）进一步指出，“有”字兼语句有引出话语话题和篇章照应的功能，她指出“有”字兼语句多用来传递定指信息。

我们注意到，石毓智（2001）、孟艳丽（2009）等考察的都是以单句形式出现的“有”字句，而不是该句式在话语篇章中的表现。上面提到的标记不定指成分的“有”字句在话语篇章中应该可以是或者就是首发句。如果在话语篇章中所处的位置不同，“有”以及

“有”字句的功能也会有所不同。比如话语中经常做答句的“有 X,Y”句:

(3)A:我打网球打得可棒了,到时候我也当你的老师吧。①

B:有你当我的老师,那可太好了。

(4)A:明天小王也会在。

B:有小王在,我就不担心了。

本文将重点考察这类句子中“有”的性质和功能,X 的类别,Y 的类别,以及“有 X,Y”格式的意义等问题。本文认为在这类“有 X,Y”句中,“有”正在向话题标记(topic marker)演变。这种演变并没有完成,因此部分句子中“有”仍然保留“存在”的动词意义和功能。在共时的层面上我们可以找到“有”逐步演变为“话题标记”的轨迹。本文更倾向于认为“有 X,Y”句中的“有”的主要功能是引出已知话题,确认定指信息,以表明说话人的态度、立场及情感,具有较强的主观性(subjectivity)和交互主观性(intersubjectivity)。由于句子带有强烈的主观情感,我们把这种句式称为“主观评议句”。

二 X和“有”的分类

2.1 X 为光杆 NP,“有”标注为“$有_1$”

(5)有鱼,那太好了。

(6)有翻译,我就不担心了。

(7)有电脑就好办多了。

(8)有理想就好。

此处的 X 一般是普通光杆名词。它既可以是指客观事物的具体名词,如“鱼、电脑”等;也可以是指抽象概念的抽象名词,如“理想、爱、计划”等。X 是“有”的宾语,“有 X”是述宾结构,共同承担句子话题的功能。有时候话语中还可以通过指示代词回指这个话题,如“有鱼,那太好了”。

普通光杆名词表示类指,位于谓语动词后一般被认为是不定指成分。有学者(朱德熙,1982:96;赵元任,1968:46—47;徐通锵,1997:480;石毓智,2001:69 等)指出:“现代汉语拥有一个严格的句法规律:对于没有任何修饰语的光杆名词,以谓语中心动词为参照点,动词之前的被赋予有定的特征,之后的被赋予无定的特征。”但是上述的“句法规

① 该例句来自吴叔平主编《说汉语》第 34 页(北京语言大学出版社,2008)。本文后面所引用的例句一般来自北京大学中国语言学研究中心网上现代汉语和古代汉语语料库(CCL 语料库)。另有少量例句来自参考文献或生活口语,限于篇幅,恕不一一标注。

律"是对一般的单句而言的，而不适用于话语篇章中的某些句子。我们认为，"有 X，Y"句实际上只能做会话中的答句或后续句，一般不会出现在始发句。"有 X"的主要话语功能是承接，它承接的是前面话语中提到的信息 X，以便在后续部分表达说话人自己的态度和立场。因此，其中的 NP 虽然是光杆名词，但实际上是有所指的，而不可能是无指成分。另外，我们更倾向于同意高再兰(2007)的观点，即 X 在这里是有定的成分，它指称的是前言中提到的某种信息，并且经常通过指称代词"这/那"回指这个信息成分，因为"发话人在使用某个名词性成分时，如果预料受话人能够将所指对象与语境中的某个特定的事物等同起来，能够把它与同一语境中可能存在的其他同类实体区分开来，该名词性成分为定指成分，反之，正如方梅(1993)指出，发话人预料受话人无法将所指对象与语境中其他同类成分区分开来，这一名词性成分为不定指成分"。比如：

(9)今天中午有鱼。　　——有鱼，那可太好了。

(10)别担心，他们有翻译。　　——有翻译，这我就不担心了。

(11)爸爸，我也有自己的理想。　　——好，有理想就好。

这里的"有"仍然有动词的意义和功能，表示事物或某种概念的存在，在句法上和 NP 一起构成动宾结构。因此，"有$_1$"是句中的必有成分，不可省略，如果省略，会显得生硬和突兀，甚至对话语交际产生影响。如：

别担心，他们有翻译。——？(有)翻译，这我就不担心了。

因此，从句法上看，NP 是"有"的宾语，由于 NP 是表类指的名词，而表类指是名词性成分充当话题的必要条件之一(徐烈炯，2003)。因此，从语用功能上看，我们认为"有 NP"也可以看成话题，如果把它看作话题成分，则 NP 是话题，"有"就有可能进一步演变成为话题标记，后面我们将进一步论述这个问题。

2.2 X 为"NP＋VP"，"有"标注为"有$_2$"

(12)有比赛看，太幸福了。

(13)有鱼吃呀，太棒了。

(14)有电脑用，那一切问题都解决了。

X 由 NP 和 VP 构成，从句法上看，NP 和 VP 不构成句法关系，但从语义的角度观察，NP 是 VP 的受事、对象、工具等成分，"有比赛看"意义等同于"可以看比赛"，以此类推。我们也观察到，这里的 NP 不能是数量成分和表示结果的宾语成分，如：

？有一条鱼吃，那可太好了。

？有饭做，……

这是由"有"的意义决定的。"有$_2$"已经不是一个纯粹地表示存在的动词，它的语用功能得到了进一步发展,它的作用在于引出动词在语义上的关涉对象并使其前置于动词前的位置,为其后的成分话题化做准备。这是“有”从普通动词向话题标记发展的重要一步。“$有_2$”仍然具有句法功能,它跟后面的 NP 成分依然构成述宾结构,“$有_2$”在“有 X”中是必有成分,不可省略。数量宾语不能出现在该句式里,是因为数量成分的语义性质决定了它们一般是句子中的焦点信息,而句首的话题成分一般是已知信息,不可能是焦点,话题和焦点的语义特征是互相矛盾的。同时这也是由数量成分的“无定性”决定的,除非特别的情况①,话题一般是有定的成分,对无定成分有排斥的作用。

另外,“有”具有“现时相关性”,比如很多时候动词“有”和表示完成体的助词“了”有相似的功能(石毓智,2004)。我们认为“有”的现时相关性也可以表现为“有”所关涉的 NP 一般是某种现实的存在,但是结果宾语的语义和“有”强调现时存在的意义相冲突,比如“饭”在做以前不会存在,所以只能说“有饭吃”,一般不说“有饭做”。刘丹青(2011)在考察“有”字领有句时指出,表领属关系的“有”一般具有“褒义”的倾向,高再兰(2012)也认为“箱子有人抬着”一类的句子有表达“受益性”的倾向。我们认为,“有”的这种“褒义”和“受益性”倾向也存在于“有 X,Y”句中,具体表现为“有 X”对于说话人来说是一种有“有益”意义的存在,因此在 Y 部分会对此做出积极的评述。而“动词+结果宾语”代表的是一个需要付出的活动,比如“做饭”“写作业”等,从一般人的心理考虑,付出劳动是辛苦的,说话人一般不会对此做出非常积极的评述和表示欢迎。

2.3 X 为 NP+VP,“有”标注为“$有_3$”

(15)人活七十古来稀,有你这样的好姑娘照顾,能活到一百岁。

(16)有你帮助,我一定进步得快。

(17)有你王家大少爷做伴,我有什么不放心的,让她吃好玩好就是了……

NP 为 VP 的施事成分,也就是 VP 的主语,宾语成分因为不言自明,所以常常省略。跟 2.2 中出现的“NP+VP”结构不同,这里的“NP+VP”中 NP 和 VP 是施动关系,并且 NP 常由人称代词或其他的有定成分充当。话题和有定成分是无标记的组配,因此在这种句式里“有”虽然还可以看成是表示存在意义的动词,但它的意义已经很虚,它的主要作用已经是为了引出后面的“NP+VP”结构,使其担任话题的角色。从句法上分析,“有”跟后面的有定成分的组合也已经很松散,不如这个有定成分跟其后的动词组合紧密。因此说,“$有_3$”的性质已经开始发生变化,已经更像一个具有语用功能的话

① 具体参看徐烈炯、刘丹青(1998)第 164—178 页:虽然话题对无定成分有排斥性,但还是有一些因素有利于无定成分充当话题的:非始发句;已知资讯;前后存在对比性话题或主语;着重表示数量关系。

题标记了。导致语法化现象发生的一个重要机制是重新分析。重新分析虽然不会立刻改变语法结构的表层形式，但常导致成分之间边界的改变，比如“$有_3$ NP＋VP”结构在这里既可以分析为“($有_3$NP)＋VP”，也可以分析为“有＋(NP＋VP)”。而且从语义上来看，后者更为合理。“有”的基本意义是表示存在，它既可以表示客观事物的存在，也可以表示现象的存在，甚至是主观上虚拟的某种存在，总之是一种存在，“NP＋VP”代表的是一种客观事实，“有”所表示的就是这种客观事实的存在。

重新分析是人类认知作用的结果，往往还伴随着词类和语法关系的改变。“有 NP＋VP”结构经过重新分析的结果直接导致了该结构意义的改变，也导致“$有_3$”跟其后NP在句法上的分离，并最终导致“$有_3$”的句法功能的减弱和意义的虚化。

2.4 X为小句，“有”标注为“$有_4$”

(18)有小王在，我就放心了。

(19)好，好，有你们在，老百姓抬头的日子算来了。

(20)有你们作后盾，我什么都不怕！

(21)何处长，有你做主，我们还怕什么。

(22)姐，有你替我们安排，真幸运。

这里最大的变化是X已经可以脱离“有”的控制成为独立的句法成分，X是一个完整的小句。跟2.3一样，“$有_4$”表存在的意义更加虚化，表现在句法上，它的句法功能已经基本丧失，因为它已经可以省略而不会在句法上或语义上对句子造成影响，只是它的语用功能进一步突出，主要起承接前言，引出后语的作用。

语言的演变是渐变的过程，“有”在共时的层面上还同时存在着动词、动词兼话题标记、话题标记几种功能，也说明“有”正处于语法化的进程当中，这个过程并没有结束。“有”保留着一定的动词性，比如还可以受否定副词“没”和能愿动词“能”等修饰。如：

(23)能有你当助手，他应该感到高兴才是……

(24)没有你替我做主，我真不知道该怎么办。

三 “有”的性质和功能

3.1 “有”的性质和“有X”结构的话题化

石毓智(2000、2001)认为，汉语句子无标记的语序是“施事＋动作＋受事”，而对这种语序的任何变化都会产生一个有标记的句法结构，表示特定的语法意义。根据前面的考察我们可以看到,“有X,Y”句中“有”的性质不是均质的,它正在由表示存在意义的动词向不具有概念意义和句法功能的话题标记演变。“有”的功能也随着它的性质的变化而发生着变化。作为一个动词,它具有跟宾语结合的能力,“$有_1$+NP”可以做句子的主语,也就是说,动词“有”具有完整的句法功能。而作为话题标记的“$有_3$”和“$有_4$”,句法功能已经弱化了很多,而篇章语用功能却在相应地增强。但是上文考察的四种“有X”都有话题化的表现,比如位于句首,可以添加话语标记(包括停顿和助词“啊”“呢”“嘛”等),Y部分有回指词“这”“那”。

Hopper&Traugott(1993)就曾指出:“所有语言都有词汇词(lexical word)和功能词(function word)的区分,语言中的一些现象显示,功能词通常起源于一个词汇词。当一个词汇词呈现出功能词的语法特征时,这个形式就可以说它语法化了。”“有X”结构中的“有”出现了话语标记的特征,似乎可以说它已经开始语法化了。

在汉语语法史上,一个语法化过程往往同时涉及新标记和新结构的产生,两者经常是同一变化的两个方面。这是因为通常情况下,发生语法化的不是一个单独的词汇词,而是包括这个词的整个结构,比如动词“被”和“把”的虚化产生了现代汉语“被”字句、“把”字句等。我们也可以看到,“有X,Y”中,发生语法化的不只是动词“有”,而是整个“有X”结构。就是说,当“有”语法化为话题标记时,“有X”这个结构就语法化为了话题①。

从我们搜集到的语料可以看到“有X”结构话题化的特征。比如语义方面,“有X”结构与述题(comment)有相关性(aboutness)特征,与句中其他VP或其他VP可以没有直接的论元关系或嵌入关系。在句法方面,“有X”结构位于句首,前置于述题之前,可省略,不能是自然重音的所在处,可以为若干句子,甚至整个段落所共用。在话语功能方面,“有X”结构带有定成分(definiteness),带已知资讯,带听说双方共享的资讯(shared information),带已被启动的资讯(activated information),是说话人有意引导听话注意的中心,不是焦点。

另外,“有X”和“Y”之间还出现了新的话语标记——逗号和停顿,也可以添加其他话题标记,如“呢”“嘛”“啊”等。比如:

(25)有鱼啊,那太好了。

(26)有小王在呢,我就放心多了。

(27)有你帮我嘛,我什么都不怕了。

话题具有层次性,一般认为可分为两个层次,句内话题和语篇话题,或者结构话题

---

① 关于话题的界定,具体参见徐烈炯、刘丹青(1998),第28—32页。

和话语话题。也有人认为实际上话语话题应包含在篇章话题之中(高再兰,2007)。具体看来,“有X”既可以做句内话题,也常做话语话题。句内话题即句子的主语,是针对单句来说的;话语话题则是针对于一个话语片段而言,这个话语片段由若干个句子组成,它们围绕一个交谈中心展开,这个交谈中心就是话语话题。“有X,Y”中的“有X”常常是Y的评述对象,而Y既可以是形容词性成分,即句子的谓语,也可以由多个小句组成,和“有X”构成一个话语片段,但Y总是围绕着X进行的。而语篇话题是相对于具有一个“言谈主角”的篇章而言,一个篇章可以由若干个话语片段组成,这些话语片段围绕一个言谈主角展开,这个言谈主角就是篇章话题。因此说,由“有X”充当的话题是话语话题,即由几个句子组成的话语片段的中心,一般不充当一个篇章的话题。

3.2 “有”的功能

“有X,Y”句的篇章位置是答句或后续句,而不是始发句,这决定了“有”最重要的话语功能就是衔接和照应功能。“有”通过引介出上文或前语中出现过的谈论对象,使话语重新聚焦于这个对象,继而使得说话人的后续观点成为受话人关注的焦点。因此说“有”具有主观性。“有X”是说话人主动承接会话的主题,以便说话人进一步发表自己的意见Y,进而表明自己的情感和态度。

不但如此,“有”的话语衔接和照应功能还在于肯定前言,表明说话人对谈话对象的关注和礼貌。因此说“有”具有交互主观性。交互主观性表现的是语言交际过程中会话双方的一种互动,主要体现说话人在交际过程中对受话人的关注和情感,特别是对受话人情感或“面子”的尊重和照顾。“有X,Y”中的X一般是前言中出现过的谈论对象,或是事物,或是某种现象。“有”的作用是再次引出这个谈论对象。“有”的承接作用其实是一种重复,这种重复不仅表现出说话人对受话人所言事实的肯定,而且也是一种暗示,意思是“我听了你的话”“我接受你提供的信息”等,这其实是在表明说话人对受话人的尊重和礼貌,也是交际中“礼貌原则”的体现。

四 Y的类及表达功能

“有X,Y”句的后段,即Y是整个“有”字句的表达中心和焦点。我们认为,现代汉语中的“有X,Y”句的主要功能是表达评述功能,即表明说话人对X的评价和看法,主要是积极的意见和肯定的评价,同时传达出较为强烈的情感,比如感激、愿望、赞叹等。

4.1 Y 的类

“有 X,Y”句中,Y 是述题(comment)。

4.1.1 Y 由表示评价的“副词+形容词”的组合充当

这里有两种情况:一种是“有 X”和 Y 之间由逗号隔开,话语有停顿;另一种“有 X”和 Y 之间则无停顿,也无逗号分隔。从篇章的角度看,上述两种情况实际上都是由“有 X”部分充当话题,Y 部分充当述题,由 Y 对“有 X”部分进行评述。只不过从句法层面来看,“有 X”和 Y 之间无停顿的一类也可以分析成主谓句,“有 X”充当小句的主语,由 Y 充当评述性的谓语。比如:

(28)有你做伴真好,你不是累赘!

(29)有你当我徒弟一定不错。

(30)“有你在比较开心呀。我和初美都希望你在。”永泽说。

(31)有你在我身边,可真好。

4.1.2 Y 由一个小句充当

这个小句也是对“有 X”部分的评述,一般具有肯定的评价意义,有时还表现出较为强烈的情感意义,小句中也经常会出现“真”“很”“更”等评注性副词。比如:

(32)阿英,有你陪着我,我真幸福!

(33)好在有你老兄在,我放心得很。

(34)有你在我们中间,我们打起仗来更有胆量,也更有劲!

4.1.3 Y 由其他成分充当

比如例(35)中 Y 是动宾结构“帮了我一大半的忙”,跟“有 X”是承接关系,但从语义上看也是对“有 X”的肯定和评述。(36)Y 是复句“不管他高兴不高兴,他总得客气些”,表明由“有 X”产生的影响和结果。(37)Y 是紧缩复句,同样也表明由“有 X”造成的影响和结果。

(35)如果我在家,妈妈真的会说,有你在家,帮了我一大半的忙。我会帮妈妈整理家具、擦地板什么的。

(36)但是有你在场,不管他高兴不高兴,他总得客气些。

(37)有你在,家里没有一个男子汉我也不怕了!

(38)李先生,有你在船上,所以飞机没光顾。这话并不荒谬,我相信命运的。

(39)有你们在,哪有我们说话的地方?其实,我们又哪有意见呢?

4.1.4 Y 部分还可以是若干个小句,共同评述“有 X”话题

(40)“我不图名,不图利,只图你有个好身体。有你在,我有丈夫,孩子有爸爸,

我们才有个完整的家,否则……”妻子说。

(41)我一直盼望能这样,可有你在眼前,我一直下不了决心,我实在不忍心让心爱的人眼睁睁看着我去。

4.2 Y的情感特征

4.2.1 Y的评述类别

1. Y表述的是对“有X”的直接评价。

(42)有你当我徒弟一定不错。

(43)有你在这儿,真叫人感到愉快。

2. Y表述的说话人的主观感受。

(44)好吧,有你帮我,我感到很安全。

(45)坦白说,有你们在我身边,我觉得很高兴。

(46)有你在我的身边,我感到心里踏实多了!

3. Y表述“有X”客观上所带来的积极的结果,受益人为除说话人和受话人以外的第三方。

(47)你们不要小看了你们坚持斗争的意义,有你们在这里,蒋介石就吃不下饭,睡不着觉。

(48)好,好,有你们在,老百姓抬头的日子算来了。

4. Y表述“有X”有可能带来的积极结果,这也是说话人主观上的认定的结果。

(49)有你这样的好姑娘照顾,能活到一百岁。

(50)有你帮助,我一定进步得快。

(51)能有你当助手,他应该感到高兴才是。

5. Y是对“有X”的判断,表达说话人的肯定性评价。

(52)有你做母亲,是我一生的幸运。

(53)看,乐小姐有你做秘书当真是太大的福气,连闲闲的一句话,你都维护她。

6. Y是表示对“有X”的否定评价。也有一些时候,“有X”中的X为表示消极意义的词语,这时Y的评价也就是消极的,这也显示出X和Y意义的一致性。如:

(54)有他在这儿捣乱,我什么也干不了了。

(55)有他在这儿(搅和),结果好不了。

4.2.2 Y的情感特征

“有X,Y”句中,“有X”传达的是已知信息,而Y则承载着句子的重要信息即焦点信息,这是由语言的“线性增量”原则决定的,Bolinger(1952)认为,在没有干扰的情况下,随着句子由左向右移动,句子成分所负载的意义也越来越重要(转引自沈家煊,1999:226)。也可以说,Y具有较高的“动态交际值”即CD值(degree of communication dynamism)。语言是一个动态的交际过程,CD值是指一个语言成分在推进交际、完成交际目的的过程中所发挥作用的大小程度。信息量大,CD值高的语言成分才更适合置于句末(Firbas,1992)(转引自沈家煊,1999:226)。

从语料可以看出,“有X,Y”句中,Y有着特殊的情感意义和功能。首先,Y具有鲜明的情感特征。Y经常是表示程度的评注性副词和正向情感形容词的组合,如“真好!”“一定不错”“太好了”等,直接表述说话人的主观感受和观点,这种感受通常是乐观的、愉快的感受,带有明显的情感意义,也具有很强的主观性。当Y表示由“有X”带来的结果时,不管受益者是不是说话人,这种结果一般是正向的、有利的,是值得肯定的。

另外,大部分Y有明显的积极意义。Y一般由表示积极和肯定意义的正向形容词充当,即使Y是对“有X”的判断,也表达正向和肯定的意义,一般会出现如上文出现的“幸运”“福气”等词。这是由“有X,Y”句的句式意义和话语功能决定的。该句式传达的是说话人对受话人所提供的信息或谈论对象的肯定和积极评价,目的在于进一步表明自己的态度和立场,让受话人充分感受到说话人的“善意”,从而达到使交际活动得以延续的目的。交际的过程中,交际双方都应该遵守会话的“合作原则”。正向的评价和积极的态度表现出来的合作态度更容易让对方接受,也更利于交谈的继续。相反,表示消极和否定的形容词传达负向的评价和消极的态度,这就难免不会影响受话人的情绪,给交谈带来负面的影响,从而影响交际活动的进一步延续。

少部分表示消极评价的“有X,Y”句,如例(54)、例(55)则传达说话人的抱怨、怨愤等感情。

五 “有X,Y”的句式意义和历史溯源

5.1 “有X,Y”的句式意义

现代汉语中的“有X,Y”句是一种主观评述句,该句的句式意义是引出前言中已经出现或在交际环境中隐含的信息或对象,使交际双方重新聚焦于此,并由说话人做出对该信息或对象的积极评价。“有X”部分具有承接和照应的话语功能,Y部分通常带有积极和肯定的意义,表达说话人强烈的情感和鲜明的立场。整个句式具有很强的主观性和交互主观性。

“有X,Y”句充分体现汉语“话题-说明”结构的特点。汉语的篇章特点是多流水

句，看似散沙一片，其实连贯性很强。“有X，Y”句在篇章和话语中较强的承接和照应功能以及句式所包含的“善意”使得这种句式成为汉语中一种出现频率非常高的句式。“有X，Y”句的话题部分可以是词、短语或小句以及其他成分，述题部分则由表示情感和态度的形容词短语、小句甚至是并列小句充当。当说话人把“有X”确立为话题以后，他可以在这个话题的引导下，使用各种词汇句法手段充分展开评述。有时，述题部分还可以通过复句进一步拓展延伸为篇章或段落。比如：

(56)“我不图名，不图利，只图你有个好身体。有你在，我有丈夫，孩子有爸爸，我们才有个完整的家，否则……”妻子说。

(57)当你读到这封信的时候，我已经到另一个世界去了，我一直盼望能这样，可有你在眼前，我一直下不了决心，我实在不忍心让心爱的人眼睁睁看着我去。为此我也会痛苦的，我去了，我希望来世还做女人，与你结缘……

5.2 “有X，Y”句的历史溯源

“有”起首的“有NP+VP”句是汉语历代沿用的固有句式，先秦就已出现，后代逐渐丰富。“有X”的话题化早在春秋时期就已经初露端倪，比如：

(58)有君子白晳。(《左传·昭公二十六年》)

(59)有马百乘，死于牖下。(《左传·哀公二年》)

(60)有陶唐氏既衰，其后有刘累。(《左传·昭公二十九年》)

(61)有颜回者好学。(《论语·雍也》)

特别是例(61)中“者”可以看作话题标记，“颜回”是专名，“好学”是对话题“颜回”的客观评述。在先秦汉语中，NP多为施事，少为系事，不见受事，使用频率不高。秦汉时期，VP也有所扩展，短语出现的频率较高，出现了一些较复杂的短语(何继军，2010)。东汉时更有类似现代汉语“有X，Y”句的句式出现：

(62)直合之辰，育于北玄玉国、天冈灵境、人鸟阁蓬莱山中、李谷之间，有上玄虚生之母，九玄之房，处在谷阴。玄虚母之始孕，梦玄云日月缠其形，六气之电……(东汉《太平经》卷1至17)

(63)今天地开辟以来久远，河雒出文出图，或有神文书出，或有神鸟狩持来，吐文积众多，本非一也。(《太平经》卷41)

邵素芝(2009)认为“有”的作用在于肯定其后面的谓词性成分所述事态的客观现实性。具体地说，“有”的意义是“肯定一种情况的客观存在”。

何继军(2010)从句法语义、篇章结构以及发展流变等方面考察了南唐禅宗史书《祖堂集》中“有”起首的“有NP+VP”句，他认为如果从段落篇章的角度看，《祖堂集》中的

“有”是潜在的话题标记,其作用是引出话题,形成话题链,展开篇章。

从语料上观察,古代汉语中“有 X,Y”字句多为客观陈述句,X 多为 NP,Y 是对“有 X”的客观评议,一般不带有主观的感情。这种情况一直延续到清代,《红楼梦》中出现了多例类似的“有 X,Y”句:

(64)王夫人见贾兰中了,心下也是喜欢,只想:“若是宝玉一回来,咱们这些人不知怎样乐呢!”独有宝钗心下悲苦,又不好掉泪。

(65)转念又看宝琴等淡素装饰,自有一种天生丰韵。独有宝钗浑身孝服,那知道比寻常穿颜色时更有一番雅致。

(66)便打扫上房让给巧姐平儿住下。每日供给虽是乡村风味,倒也洁净。又有青儿陪着,暂且宽心。

(67)众婆子忙回:“三更了。”贾母道:“怪道寒浸浸的起来。”早有众丫鬟拿了添换的衣裳送来。王夫人起身笑说道:“老太太不如挪进暖阁里……”

上述《红楼梦》中的“有 X,Y”句中的“有”已经开始话题化,但大部分的“有”还保留着有动词的功能,受副词修饰,从意义和功能来分析,其中的 Y 部分也还是对“有 X”部分的客观描写或评述,主观性较弱。如例(64)、例(65)“心下悲苦”“浑身孝服”是对“宝钗”的描述。例(66)“暂且宽心”描述的是由“青儿陪着”带来的结果。例(67)更是客观的陈述。

《红楼梦》中以“有”起始的“有 X,Y”句有 2 例,这两例跟现代汉语的“有 X,Y”句形式上已没有区别,而且主观性较强,但 Y 部分始终没有出现表达强烈情感的评论。

(68)况且他们今年又添了两口人,也难丢了他们跑到这里来。偏又把凤丫头病了,有他一人来说说笑笑,还抵得十个人的空儿。

(69)好歹坐一坐,你就疼我了。凭你有什么要紧的事,交给哥,你只别忙,有你这个哥,你要做官发财都容易。

因此我们认为,表达强烈情感的主观评议句“有 X,Y”直到现代才出现,并且“有 X”话题化的过程一直在持续,共时层面上仍能看到不同意义和功能的“有”。我们预测随着“有”的虚化程度越来越高,作为话题的“有 X”使用频率也会越来越高。

参考文献

方 梅 (1993) 宾语和动量词的次序问题,《中国语文》第 1 期。
高再兰 (2007) 兼语式“有”字句的篇章功能,《淮北煤炭师范学院学报》(哲学社会科学版)第 3 期。
高再兰 (2012) “有……着”句式的结构特点和语义倾向,《汉语学习》第 2 期。
何继军 (2010) 《祖堂集》“有”起首的“有 NP+VP”句研究,《安徽大学学报》(哲学社会科学版)第 2 期。

胡裕树、范 晓（1996）《三个平面的语法观》，北京：北京语言文化大学出版社。
刘丹青（2011）“有”字领有句的语义倾向和信息结构，《中国语文》第1期。
吕吉宁（2004）“有”字句的语法化考察，北京语言大学硕士学位论文。
吕叔湘（1991）《现代汉语八百词》，北京：商务印书馆。
孟艳丽（2009）“有”的语法意义及其成因，《解放军外国语学院学报》第1期。
屈承熹（2003）话题的表达形式与语用关系，徐烈炯、刘丹青主编《话题与焦点新论》，上海：上海教育出版社。
邵素芝（2009）《太平经》中的“有”字句，吉林大学硕士学位论文。
沈家煊（1994）“语法化”研究综观，《外语教学与研究》第4期。
沈家煊（1998）实词虚化的机制，《当代语言学》第3期。
沈家煊（1999）《不对称和标记论》，南昌：江西教育出版社。
石毓智（2000）汉语的有标记和无标记语法结构，《语法研究与探索》（十），北京：商务印书馆。
石毓智（2001）《语法的形式和理据》，南昌：江西教育出版社。
石毓智（2004）汉语的领有动词与完成体的表达，《汉语时体系统国际研讨会论文集》，上海：百家出版社。
徐烈炯、刘丹青（1998）《话题的结构与功能》，上海：上海教育出版社。
徐烈炯（2003）话题句的合格条件，徐烈炯、刘丹青主编《话题与焦点新论》，上海：上海教育出版社。
徐通锵（1997）《语言论》，长春：东北师范大学出版社。
张先亮、郑娟曼（2006）汉语“有”字句的语体分布及语用功能，《修辞学习》第1期。
张豫峰（1999）“有”字句的语用研究，《河南大学学报》（社会科学版）第1期。
张豫峰、范 晓（1996）“有”字句的后续成分，《语言教学与研究》第4期。
赵元任（1968）《汉语口语语法》，吕叔湘译，北京：商务印书馆。
朱德熙（1982）《语法讲义》，北京：商务印书馆。
HopperPaul J. &Traugott Elizabeth Closs（1993/2001）*Grammatilization*. Cambridge：Cambridge University Press/北京：外语教学与研究出版社。

（胡孝斌 北京 北京语言大学汉语速成学院 huxiaobin@blcu.edu.cn）

来华汉语学习者汉字手写和键盘输入态度的调查研究*

江　新　郑　艳

提　要　本文通过访谈和问卷调查的方法考察来华汉语学习者对汉字手写和键盘输入的使用情况和态度。研究结果显示：(1)来华汉语学习者很重视汉字的学习，且90%以上的学习者在电脑上利用拼音输入法练习或使用汉字；他们普遍认为拼音输入法对汉字学习有帮助，但是在如何写出汉字方面帮助不大。(2)学习者普遍认为拼音输入法使用方便、简单易学；大多数学习者认为拼音输入法有助于记忆字音和字义；不愿意放弃手写汉字，主要是因为喜欢手写汉字，认为手写汉字能帮助汉字记忆，不会手写有时很麻烦。(3)没有发现学习者对汉字手写和键盘输入的态度与其文化背景有显著关系。最后提出在教学中应当将汉字手写和键盘输入结合起来，取长补短。

关键词　来华汉语学习者　汉字学习　手写　键盘输入　态度

一　引言

随着计算机和手机的普及使用，越来越多的人使用汉字写作时采用键盘输入(typing)而不是手写(handwriting)的方法，学习手写汉字似乎已经变得不那么重要。关于如何对待汉字手写与键盘输入的问题，在汉语教学界存在着激烈的争论。一方面，有些教师和学者认为，外国学生特别是欧美学生学习汉字书写困难很大，在电脑和手机普及的今天，学习汉字不一定要会手写，学会使用键盘输入也可满足日常生活和工作需要。例如，潘先军(2000)较早提出要利用汉字电脑输入减轻学生“写”汉字的负担，避免“汉字难写”成为汉语学习的拦路虎。金立鑫(2006)提出将来所有以汉字为书面语表达形式的手段将由电脑键盘输入所取代，而手写方式仅仅作为艺术、辅助或补充手段的形式存在。王际平(2007)提出可以将拼音与拼音输入法同时教授给学生。她认为该方法不但省掉了教手写汉字，还有助于学习者在接受“音”“字”同时传授的时候，自觉认识到读

---

* 本文研究得到北京语言大学校级科研项目(中央高校基本科研业务专项资金)的支持和资助，项目编号为14ZDJ03。

音正确与同音字词辨认的重要性。美国自2007年始AP中文考试也采用电脑键盘输入作为汉字"书写"的工具,一些学者和教师主张用键盘输入(用拼音输入法)代替手写,并在汉语教学中实施这种做法(例如冯禹、杨清钰,2013)。Allen(2008)提出学汉语的美国学生学习手写汉字浪费时间,是对资源无效使用(inefficient use of resources),初学者应该注重的不是手写汉字,而应该是汉字词的认读(character/word recognition)和键盘输入。另一方面,也有许多学者和教师反对用键盘输入代替手写的教学。不少人认为汉字手写是汉字学习不可或缺的部分,汉字手写能够促进认读,键盘输入的加工深度不如手写,而且常见的汉字拼音输入本身也有其缺点(参看林莹,2007)。此外还有学者采用折中的观点,例如,谢天蔚(2011)主张采用"听说读打写"原则,即"一上只写不打,一下又写又打,二上二下不写只打,到了三四要写就写,要打就打"。面对这种争论,有必要通过实证研究探讨键盘时代汉字手写和键盘输入对汉字教学乃至汉语教学的影响。

本文主要采用访谈和问卷法调查来华汉语学习者对汉字手写和键盘输入的态度,并了解他们在日常学习和生活中使用手写和键盘输入的实际情况和需求,以便为对外汉语教学中汉字手写和键盘输入教学提供依据。

关于第二语言学习者汉字键盘输入和书写的调查研究十分罕见。最近,王祖嫘(2012)对北京外国语大学汉语培训中心74名不同国籍的初级、高级汉语学习者进行了问卷调查。调查结果显示,在所调查的学生中,93%的学生认为学习汉语必须学习汉字,大多数学生认为学习汉字必须要会写(82%)、练习写汉字很有用(81%)、用汉语工作和交流学习必须学会用电脑打汉字(82%),但是只有一半左右的学生认为练习用电脑打汉字对自己更有用(58%)、常常使用电脑打字(54%)、希望和老师用汉字在网上交流(52%)。该研究还对初级学习者和高级学习者进行了比较,发现半数以上初级学习者希望教电脑打字,但半数以上的高级学习者却认为没有必要;对汉字手写和键盘输入的优缺点比较时,作者的结论是,在速度和易学度上,初级学习者比高级学习者更支持汉字输入;初级学习者比高级学习者更喜欢汉字输入;高级学习者认为汉字输入能扩大词汇量,并对以后的汉语学习有帮助;而初级生中有较多人认为汉字输入更能增强自学能力。总之,该研究的结果表明,外国学生认同汉字学习和汉字手写的重要性,并不认为键盘输入更加有用、有效。该研究是迄今为止我们看到第一项关于外国学生汉字手写和键盘输入的调查研究。值得注意的是,该项研究中只采用问卷调查的方法进行考察,还需用访谈的方法进行更加深入的研究;而且,该研究没有考察参与调查的被试的国别与态度的关系,可能来自不同国家的学生对待汉字手写和键盘输入的态度会有所不同;此外,该项研究对数据只进行了描述统计分析,没有推论统计,不能确定所得结果是否能够推论。

本文在已有研究的基础上,以不同文化背景的汉语学习者为研究对象,采用访谈和问卷调查相结合的方法,进一步考察外国学生对汉字手写和键盘输入的使用情况和态度。本文研究的具体问题是:(1)外国学生对汉字书写和键盘输入持何种态度?(2)外国学生对汉字书写和键盘输入的态度是否随文化背景的不同而发生变化?

二 学习者汉字手写和键盘输入的访谈研究

访谈研究主要了解学习者汉字键盘输入使用的情况以及对汉字手写与键盘输入的态度。

2.1 研究方法

2.1.1 被试

对在北京语言大学学习汉语的30名外国留学生进行了访谈,其中非汉字文化圈学生16人(意大利、澳大利亚、俄罗斯、美国、菲律宾、蒙古、以色列、乌克兰、法国、瑞典、荷兰各1人,捷克2人,印尼3人),汉字文化圈学生14人(日本5人,韩国8人,越南1人)。在学习时间上,一年以下的初级水平学习者11人,三年以下的中级水平学习者10人,三年以上的高级水平学习者9人。在性别上,男生14人,女生16人,其中非汉字圈男生6人,女生10人。所有被试自愿接受访谈。

2.1.2 资料的收集

采用半结构化深度访谈的方法收集资料。访谈提纲主要分为两部分:第一部分为被试的简要学习背景,国别、性别、学习时间等;第二部分主要针对汉字键盘输入和手写各自的特点及其对字词学习记忆的效果等问题来展开。访谈问题参见“2.2 研究结果”。在访谈中进行录音。

2.1.3 资料的编码和分析

将访谈的录音撰写成文本,然后进行分类、编码,进行定量统计分析和描述性分析。

2.2 研究结果

2.2.1 总体情况

被试对每个问题的不同回答的人数和百分比见表1。

表1 被试对每个问题的不同回答的人数和百分比

问题	是		否	
	人数	百分比	人数	百分比
1.学习汉字对你来说重要吗?	30	100%	0	0
2.在电脑上打过汉字吗?	27	90%	3	10%
3.使用拼音输入法有困难吗?	4	13%	26	87%
4.拼音输入对汉字学习有帮助吗?	30	100%	0	0
5.是否喜欢用电脑完成作文?	15	50%	15	50%
6.会不会放弃手写汉字?	6	20%	24	80%

从表1的数据可以看到,在所访谈的学生中,100%的学生认为学习汉字重要,90%的学生使用过电脑打字,87%的学生使用拼音输入无困难,100%的学生认为拼音输入对于汉字学习有帮助,50%的学生喜欢用电脑完成作文,80%的学生表示不会放弃手写汉字。

2.2.2 汉字学习的重要性及其原因

问题1:学习汉字对你来说重要吗?为什么?

100%的被试认为学习汉字重要或非常重要。将被试描述的主要原因归纳为四大类,即与其他技能有关、汉字的魅力和文化地位、生活或工作需要、与学生的母语或国家有关。回答不同原因的人次、百分比见表2。

表2 学习汉字重要的不同原因的回答人次和百分比*

原因	人次(百分比)	回答举例
与其他技能有关	11(31.4%)	越可以写汉字越可以说汉语。(日本学生1) 不知道的话,不能读,不能听得懂,平时帮助看电影、读报、说话等。(印尼学生1)
汉字的魅力和文化地位	10(28.6%)	汉字很有艺术感,看汉字知道怎么来的,形状。(蒙古国学生1) 汉字都有意义,例如吃饭的“饭”的左半部分,见到后知道跟吃的东西有关系,很有意思。 自己在记一些汉字义符。(澳大利亚学生1) 因为他们在中国的文化有很重要的地方。(意大利学生1)
生活或工作需要	8(22.9%)	不会汉字,那学什么或工作,都有问题。(越南学生1) 到处有汉字所以需要学习汉字。(韩国学生1)
与学生的母语或国家有关	6(17.1%)	在亚洲重要。(韩国学生2) 因为在韩国我们也用汉字。(韩国学生3)

(*被试回答提及的原因可能超过1个。)

从表 2 可以看到，学生认为汉字学习重要的主要原因，依据重要程度的高低（即选择人次的多少）依次为：汉字学习与学习汉语其他技能有关＞汉字有魅力和文化地位＞生活或工作需要＞与学生的母语或国家有关。

2.2.3　拼音输入法使用的普遍性

问题 2：在电脑上打过汉字吗？使用的是哪种输入法？

30 个被试中，有 27 个人在电脑上打过汉字，只有 3 个人从来没打过。27 个人 100％使用的都是拼音输入法，其中 1 人（韩国学生 2）还接触过形码输入，但很少使用。另外还有 1 名被试（捷克学生 1）提到，他原来用的是智能 ABC，但现在使用的是搜狗拼音输入法，因为后者更方便。不同输入法使用的人次和百分比见表 3。

表 3　不同输入法使用的人次和百分比*

	无电脑打字经验	有电脑打字经验	
		形码输入法经验	拼音输入法经验
人次	3	1	27
百分比	10％	3％	90％

（*1 个被试使用过两种汉字的输入法。）

从表 3 的数据可以看到，绝大多数（93％）的汉语学习者具有电脑打字的经验，而且，90％的学习者使用拼音输入法，然而跟汉字形码有关的输入法却很少有人了解和使用。

2.2.4　拼音输入法使用中存在的问题

问题 3：使用拼音输入法有无困难或问题？

30 名被试中，绝大多数的人（29 名）都认为使用拼音输入法没有问题，很简单，可以自学。有 4 名被试指出了使用拼音输入法过程中存在的问题，他们在访谈中提到：

“女儿”的“女”怎么打？（俄罗斯学生 1）

忘记拼音的时候，怎么办？（菲律宾学生 1）

发音一样的词太多，要找很长时间（韩国学生 4）

不知道用哪个字的时候（印尼学生 2）

这四个问题反映了拼音输入法使用中的局限。当不清楚某个字的拼音时，没有办法在电脑上打出来；而当我们只记得某个字的发音，却不清楚字形时，就不知道哪个才是需要的汉字；拼音输入法借助拼音途径来获取汉字，这就难免同音字多产生的问题，在很多同音字间选取所需的汉字确实得花费一些时间。此外，当使用者不知道在电脑键盘上 ü 要用 v 来替代时，很可能有一批以 ü 为韵母的汉字无法在电脑上打出来。

2.2.5 拼音输入法对汉字学习的作用及其原因

问题4:你认为拼音输入法对汉字学习有帮助吗?为什么?

所有的被试都认为拼音输入法对学习汉字有帮助。将被试回答的原因划分为两大类:帮助记字音、帮助记字形。不同原因的回答人次和百分比见表4。

表4 拼音输入法作用的不同回答的人次和百分比*

	原因	人次(百分比)	回答举例
有帮助	帮助记字音	21(65.6%)	第一次输入的时候,想不起来拼音,所以看课本,可以复习。(日本学生2) 有帮助,输入时,需要知道正确的拼音,所以,在读汉字方面有效果。(日本学生3) 很多帮助,因为让你记字的拼音,然后可以看online dictionary。(菲律宾学生1)
	帮助记字形	9(28.1%)	有,更容易找汉字。(哈萨克斯坦学生1) 有帮助,因为用电脑时,我们得选我应该用哪个字。(印尼学生3)
帮助不大	—	2(6.2%)	我觉得没有太大的帮助学习。(乌克兰学生1) I think that the usage of computer won't be too useful for studying Chinese characters, because when using a computer one is only required to recognize the character and not how to write it!(以色列学生1)

(*被试回答提及的原因可能超过1个。)

从表4可以看到,绝大多数学习者认为用拼音输入汉字对汉字学习有帮助,主要认为对字音记忆有帮助,也有部分学习者认为对记忆字形有帮助。

但是,在30人中,也有2人提到电脑打字对汉字学习帮助不太大。从被试的回答可以看出,认为电脑打字对汉字学习"帮助不大"针对的是"如何写汉字"这一点。

2.2.6 手写与拼音输入的优缺点

问题5:手写和拼音输入对汉字学习来说有什么不一样?

手写与拼音输入这两种方法对汉语学习者来说,在汉字学习方面究竟存在怎样的差异,被试主要从两种方法各自的优缺点上进行了回答。被试对手写与拼音输入在汉字学习上的优缺点的看法见表5。

表5 被试对手写与拼音输入在汉字学习上的优缺点的看法

	优点	缺点
手写	容易记住,对学习有帮助; 知道怎么写一个汉字就知道怎么读; 随地随时练习; 时间少,更喜欢写下来。	练习时,手写容易累。
电脑打字	用拼音很方便; 可以很快地认识很多汉字; 可以用网上的词典; 在网上检查对不对; 比较快地完成作业; 要写比较长的文章的话,用电脑又快又方便; 练习时,电脑不容易累; 电脑打出来的字比较整齐。	不认识声调; 只知道汉字,不熟练写汉字; 写不出漂亮的字; 拼音不熟练时慢、找字麻烦; 用电脑学习汉字费时,因为要花时间想; 变得懒,不仔细看了(屏幕上的汉字); 考试时没有电脑,会有麻烦。

从表5可以看到,学生认为手写与拼音输入这两种方法在汉字学习上各有优缺点。

2.2.7 在电脑上写作文的倾向

问题6:是否喜欢用电脑来完成作文?

30人中有50%的被试喜欢用电脑来完成作文,另外50%的被试则喜欢用手写来完成作文。被试写作文方式的人数和百分比见表6。

表6 被试写作文方式的人数和百分比

写作文方式	人数(百分比)	回答举例
电脑作文	15(50%)	电脑写容易,电脑上已经有汉字;手写难,要想怎么写。(捷克学生1) 错误的时候也销得容易,可以随时改。(韩国学生5) 因为我写的内容更好,更快完成。(美国学生1)
手写作文	15(50%)	提高汉语水平,对学习有效。(韩国学生2) 能写出更漂亮的汉字,有个人的特点和味道。(蒙古国学生1) 因为我很喜欢写汉字,再说如果我手写,我把我写的内容记住得比较好。(意大利学生1) 手写快,电脑打字不会时找很慢。(印尼学生2)

从表6可以看到,喜欢电脑作文和手写作文的学生人数各占一半。从被试的回答可以看到,喜欢用电脑完成作文的学习者更侧重于作文的内容;而喜欢手写来完成作文的人更侧重于练习汉字。此外,学习者拼音输入法使用的熟练程度可能也影响着学习者的选择,输入法使用熟练的人更觉得电脑写容易,而输入法使用不熟练或刚入门的人

较可能选择手写。

2.2.8 是否会放弃手写及其原因

问题7:如果电脑打字比手写能帮助你更快地认识很多汉字,你会不会放弃手写?为什么?

30人中,回答会“放弃”的有6人,回答“不会放弃”有24人。被试选择放弃手写与否的人数和百分比见表7。

表7 被试回答是否放弃手写的人数和百分比

是否放弃手写	人数(百分比)	回答举例
会放弃手写	6(20%)	我写开始错,以后继续错;但电脑更聪明。(日本学生4) 手写记住发音和意思要很长时间。(菲律宾学生1) 因为我比较懒,可能更喜欢电脑。(俄罗斯学生1)
不会放弃手写	24(80%)	不会,因为我喜欢学习汉字。(印尼学生2) 会写时学得好,记得时间长。(荷兰学生1) 不会,因为有时没有电脑时要用笔。(韩国学生3) 考试的时候不能用电脑,问题出来了。(印尼学生1)

从表7可见,大多数(80%)的汉语学习者“不会放弃手写汉字”。这与他们认为汉字学习重要有很大的关系,此外,也受到客观因素的制约,如没有电脑时得手写、考试不能用电脑等。

2.3 讨论

通过对在北京学习汉语的30名外国学生进行访谈,我们获得了一些有意思的结果。

第一,我们发现,来华学习汉语的外国学生普遍认为汉字学习对他们来说很重要。而且,他们认为汉字学习重要的主要原因依重要性可排列为:汉字学习与学习汉语其他技能有关、汉字有魅力和文化地位、生活或工作需要、与学生的母语或国家有关。总的来说,汉语学习者认为汉字学习之所以重要,主要是因为汉字学习与其他语言技能的掌握间有着密切的关系,如果汉字掌握得不够或不好,就有可能影响其他语言技能的提高,其次因为汉字本身的独特性、汉字在中国文化中的重要地位。此外,工作或生活需要,以及汉字与学习者母语或国家的联系等因素也使得众多的学习者把汉字学习放在一个重要的位置。

同时,值得注意的是,由于我们的访谈对象都是来到中国学习汉语的留学生,他们汉语学习的动机比在海外非目的语环境中学汉语的学生动机更强,因此对汉字学习有更加强烈的动机，更加赞同汉字学习的重要性；而且由于在目的语环境中学习和生活，时时处处都有可能接触到汉字，所以汉字对他们来说很重要。但是，如果我们访谈的对象是在本国学习汉语的学习者，也许汉字对他们来说就没有这么重要。

第二，我们的访谈结果表明，90%以上的留学生在电脑上利用拼音输入法打字，这一结果与商艳涛等(2008)的调查结果类似，即拼音输入法在留学生中的使用率远高过其他的汉字输入法。拼音输入法在留学生中使用的普遍性，与这种输入法本身简便易学的特点是分不开的。当然，一些留学生在使用拼音输入法的过程中也遇到了问题。这些问题反映了拼音输入法本身的局限性，同时也受学习者汉语汉字水平的影响。

第三，我们发现，绝大多数学习者认为拼音输入汉字对于汉字学习(包括字音和字形记忆)有帮助。对很多汉语学习者来说，使用拼音输入法打字的同时，强化了他们对于汉字拼音的记忆，这跟拼音输入法本身的特点是分不开的。另一方面，打字时，找字选字的环节也促使汉字在汉语学习者的头脑中加工得更深入，毫无疑问这将有助于汉字的记忆。总的来说，学习者认为汉语拼音输入对学习汉字是有帮助的。

第四，我们还发现，虽然有一半的学习者喜欢电脑作文而不是手写作文，但是大多数(80%)的汉语学习者选择“不放弃手写汉字”。这可能与他们认为汉字学习重要有很大的关系，同时也受考试不能用电脑等客观因素的影响。

最后，学习者认为手写有助于汉字的记忆，而拼音输入法使用起来更方便，写作文时更容易，且能进一步帮助学生利用其他学习资源。因此，教学中如果将手写汉字与汉字输入法有机地结合起来，将会大大地提高汉字教学和学习的效果。

三 学习者汉字手写和键盘输入的问卷调查

在访谈研究的基础上，我们编制了一份关于汉字手写和拼音输入的使用情况和态度的调查问卷，对汉字圈和非汉字圈国家的学生进行较大规模的调查。

3.1 研究方法

3.1.1 被试

对北京语言大学的100名外国留学生进行了问卷调查。共发放了100份问卷，回收94份。在回收的问卷中，有效问卷共72份。将这72人依据文化背景的不同分为两类，非汉字文化圈学生40人(初级水平13人，中级水平22人，高级水平5人；男生21人，女生19人；主要来自意大利、美国、英国、法国、德国、俄罗斯、澳大利亚、乌克兰、瑞典、荷兰等国家)；汉字文化圈学生32人(初级水平13人，中级水平15人，高级水平4

人;男生13人,女生19人;日本12人、韩国20人)。

3.1.2 调查问卷

调查问卷主要分为两部分:第一部分为被试的简要学习背景,国别、性别、汉语水平等;第二部分是基于访谈研究的结果编制的7个与汉字手写和键盘输入有关的问题,每个问题提供3个或4个选项,被试在五度量表上对每个选项符合自己的程度进行判断(1为非常符合,5为非常不符合,分数越低,表示符合被试的程度越高)。例如:

学习汉字很重要,是因为。　　　　　　　非常符合　　　　　非常不符合

A. 汉字学得不好,听说读写会受影响　　　　1----2----3----4----5

B. 汉字学得不好,以后的工作或生活会受影响　　1----2----3----4----5

C. 我的母语中或我的国家也使用汉字　　　　1----2----3----4----5

D. 汉字本身很独特,很有意思　　　　　　1----2----3----4----5

问卷有中文、英文、日文和韩文四个版本。

3.2 研究结果

3.2.1 汉字学习重要的原因

3.2.1.1 从选择的平均分数看

将留学生认为汉字学习重要的原因分为四类:A汉字学习与听说读写等语言技能的掌握紧密相关;B汉字学习关系到以后的工作或生活;C学生母语或国家也有汉字;D汉字的魅力或文化地位。汉字圈和非汉字圈被试在四个原因上选择的平均分数见表8。

表8 汉字圈和非汉字圈学生各原因选择的平均分数

文化背景	原因			
	A	B	C	D
汉字圈	1.72	1.75	2.19	2.97
非汉字圈	2.25	1.80	2.73	2.73
全体	2.01	1.78	2.49	2.83

从表8可以看到,整体上,被试不同原因选择的分数都低于3,表明被试对于汉字学习重要的4项原因都是比较赞同的,赞同程度从高到低依次为(分数越高,认同度越低):B(关系到以后的工作或生活)>A(与听说读写关系紧密)>C(母语或国家也有汉字)>D(汉字的魅力或文化地位)。

对于汉字圈学生,不同原因的赞同程度从高到低依次是:A>B>C>D,即学生最认同的原因是A(与听说读写等技能的掌握关系紧密)、B(关系到以后的工作或生活),其次

为C(母语或国家也有汉字),认同度最低的原因为D(汉字的魅力或文化地位)。

对于非汉字圈学生,不同原因的赞同程度从高到低依次是:B> A> C、D,即学生最认同的原因是B(关系到以后的工作或生活),其次是A(与听说读写等技能的掌握关系紧密),认同度最低的原因为C(母语或国家也有汉字)、D(汉字的魅力或文化地位)。

3.2.1.2 从选择的人数看

被试对汉字重要的不同原因、不同选项上的人数和百分比见表9。

表9 被试对汉字重要不同原因、不同选项上的选择人数和百分比

原因	文化背景	1		2		3		4		5		总人数
		人数	百分比	人数	百分比	人数	百分比	人数	百分比	人数	百分比	
A	汉字圈	17	53.1%	8	25.0%	6	18.8%	1	3.1%	0	0%	32
	非汉字圈	17	42.5%	6	15.0%	9	22.5%	6	15.0%	2	5.0%	40
B	汉字圈	11	34.3%	8	25.0%	8	25.0%	3	9.4%	2	6.2%	32
	非汉字圈	10	25.0%	12	30.0%	5	12.5%	9	22.5%	4	10.0%	40
C	汉字圈	15	46.9%	12	37.5%	3	9.4%	0	0%	2	6.2%	32
	非汉字圈	5	12.5%	4	10.0%	4	10.0%	4	10.0%	23	57.5%	40
D	汉字圈	8	25%	7	21.9%	9	28.1%	5	15.6%	3	9.4%	32
	非汉字圈	13	32.5%	14	35.0%	9	22.5%	0	0%	4	10.0%	40

为了更好地了解被试对汉字重要的各原因选择符合和不符合的人数是否有显著差异,以及不同文化背景的学生的选择是否存在差异,我们将1项和2项、4项和5项分别两两合并为"符合"和"不符合",去除中间项3,再进行卡方分析。被试对汉字重要的不同原因选择符合和不符合选项的人数和卡方分析结果见表10。

表10 被试对汉字重要的不同原因选择符合和不符合选项的人数和卡方分析

原因	文化背景	符合	不符合	总人数	X^2	p
A	汉字圈	25	1	26	5.129*	0.031
	非汉字圈	23	8	31		
	全体	48	9	57	26.684**	0.000
B	汉字圈	19	5	24	1.100	0.294
	非汉字圈	22	13	35		
	全体	41	18	59	8.966**	0.003

续表

原因	文化背景	符合	不符合	总人数	X^2	p
C	汉字圈	27	2	29	30.148**	0.000
	非汉字圈	9	27	36		
	全体	36	29	65	0.754	0.385
D	汉字圈	15	8	23	2.501	0.114
	非汉字圈	27	4	31		
	全体	42	12	54	0.455	0.500

（* $p<0.05$，** $p<0.01$。）

表10的卡方分析结果显示，被试都倾向于认同学习汉字重要的原因是A(与听说读写等语言技能的掌握紧密相关)、B(与生活或工作紧密相关)，在A、B上选择符合的人数与不符合的人数有显著的差异($p<0.01$)，但是对于原因C(母语或国家也有汉字)、D(汉字有魅力或文化地位)没有表现出赞同的倾向，选择符合不符合的人数没有显著差异($p>0.05$)。

从表10的卡方分析结果还可以看到，在原因A和C上，交互效应显著($p<0.05$，$p<0.01$)，表明被试在这两项原因上的选择与文化背景有关。从表中的人数可以看到，与非汉字圈学生相比，汉字圈学生倾向于更为认同原因A(与听说读写紧密相关)，且汉字圈学生比较认同原因C(母语或国家中有汉字)，而非汉字圈倾向于不认同这个原因。

在原因B和D上，交互效应不显著($p>0.05$)，表明学生在这两项原因上的选择与文化背景没有密切关系，汉字圈和非汉字圈学生的选择是一致的。

3.2.2 使用拼音输入法的原因

3.2.2.1 从选择的分数看

我们将留学生使用拼音输入法的原因分为三大类：A只会拼音输入；B拼音输入方便易学；C别的输入法不易学。表11为被试在使用汉字拼音输入法三个原因的平均分数。

表11 汉字圈和非汉字圈学生使用拼音输入法各原因的平均分数

文化背景	原因		
	A	B	C
汉字圈	2.31	1.75	2.19
非汉字圈	2.95	1.80	2.73
全体	2.67	1.78	2.49

从表 11 可以看到，整体上，被试不同原因选择的分数都低于 3，表明被试对于使用拼音输入的 3 项原因都是比较赞同的，赞同程度从高到低依次为（分数越高，认同度越低）：B（拼音输入方便易学）＞C（别的输入法不易学）＞A（只会拼音输入）。

对于汉字圈学生和非汉字圈学生，不同原因的赞同程度从高到低依次均为：B＞C＞A，即学生最认同的原因是 B（拼音输入方便易学），其次是 C（别的输入法不易学），最后是 A（只会拼音输入）。

3.2.2.2 从选择的人数看

被试对于拼音输入使用的不同原因、不同选项上的人数和百分比见表 12。

表 12 被试对使用拼音输入的不同原因、不同选项选择的人数和百分比

原因	文化背景	1		2		3		4		5		总人数
		人数	百分比	人数	百分比	人数	百分比	人数	百分比	人数	百分比	
A	汉字圈	15	46.9%	6	18.8%	3	9.4%	2	6.2%	6	18.8%	32
	非汉字圈	14	35.0%	4	10.0%	5	12.5%	4	10.0%	13	32.5%	40
B	汉字圈	11	34.3%	10	31.3%	6	18.8%	2	6.2%	3	9.4%	32
	非汉字圈	11	27.5%	13	32.5%	5	12.5%	4	10.0%	7	17.5%	40
C	汉字圈	8	25.0%	4	12.5%	11	34.3%	1	3.1%	8	25.0%	32
	非汉字圈	5	12.5%	6	15.0%	16	40.0%	2	5.0%	11	27.5%	40

将选项 1、2 合并为“符合”，选项 4、5 合并为“不符合”，我们得到被试选择符合和不符合选项的人数和卡方分析的结果，见表 13。

表 13 被试对使用拼音输入法的不同原因选择符合和不符合选项的人数和卡方分析

原因	文化背景	符合	不符合	总人数	X^2	p
A	汉字圈	21	8	29	2.934	0.087
	非汉字圈	18	17	35		
	全体	39	25	64	3.062	0.080
B	汉字圈	21	5	26	0.603	0.437
	非汉字圈	24	11	35		
	全体	45	16	61	13.787**	0.000

续表

原因	文化背景	符合	不符合	总人数	X^2	p
C	汉字圈	12	9	21	0.573	0.449
	非汉字圈	23	22	45		
	全体	35	31	66	0.022	0.881

($^{*}p<0.05$,$^{**}p<0.01$。)

表 13 的卡方分析结果显示,被试都倾向于赞同使用拼音输入是因为它简便易学(原因 B),在 B 上选择符合的人数与不符合的人数有显著的差异($p<0.01$),但是对于原因 A(只会拼音输入法)和原因 C(别的输入法不易学)没有表现出赞同的倾向,选择符合不符合的人数没有显著差异($p>0.05$)。

卡方分析的结果还显示,交互效应都不显著($p>0.05$),对于原因 A、B、C,被试对于符合和不符合的选择都没有显著差异,即汉字圈与非汉字圈学生的选择是一致的,学生的选择与文化背景无关。

3.2.3 拼音输入法对汉字学习的帮助

3.2.3.1 总体情况

我们将拼音输入法对汉字学习有帮助的体现具体分为以下四个方面:A 有助于记忆字音;B 有助于记忆字义;C 有助于识别汉字;D 有助于会写汉字。表 14 为被试对汉字拼音输入三个作用选择的平均分数。

表 14 汉字圈和非汉字圈学生使用拼音输入四个作用选择的平均分数

文化背景	作用			
	A	B	C	D
汉字圈	1.97	3.03	2.28	2.97
非汉字圈	2.53	2.40	2.58	2.73
全体	2.28	2.68	2.44	2.83

从表 14 可以看到,整体上,作用 A、B、C、D 的分数都低于 3,表明被试对这四个作用都比较认同,这四个作用的赞同程度从高到低依次为:A>C>B>D。即被试最认同的作用是 A(有助于记忆字音)、C(有助于识别汉字),其次是 B(有助于记忆字义),最后是 D(有助于会写汉字)。

对于汉字圈学生,四个作用赞同程度从高到低依次是:A>C>D>B,即被试最认同的作用是 A(有助于记忆字音)、C(有助于识别汉字),其次是 D(有助于会写汉字),最后是B(有助于记忆字义)。

对于非汉字圈学生，四个作用赞同程度从高到低的顺序是：B>A>C>D，与汉字圈学生不同的是，B(有助于记忆字义)得到的认同程度最高。

3.2.3.2 不同作用的选择与文化背景的关系

被试对使用拼音输入的不同作用、不同选项选择的人数和百分比见表15。

表15 被试对使用拼音输入的不同作用、不同选项选择的人数和百分比

作用	文化背景	1		2		3		4		5		总人数
		人数	百分比	人数	百分比	人数	百分比	人数	百分比	人数	百分比	
A	汉字圈	14	43.8%	10	31.3%	5	15.6%	1	3.1%	2	6.2%	32
	非汉字圈	12	30.0%	10	25.0%	9	22.5%	3	7.5%	6	15.0%	40
B	汉字圈	7	21.9%	4	12.5%	7	21.9%	4	12.5%	9	28.1%	32
	非汉字圈	13	32.5%	11	27.5%	8	20.0%	3	7.5%	5	12.5%	40
C	汉字圈	11	34.3%	7	21.9%	10	31.3%	2	6.2%	2	6.2%	32
	非汉字圈	11	27.5%	9	22.5%	11	27.5%	4	10.0%	5	12.5%	40
D	汉字圈	7	21.9%	3	9.4%	11	34.3%	6	18.8%	5	15.6%	32
	非汉字圈	13	32.5%	7	17.5%	6	15.0%	6	15.0%	8	20.0%	40

被试对使用拼音输入的不同作用选择符合和不符合选项的人数和卡方分析结果见表16。

表16 被试对使用拼音输入的不同作用选择符合和不符合选项的人数和卡方分析

作用	文化背景	符合	不符合	总人数	X^2	p
A	汉字圈	24	3	27	1.838	0.175
	非汉字圈	22	9	31		
	全体	46	12	58	19.931**	0.000
B	汉字圈	11	13	24	3.811	0.051
	非汉字圈	24	8	32		
	全体	35	21	56	2.965	0.085
C	汉字圈	18	4	22	0.517	0.472
	非汉字圈	20	9	29		
	全体	38	13	51	12.255**	0.000

续表

作用	文化背景	符合	不符合	总人数	X^2	p
D	汉字圈	10	11	21	0.283	0.595
	非汉字圈	20	14	34		
	全体	30	25	55	0.455	0.500

(* $p<0.05$, ** $p<0.01$。)

从表16的卡方分析结果可以看到，对使用拼音输入法对汉字学习的作用A和C，学生对于符合和不符合的选择人数都有显著差异($p<0.05$)，无论是汉字圈还是非汉字圈学生，都倾向于赞同拼音输入A(有助于记忆字音)和C(有助于识别汉字)，但是对于作用B(有助于记忆字义)和D(有助于会写汉字)没有表现出赞同的倾向，选择符合与不符合的人数没有显著差异($p>0.05$)。

表16卡方分析的结果还显示，汉字圈与非汉字圈学生的选择没有显著差异(p>0.05)，学生的选择与文化背景无关。

3.2.4 手写汉字的优点

3.2.4.1 从选择的分数看

我们将手写汉字的优点分为以下四个方面：A知道如何写汉字；B记忆时间较久；C可以随时随地写；D手写的字有个性。表17为被试对汉字手写四个优点选择的平均分数。

表17 汉字圈和非汉字圈学生汉字手写四个优点选择的平均分数

文化背景	优点			
	A	B	C	D
汉字圈	1.44	3.03	2.28	2.97
非汉字圈	1.68	2.40	2.58	2.73
全体	1.57	2.68	2.44	2.83

从表17可以看到，整体上，四个优点A、B、C、D的分数都低于3，表明被试对这四个作用都比较认同，这四个作用的赞同程度从高到低依次为：A>C>B>D。即被试最认同的优点是A(知道如何写汉字)，其次为C(可以随时随地写)、B(记忆时间较久)，最后是D(手写的字有个性)。

对于汉字圈学生，四个优点赞同程度从高到低依次是：A>C>D>B，即被试最认同的优点是A(知道如何写汉字)，其次为C(可以随时随地写)、D(手写的字有个性)，最后是B(记忆时间较久)。B的分数超过3，倾向于不赞同。

对于非汉字圈学生，四个优点赞同程度从高到低的顺序是：A>B>C>D，与汉字圈学生不同的是，B得到的认同程度较高，位居第二。

3.2.4.2 从选择的人数看

被试对汉字手写的不同优点、不同选项选择的人数和百分比见表18。

表18 被试对汉字手写的不同优点、不同选项选择的人数和百分比

优点	文化背景	1		2		3		4		5		总人数
		人数	百分比	人数	百分比	人数	百分比	人数	百分比	人数	百分比	
A	汉字圈	22	68.8%	8	25.0%	1	3.1%	0	0%	1	3.1%	32
	非汉字圈	25	62.5%	9	22.5%	3	7.5%	0	0%	3	7.5%	40
B	汉字圈	13	40.6%	7	21.9%	10	31.3%	0	0%	2	6.2%	32
	非汉字圈	22	55.0%	6	15.0%	7	17.5%	1	2.5%	4	10.0%	40
C	汉字圈	7	21.9%	11	34.3%	9	28.1%	2	6.2%	3	9.4%	32
	非汉字圈	14	35.0%	6	15.0%	13	32.5%	5	12.5%	2	5.0%	40
D	汉字圈	6	18.8%	7	21.9%	9	28.1%	4	12.5%	6	18.8%	32
	非汉字圈	10	25.0%	11	27.5%	9	22.5%	4	10.0%	6	15.0%	40

被试对手写的不同优点选择符合和不符合选项的人数和卡方分析结果见表19。

表19 被试对手写的不同优点选择符合和不符合选项的人数和卡方分析

优点	文化背景	符合	不符合	总人数	χ^2	p
A	汉字圈	30	1	31	0.726	0.620
	非汉字圈	34	3	37		
	全体	64	4	68	52.941**	0.000
B	汉字圈	20	2	22	0.437	0.689
	非汉字圈	28	5	33		
	全体	48	7	55	30.564**	0.000
C	汉字圈	18	5	23	2.612	0.106
	非汉字圈	20	7	27		
	全体	38	12	50	13.520**	0.000
D	汉字圈	13	10	23	0.313	0.576
	非汉字圈	21	10	31		
	全体	34	20	54	3.630	0.057

（* $p<0.05$，** $p<0.01$。）

从表19的卡方分析结果可以看到，对于手写的优点A、B、C，学生对于符合和不符合的选择都有显著差异（$p<0.01$），都倾向于赞同手写汉字具有优点A（知道如何写汉

字)、B(记忆时间较久)和C(可以随时随地写),但是不赞同手写的优点D(手写的字有个性),在D上选择符合与否的选择上没有显著差异($p>0.05$)。

表19卡方分析的结果还显示,汉字圈与非汉字圈学生的选择没有显著差异($p>0.05$),学生的选择与文化背景无关。

3.2.5 拼音输入法的优点

3.2.5.1 从选择的分数看

我们将拼音输入法的优点归为以下四个选项:A方便使用;B更快更多地识字;C便于资源利用;D不容易累。表20为被试对汉字拼音输入四个优点选择的平均分数。

表20 汉字圈和非汉字圈学生对拼音输入四个优点选择的平均分数

文化背景	优点			
	A	B	C	D
汉字圈	2.59	3.03	2.28	2.97
非汉字圈	2.43	2.40	2.58	2.73
全体	2.50	2.68	2.44	2.83

从表20可以看到,整体上,四个优点A、B、C、D的分数都低于3,表明被试对这四个优点都比较认同,这四个优点的赞同程度从高到低依次为:C>A>B>D。即被试最认同的优点是C(便于资源利用)、A(方便使用),其次是B(更快更多地识字),最后是D(不容易累)。

对于汉字圈学生,四个优点赞同程度从高到低依次是:C>A>D>B,即被试最认同的优点是C(便于资源利用)、A(方便使用),其次是D(不容易累),最后是B(更快更多地识字)。B的分数超过3,倾向于不赞同。

对于非汉字圈学生,四个优点赞同程度从高到低的顺序是:B>A>C>D,与汉字圈学生不同的是,B得到的认同程度较高,位居第一。

3.2.5.2 从选择的人数看

被试对汉字拼音输入的不同优点、不同选项选择的人数和百分比见表21。

表21 被试对汉字拼音输入的不同优点、不同选项选择的人数和百分比

优点	文化背景	1		2		3		4		5		总人数
		人数	百分比	人数	百分比	人数	百分比	人数	百分比	人数	百分比	
A	汉字圈	9	28.1%	9	28.1%	5	15.6%	4	12.5%	5	15.6%	32
	非汉字圈	14	35.0%	11	27.5%	5	12.5%	4	10.0%	6	15.0%	40

续表

优点	文化背景	1		2		3		4		5		总人数
		人数	百分比	人数	百分比	人数	百分比	人数	百分比	人数	百分比	
B	汉字圈	7	21.9%	6	18.8%	8	25.0%	8	25.0%	3	9.4%	32
	非汉字圈	9	22.5%	8	20.0%	14	35.0%	4	10.0%	5	12.5%	40
C	汉字圈	6	18.8%	11	34.3%	7	21.9%	3	9.4%	5	15.6%	32
	非汉字圈	17	42.5%	13	32.5%	5	12.5%	1	2.5%	4	10.0%	40
D	汉字圈	6	18.8%	6	18.8%	8	25.0%	2	6.2%	10	31.3%	32
	非汉字圈	5	12.5%	3	7.5%	18	45.0%	7	17.5%	7	17.5%	40

被试对汉字拼音输入的不同优点选择符合和不符合选项的人数和卡方分析结果见表22。

表22　被试对拼音输入的不同优点选择符合和不符合选项的人数和卡方分析

原因	文化背景	符合	不符合	总人数	X^2	p
A	汉字圈	18	9	27	0.016	0.900
	非汉字圈	25	10	35		
	全体	43	19	62	9.290**	0.002
B	汉字圈	13	11	24	0.270	0.603
	非汉字圈	17	9	26		
	全体	30	20	50	2.000	0.157
C	汉字圈	17	8	25	1.754	0.185
	非汉字圈	30	5	35		
	全体	47	13	60	19.267**	0.000
D	汉字圈	12	12	24	0.402	0.526
	非汉字圈	8	14	22		
	全体	20	26	46	0.783	0.376

(* $p<0.05$, ** $p<0.01$。)

从表22的卡方分析结果可以看到,对于拼音输入的优点A、C,学生对于符合和不符合的选择都有显著差异($p<0.01$),都倾向于赞同手写汉字具有优点A(方便使用)和C(便于利用资源),但是对于优点B(更多更快地认识汉字)和D(不容易累)没有赞同的倾向,在B、D上选择符合与否的选择上没有显著差异($p>0.05$)。

表22卡方分析的结果还显示,对于拼音输入的优点,汉字圈与非汉字圈学生的选

择没有显著差异($p>0.05$),学生的选择与文化背景无关。

3.2.6 会放弃手写汉字的原因

3.2.6.1 从选择的分数看

将学生会放弃手写汉字的原因归为以下三类:A 方法无所谓;B 花费时间;C 易写错。表 23 为被试放弃手写三个原因选择的平均分数。

表 23 汉字圈和非汉字圈学生放弃手写三个原因选择的平均分数

文化背景	原因		
	A	B	C
汉字圈	2.88	3.03	2.28
非汉字圈	3.20	2.40	2.58
全体	3.06	2.68	2.44

从表 23 可以看到,整体上,三个原因中 B、C 的分数都低于 3,表明被试对这两个原因都比较认同。三个原因的赞同程度从高到低依次为:C>B>A。即被试最认同的原因是 C(易写错),其次是 B(花费时间),最后是 A(方法无所谓)。

对于汉字圈学生,三个原因的赞同程度从高到低依次是:C>A>B,即被试最认同的优点是 C(易写错),其次是 A(方法无所谓),最后是 B(花费时间)。B 的分数超过 3,倾向于不赞同。

对于非汉字圈学生,三个原因赞同程度从高到低的顺序是:B>C>A,与汉字圈学生不同的是,B 得到的认同程度较高,位居第一。

3.2.6.2 从选择的人数看

被试对放弃手写的不同原因、不同选项选择的人数和百分比见表 24。

表 24 被试对放弃手写的不同原因、不同选项选择的人数和百分比

原因	文化背景	1		2		3		4		5		总人数
		人数	百分比	人数	百分比	人数	百分比	人数	百分比	人数	百分比	
A	汉字圈	7	21.9%	4	12.5%	12	37.5%	4	12.5%	5	15.6%	32
	非汉字圈	1	2.5%	1	2.5%	30	75.0%	5	12.5%	3	7.5%	40
B	汉字圈	2	6.3%	7	21.9%	12	37.5%	3	9.4%	8	25.0%	32
	非汉字圈	8	20.0%	5	12.5%	18	45.0%	4	10.0%	5	12.5%	40
C	汉字圈	5	15.6%	4	12.5%	10	31.3%	4	12.5%	9	28.1%	32
	非汉字圈	3	7.5%	5	12.5%	14	35.0%	11	27.5%	7	17.5%	40

被试对放弃手写的不同原因选择符合和不符合选项的人数和卡方分析结果见表 25。

表 25 被试对会放弃手写原因选择符合和不符合选项的人数和卡方分析

<table>
<tr><th>原因</th><th>文化背景</th><th>符合</th><th>不符合</th><th>总人数</th><th>χ^2</th><th>p</th></tr>
<tr><td rowspan="3">A</td><td>汉字圈</td><td>11</td><td>9</td><td>20</td><td rowspan="2">3.326</td><td rowspan="2">0.119</td></tr>
<tr><td>非汉字圈</td><td>2</td><td>8</td><td>10</td></tr>
<tr><td>全体</td><td>13</td><td>17</td><td>30</td><td>0.533</td><td>0.465</td></tr>
<tr><td rowspan="3">B</td><td>汉字圈</td><td>9</td><td>11</td><td>20</td><td rowspan="2">0.365</td><td rowspan="2">0.546</td></tr>
<tr><td>非汉字圈</td><td>13</td><td>9</td><td>22</td></tr>
<tr><td>全体</td><td>22</td><td>20</td><td>42</td><td>0.095</td><td>0.758</td></tr>
<tr><td rowspan="3">C</td><td>汉字圈</td><td>9</td><td>13</td><td>22</td><td rowspan="2">0.184</td><td rowspan="2">0.668</td></tr>
<tr><td>非汉字圈</td><td>8</td><td>18</td><td>26</td></tr>
<tr><td>全体</td><td>17</td><td>31</td><td>48</td><td>4.083*</td><td>0.043</td></tr>
</table>

（* $p<0.05$，** $p<0.01$。）

从表 25 的卡方分析结果可以看到，对于放弃手写汉字的原因 A（方法无所谓）和 B（耗时间），被试在符合与否的选择上没有显著差异（$p>0.05$），而对于原因 C（易写错），被试的选择有显著差异（$p<0.05$），选择符合的人数显著少于选择不符合的人数，即被试倾向于不赞同放弃手写的原因 C（易写错）。

卡方分析的结果还表明，不同文化背景的留学生对于放弃手写的原因 A、B、C 符合与否的选择上都没有显著差异（$p>0.05$）。即汉字圈与非汉字圈学生的选择是一致的，学生的选择与文化背景无关。

3.2.7 不会放弃手写汉字的原因

3.2.7.1 从选择的分数看

我们将不会放弃手写汉字的原因归为以下三类：A 喜欢写汉字；B 手写效果持久；C 没电脑时有麻烦。表 26 为被试不放弃手写三个原因选择的平均分数。

表 26 汉字圈和非汉字圈学生不放弃手写三个原因选择的平均分数

<table>
<tr><th rowspan="2">文化背景</th><th colspan="3">原因</th></tr>
<tr><th>A</th><th>B</th><th>C</th></tr>
<tr><td>汉字圈</td><td>2.75</td><td>1.75</td><td>2.19</td></tr>
<tr><td>非汉字圈</td><td>2.20</td><td>1.80</td><td>2.73</td></tr>
<tr><td>全体</td><td>2.44</td><td>1.78</td><td>2.49</td></tr>
</table>

从表 26 可以看到，整体上，三个原因 A、B、C 的分数都低于 3，表明被试对这三个原因都比较认同。三个原因的赞同程度从高到低依次为：B＞A＞C。即被试最认同的

原因是B(手写效果持久),其次是A(喜欢写汉字),最后是C(没电脑时有麻烦)。

对于汉字圈学生,三个原因的赞同程度从高到低依次是:B＞C＞A,即被试最认同的优点是B(手写效果持久),其次是C(没电脑时有麻烦),最后是A(喜欢写汉字)。

对于非汉字圈学生,三个原因赞同程度从高到低的顺序是:B＞A＞C,与汉字圈学生不同的是,A喜欢写汉字得到的认同程度较高,位居第二。

3.2.7.2 从选择的人数看

被试对放弃手写的不同原因、不同选项选择的人数和百分比见表27。

表27 被试对放弃手写的不同原因、不同选项选择的人数和百分比

原因	文化背景	1		2		3		4		5		总人数
		人数	百分比	人数	百分比	人数	百分比	人数	百分比	人数	百分比	
A	汉字圈	6	18.8%	8	25.0%	10	31.3%	4	12.5%	4	12.5%	32
	非汉字圈	15	37.5%	8	20.0%	12	30.0%	4	10.0%	1	2.5%	40
B	汉字圈	17	53.1%	10	31.3%	3	9.4%	0	0%	2	6.2%	32
	非汉字圈	26	65.0%	3	7.5%	7	17.5%	1	2.5%	3	7.5%	40
C	汉字圈	13	40.6%	7	21.9%	7	21.9%	3	9.4%	2	6.2%	32
	非汉字圈	10	25.0%	6	15.0%	14	35.0%	5	12.5%	5	12.5%	40

被试对不放弃手写的不同原因选择符合和不符合选项的人数和卡方分析结果见表28。

表28 被试对不放弃手写原因选择符合和不符合选项的人数和卡方分析

原因	文化背景	符合	不符合	总人数	X^2	p
A	汉字圈	14	8	22	1.337	0.248
	非汉字圈	23	5	28		
	全体	37	13	50	11.520**	0.001
B	汉字圈	27	2	29	0.482	0.676
	非汉字圈	29	4	33		
	全体	56	6	62	40.323**	0.000
C	汉字圈	20	5	25	1.298	0.255
	非汉字圈	16	10	26		
	全体	36	15	51	8.647**	0.003

(* $p<0.05$, ** $p<0.01$。)

表 28 卡方分析的结果显示，对于不会放弃手写汉字的三个原因 A（喜欢写汉字）、B（手写效果持久）和 C（没电脑时有麻烦），被试选择符合和不符合的人数有显著差异（$p < 0.01$），被试倾向于赞同这三个原因。

卡方分析的结果还显示，汉字圈学生和非汉字圈学生的选择没有显著差异（$p > 0.05$），被试的选择与文化背景无关。

3.3 讨论

我们通过对不同文化背景的外国学生汉字手写和键盘输入的使用情况和态度进行问卷调查，获得了以下有趣的结果：

第一，对于学习汉字重要性的原因，被试都倾向于认为是因为汉字学习"与听说读写等语言技能的掌握紧密相关""与生活或工作紧密相关"。

第二，学习者在电脑上打字时使用拼音输入法主要是因为"拼音输入法方便易学"。拼音输入法的这种特点也很好地解释了为什么访谈中用电脑打过字的 27 人中 100% 用的是拼音输入法，而只有 1 人了解形码输入法。对于掌握了拼音的留学生来说，只要电脑上安装了拼音输入法的相关软件，他们就能很快地自己学会如何通过拼音输入在电脑上打汉字，而不需要特别学习或练习。拼音输入方便易学的特点也为学习者开通了学习汉语的多种渠道。通过调查我们知道学习者在电脑上打字多出于汉语学习的需要。正如访谈中许多学生表示他们常常利用网上的"文林"和 Flash cards 等学习软件来复习学过的字词、查找新词及扩大词汇量。

第三，学习者倾向于认为拼音输入法有助于记忆字音、记忆字义、识别汉字，而对如何写汉字帮助不大。这与我们之前访谈到的结果比较一致，学生 100%认为拼音输入对汉字学习有帮助，但帮助主要体现在记音和认读上，而对写汉字不太有效。我们的实验研究也表明，在记音和记义上拼音输入和手写没有显著差异，但在记形上拼音输入要弱于手写。这也与钱华、冯成志（2004）"拼音输入法侧重于音"的结论基本吻合。

第四，学习者倾向于赞同手写汉字具有"知道如何写汉字""记忆时间较久"和"可以随时随地写"等优点，而拼音输入具有"使用方便"和"便于利用资源"等优点。

第五，学习者不放弃手写汉字，主要是因为他们喜欢手写汉字，认为手写汉字能帮助记忆，而且他们认为如果不会手写，没有电脑时很麻烦。喜欢写汉字的学生在学生总体中所占比例很高，这与罗卫东（2007）的调查结果类似。调查发现，大多数的留学生之所以喜欢写汉字，或者是因为汉字的独特魅力和文化地位吸引着他们，或者是意识到在目的语环境中汉字与掌握其他语言技能及日常生活工作存在着紧密联系。另一方面，手写对汉字学习更有效的这种认识进一步促进学习者对手写的青睐。这与我们通过实验研究获得的在字形的记忆上手写要优于拼音输入的结果，也比较一致。此外，与纸笔相比，电脑的携带不便及使用中的诸多客观限制也使得学习者更倾向于选择不会放弃手写。

四 结论、教学启示和研究展望

4.1 结论

本文通过访谈和问卷调查的方法考察来华汉语学习者对汉字手写和键盘输入的使用情况和态度。研究结果显示：(1)来华汉语学习者很重视汉字的学习，且90%以上的学习者在电脑上利用拼音输入法练习或使用汉字；他们普遍认为拼音输入法对汉字学习有帮助，但是在如何写出汉字方面帮助不大。(2)学习者普遍认为拼音输入法使用方便、简单易学；大多数学习者认为拼音输入法有助于记忆字音和字义；不愿意放弃手写汉字，主要因为喜欢手写汉字，认为手写汉字能帮助汉字记忆，而且不会手写有时很麻烦。(3)研究没有发现学习者对汉字手写和键盘输入的态度与其文化背景有显著关系。

4.2 教学启示

本文的研究结果可以给汉字教学提供一些有益的启示。首先，可以利用键盘输入帮助学生识记汉字和使用汉字。本文发现，学生认为拼音输入有助于识记汉字(包括字音、字义)，因此教师可以将汉字键盘输入引入汉字教学中。实际上已有中外学者开始这种尝试，例如美国学者谢天蔚(2011)从2000年就开始在长堤加州州立大学实行“识繁写简打拼音”和“听说读打写”的教学原则，除了一年级第一学期的学生必须练习手写汉字外，其他年级的学生作业、测验和考试全部用电脑进行。张幼琴等(2007)利用拼音输入法同音字多的特点，通过比较、组词、举例、造句、编小故事等方法，引导学生有意识地识字，有效地扩大学生的识字量。卢绍昌(2000)提到新加坡鼓励学生利用电脑写作文，学生普遍觉得电脑写作有趣，愿意打“很长很长”的作文。事实也是学生用电脑写出来的作文的字数比手写的多得多，且没有错字，只有别字，词组使用得适当妥帖。由此看出，电脑上写作文既解决了汉字手写难易出错的问题，同时又提高了学习者的汉语写作能力和兴趣。卢绍昌(2000)的观点给人们的启示是，学习汉字、会写汉字不应该算作学习汉字的最终目的，能通过认读汉字获取信息，能用汉字表达意思传递信息才是学习汉字的根本目的。其次，由于大多数学生表示不会放弃手写汉字，而且学生认为汉字手写与键盘输入各有优缺点，喜欢手写作文和电脑作文的学生各占一半，因此在教学中应当将汉字手写和键盘输入结合起来，取长补短，以期更好地促进汉字学习甚至是整个汉语学习。但是，何时进行汉字书写教学、引入汉字键盘输入？这个问题值得研究。

4.3 研究展望

值得注意的是，本文虽然采用了访谈和问卷调查两种方法考察了外国学生汉字手写和键盘输入的态度，但是还有一些问题值得进一步研究。例如，外国学生汉字手写和键盘输入的态度可能与学习环境、学习动机有关，在海外非目的语环境下学习汉语的学习者对于汉字手写和键盘输入的态度可能不同于来华汉语学习者，而且汉语学习动机强弱不同、学习动机类型不同的学习者，其对待汉字手写和键盘输入的态度也可能有显著不同。未来的研究可进一步考察汉语学习环境和学习动机这两个因素对汉字手写和键盘输入态度的影响。而且，更为重要的是，应当通过心理语言学实验和教学实验研究来考察键盘输入和手写对于汉字形音义学习、汉字识别和产出的实际影响。

参考文献

冯　禹、杨清钰（2013）试论电脑输入汉字在北美高校汉语教学中的实施原则，《汉语国际传播研究》第1辑。

金立鑫（2006）试论汉语国际推广的国家策略和学科策略，《华东师范大学学报》（哲学社会科学版）第4期。

林　莹（2007）汉字输入书写认知异同效应析，华东师范大学硕士学位论文。

卢绍昌（2000）汉字教学的一些经验与想法，《第六届国际汉语教学讨论会论文选》，北京：北京大学出版社。

罗卫东（2007）西方学习者汉字学习情况调查与分析，见顾安达、江新、万业馨主编《汉字的认知与教学》，北京：北京语言大学出版社。

潘先军（2000）汉字电脑输入与对外汉字教学，《汉字文化》第3期。

钱　华、冯成志（2004）汉字输入法对汉字字词加工的影响研究，《心理科学》第6期。

商艳涛、李小华（2008）纵横输入法在外国留学生汉字学习中的应用及影响，《东南传播》第7期。

王际平（2007）浅谈对拼音文字为母语的汉语求学者的汉字教学，见顾安达、江新、万业馨主编《汉字的认知与教学》，北京：北京语言大学出版社。

王祖嫘（2012）“书写”还是“输入”？——留学生汉字输入学习刍议，《中文教学现代化学报》第1期。

谢天蔚（2011）手写还是电写——电脑输入中文引起的讨论，《美国中文教学与研究》2011期。

张幼琴、许佩红（2007）键盘输入促进学生拼音与汉字学习的研究，《浙江现代教育技术》第3期。

Allen, Joseph R. (2008) Why learning to write Chinese is a waste of time: A modest proposal. *Foreign Language Annals*, 41: 237－251.

（江　新　北京　北京语言大学　jiangxin@blcu.edu.cn；
郑　艳　北京　北京语言大学　zhengyan84@gmail.com）

小学生作文和规范文本有什么差异*

——一个回归分析

张 凯

提　要　本文用“的、一、了、不”四个最常用的字对约1 300万字的现代文学作品的句长做了多元回归分析，同时也对中国小学三年级和六年级学生的作文做了同样的分析。经检验，根据现代文学作品得到的回归方程和两个年级学生作文的回归方程均有显著差异，两个年级的学生作文的回归方程也有显著差异。这种差异表明不同群体的写作水平是有差异的。最后，本文用“的、一、了、不”在不同群体作文中分布上的差异作为指标，该指标经转换后被作为作文的分数。结果表明：现代文学作品优于六年级作文、六年级作文优于三年级作文。本文是用计量语言学方法解决作文机器评分问题的一个尝试。

关键词　作文　机器评分　回归分析

传统上，作文的评分一直由人工来做，但人工评分有明显的缺点：主观性强、耗费大量的人力和时间。1966年，Page开发出第一个计算机评分系统(Page, 1966)，到了20世纪90年代，机器评分系统至少有四个，其中最著名的可能是ETS开发的e-rater系统。机器评分系统的开发，主要不是为解决作文评分的主观性问题，而是为了节省人力和资金并提高效率。但是，e-rater等系统也有明显的缺陷。为了克服现有e-rater等系统的缺陷，本文试提出另外一个机器评分的思路。

一　e-rater及其存在的问题

到了20世纪90年代，学者们开发出来多个机器评分系统，比较著名的有四个(Attali & Burstein, 2006)：Intelligent Essay Assessor (Landauer, Foltz & Laham, 1998)，Intellimetric (Elliot, 2001)，Project Essay Grade (PEG, Page, 1994)和e-rater (Burstein *et al.*, 1998)。机器评分的基本原理，亦即建立机器评分模型的基本过

---

* 本文的部分原始材料来自笔者的学生李姝雯自建的小学生作文库，没有这些材料，本文不可能完成，在此向她表示真诚的感谢！

程是：

第一，假定一次作文测试共有若干篇待评作文，人工评分员先给其中的一部分(一个样本)做人工评分。

第二，机器评分的建模者从作文文本中抽取若干语言和内容特征。e-rater 选取的特征分为四类，即句法、篇章、内容和词汇，这四类特征再细化为约 50 个具体指标，如句法错误的多少、段落间的衔接标志的有无、词汇的丰富程度等。

第三，建模者用这些指标对人工评分员给出的分数(第一步的结果)做逐步回归，亦即去观察所选指标中有哪些能对人工评分员的分数做出成功预测，最后，建模者得到一个回归方程。一般来说，平均大约有 8—12 个指标能进入回归方程。

第四，计算机去计算进入回归方程的那些指标在待评作文中的出现次数，然后，将这些指标的出现次数代入回归方程，最后计算出作文应得的分数。

机器评分系统虽然能够节省人力和时间，但也一直有人对机器评分持怀疑态度。Attali & Burstein(2006)把反对意见分为三类：

第一种是所谓的"人文主义反驳"。这种观点认为，机器不能像人那样理解或欣赏一篇作文。针对这种反驳而采取的补救方法是用人做第一评分员，用机器做第二评分员。

第二种是辩护性反驳。这种观点认为，只有作文是"真诚地"写出来的时候，计算机才能成功地评分，如果遇上有恶意或淘气的学生写出"恶意"的作文，机器就会被愚弄。也就是说，如果学生知道了机器评分的规则或原理，故意写出一些迎合评分原理而没有完整内容的文字，机器也会给高分。

第三种意见是"构成性反驳"。这种意见认为，回归方程所选中的那些指标并不是作文里真正重要的东西。

机器评分是否成功(可靠)，其标准就是它给出的分数和人工评分的结果是否基本上一致。然而也有人反对用人工分数作为机器评分的评价标准，Bennett & Bejar(1998)认为，人工评分员是很容易出错的，用人工评分作为机器的标准，得不到理想的结果。

Bennett & Bejar(1998)的意见是有道理的。众所周知，人工评分员有自己的好恶，不同评分员对评分标准的把握不同，而且有时会有疲劳之感，这些因素都使得人工评出的分数不那么可靠。Chodorow & Burstein(2004)的研究表明，两个人工评分员分数的总方差中，只有 56%是公共方差，也就是说，两人的一致性只有 0.56。既然人工评分不那么可靠，为什么我们还用人工评分作为标准呢？

用人工评分作为机器评分的检验标准还有一个问题，那就是循环论证。

上面介绍过机器评分的建模过程，一个回归模型建好后，我们怎么能知道它是否能很好地预测人工评分员的分数呢？这需要检验。检验的办法是，让机器去给人工评过分的那个小样本评分，然后机器评分的结果和人工评分的结果比较，如果二者的相关比较高，我们就认为机器评分成功。然而这是一个循环论证：你先根据那个样本的人工分数得出回归系数，然后再用这些回归系数去计算那个样本的作文得分，相关能不高吗？如果建模的样本和检验的样本是同一个样本，从理论上说，人工评分和机器评分的相关应该是 1。为了掩盖这个循环论证的痕迹，人们想出了交叉检验的办法，即把人工评分样本分成两个更小的样本 a 和 b，这样就得到两个回归方程 A 和 B，然后，A 方程的预测能力用 b 样本检验，B 方程的预测能力用 a 样本检验，这样一来，得到的两个相关系数就不会是 1，而是 0.8、0.9 这样的较高相关。

机器评分还有一个问题，由于它考虑内容因素，所以不同题目的作文的评分指标是不一样的，因此，不同题目的作文得分是不可比的。

综上所述，机器评分是很不可靠的。

二　现代汉语规范文本的特征

为了解决机器评分的上述问题，我们试图寻找另外一个办法。

十几年前，笔者把老舍、冰心、梁晓声、陈忠实等十几位现当代作家的作品输入语料库（其中包括小说和散文），总字数近 1 300 万，总句数 70 万（以句号、叹号、问号、冒号、删节号、破折号等为结句标志）。我们选择了“的、一、了、不”四个使用频率最高的字（图 1 是句子库的样式，左侧显示的是四个常用字的次数和句长，右侧是删掉了逗号等标点的句子），然后用这四个字对句子长度（句长）做线性回归，得到一个回归方程。

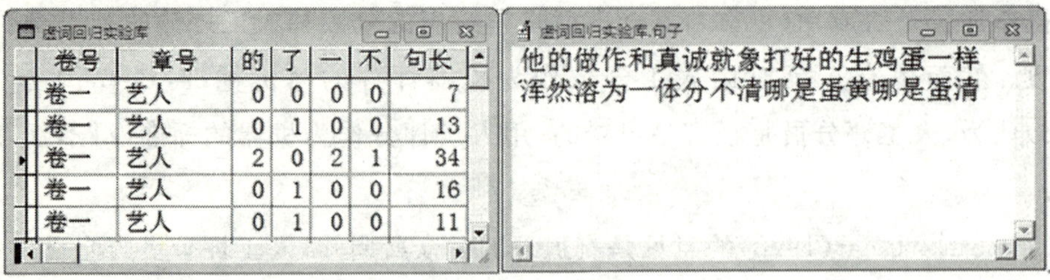

图 1　现代文学作品句子库

接下来，我们按奇偶数把 70 万句的大句库不断地分半，一直分到大句库的1/8192，每一次分半，我们都做一次回归，得到一个回归方程，这样我们就得到了 27 个回归方程。最后，我们把这些回归方程（回归系数）放在一起，观察它们是否有规律。表 1 是

27 次回归的结果（为节省篇幅，分半后偶数部分的数据被略去）。

表 1 27 次回归的结果

样本:字数	句数	平均句长	常数/截距	的	一	了	不
全部:1 298 万	704 949	18.43	7.181	7.267	6.123	4.403	4.783
1/2:奇数:649 万	352 475	18.43	7.145	7.267	6.169	4.424	4.855
1/4:奇数:324 万	176 237	18.40	7.181	7.269	6.089	4.413	4.737
1/8:奇数:162 万	88 119	18.43	7.219	7.264	6.090	4.312	4.653
1/16:奇数:81 万	44 059	18.44	7.281	7.294	5.970	4.474	4.619
1/32:奇数:40 万	22 030	18.59	7.204	7.276	6.163	4.213	5.117
1/64:奇数:20 万	11 015	18.39	7.510	7.021	6.056	4.230	4.493
1/128:奇数:10 万	5 507	18.37	7.139	7.427	6.344	4.506	4.489
1/256:奇数:5 万	2 754	18.47	7.449	7.072	5.490	4.925	4.487
1/512:奇数:2.5 万	1 377	18.04	7.111	7.435	5.756	4.745	4.720
1/1024:奇数:1.2 万	688	18.47	7.285	8.152	5.626	3.901	4.472
1/2048:奇数:0.6 万	344	19.26	7.374	6.361	6.916	4.982	5.746
1/4096:奇数:0.3 万	172	18.69	7.181	8.462	6.618		4.678
1/8192:奇数:0.15 万	86	17.73	6.822	7.860	4.071	6.591	2.751
红岩:285 997	15 962	17.92	7.938	8.186	4.766	3.778	4.380

在上表里我们可以看到，直到大句库被分成 1/1024 时，无论是回归常数（截距），还是“的、一、了、不”四个字的回归系数，都还是比较稳定的。这说明，当样本量比较大时，四个常用字对句子长度的回归系数是比较稳定的，它们只在一个很小的范围里波动。这个现象，可能是规范的现代汉语的一个规律。也就是说，在规范的现代汉语书面语里，“的、一、了、不”这四个常用字的分布和句长的关系，就是回归方程所显示的样子。

三 小学生作文和规范文本的差异

既然“的、一、了、不”的分布和句子长度有这样稳定的关系，我们能不能以此为标准，去给学生的作文评分呢？

凑巧的是，笔者的学生李姝雯做硕士论文时建了几个小学生作文的数据库，做完论文后，她把三年级和六年级的句子库给了笔者。于是，笔者也对这两个库里的语料做了回归分析，然后将回归的结果与现代作品库做对比，看它们之间是否有显著差异。

我们的做法是：

第一步，先对现代作品库的两个 1/64 子库（11 000 句，见表 1）做回归分析和方差分析，并检验得到的两个回归方程是否有显著差异，选择 1/64 库是因为它的句子数和小学生作文库的句数大致相当。1/64 子库的回归方程是：

句长＝7.51＋7.021＊ 的＋6.056＊ 一＋4.493＊ 不＋4.230＊ 了

第二步，对三年级和六年级的句子库（句数分别是 12 000 和 14 000）做回归分析，得到两个回归方程，并检验三年级和六年级的回归方程是否有显著差异。

表 2　三年级回归分析

模型	非标准化系数		标准化系数	t	Sig.
	B	标准误差	Beta		
（常量）	7.055	0.080		88.695	0.000
的	5.528	0.074	0.483	75.067	0.000
一	4.491	0.096	0.301	46.546	0.000
了	3.559	0.090	0.252	39.352	0.000
不	3.853	0.145	0.168	26.584	0.000

其中：(Constant)是回归方程的常项；B 是回归系数；Beta 是标准化的回归系数；95％ Confidence Interval for B 下的两列数字是回归系数的上限和下限。

三年级作文的回归方程是：

句长＝7.055＋5.528＊的＋4.491＊一＋3.853＊不＋3.559＊了

六年级作文的回归方程是（为节省篇幅，六年级回归分析表略去）：

句长＝7.848＋7.055＊的＋5.452＊一＋5.236＊不＋5.630＊了

第三步，检验三年级、六年级回归方程和 1/64 子库的回归方程是否均有显著差异。

我们使用的检验方法是邹氏检验（Chow test）。

“邹氏检验”是美国华人学者邹至庄（Gregory. C. Chow）1960 年提出的一种检验方法，它的目的是检验两个回归变量相同的回归方程是否有显著差异。这种方法可以判断在某个时间点上回归的结构是否发生了变化，也可以判断两个回归方程的预测力是否相同，本文使用邹氏检验属后一种情形。

邹氏检验是一个 F 检验，做法是：先对两个要比较的样本做方差分析，得到两个残差平方和；再把两个样本合在一起，做方差检验，得到合成样本的残差平方和；最后把三个残差平方和带入公式，计算 F 值。邹氏检验的公式是：

$$F=\frac{(RSS_R-RSS_{UR})/k}{RSS_{UR}/(n_1+n_2-2k)} \qquad (公式 1)$$

其中 RSS_R 是混合样本的残差平方和；RSS_{UR} 是两个独立样本的残差平方和之和；k 是回归方程中参数的个数，本文得到的回归方程共有 5 个参数，所以在本文中 $k=5$；n_1、n_2 分别是两个独立样本的样本量。

我们先来检验两个 1/64 子库是否有显著差异。

表 3　1/64 子库的方差分析

模型		平方和	df	均方	**F**	**Sig.**
1	回归	1 482 175	4	370 543.718	2 773.840	0.000
	残差	1 470 772	11 010	133.585		
	总计	2 952 947	11 014			

上表中 Sum of Squares 下的第二行数字 1 470 772 就是残差平方和，下同。另一个 1/64 子库残差平方和是 879 647（方差分析结果略去）。

表 4　两个 1/64 子库合成库的方差分析

模型		平方和	df	均方	**F**	**Sig.**
1	回归	3 339 724	4	834 930	9 937.677	0.000
	残差	1 850 468	22 025	84.017		
	总计	5 190 192	22 029			

我们把上面的三个残差带入公式：

$$F=\frac{[1850468-(1470772+879647.5)]/5}{(1470772+879647)/(11000+11000-10)}=-935.45$$

F＝－935.45，小于 1，即 $F_{0.01(\infty,\infty)}$ 的临界值，故两个 1/64 子库的回归方程没有差异。

现在我们来看三年级作文和六年级作文的回归方程是否有差异。

三年级作文的残差平方和是 463 888.6，六年级作文的残差平方和是 1 195 661，两个年级合成样本的残差平方和 1 763 586（三个样本的方差分析结果略去）。

我们来做邹氏检验：

$$F=\frac{[1763586-(1195661+463888.6)]/5}{(1195661+463888)/(13900+11000-10)}=312.049$$

F＝312，大于 1，因此，三年级和六年级回归方程有显著差异，这说明三年级和六年级学生的作文水平是不同的。

好了，现在我们分别去比较三年级作文和六年级作文跟1/64子库是否有差异。三年级和1/64子库合成库的方差检验结果是：

表5 三年级和1/64子库合成库的方差检验

模型		平方和	df	均方	F	Sig.
1	回归	2 093 519	4	523 379.692	6 063.612	0.000
	残差	1 986 536	23 015	86.315		
	总计	4 080 055	23 019			

F检验的结果是：

$$F=\frac{[1986536-(1470772+463888)]/5}{(1470772+463888)/(11000+12000-10)}=123.29$$

F=123，大于1，因此，三年级作文和1/64子库有显著差异。

表6 六年级和1/64子库合成库的方差检验

模型		平方和	df	均方	F	Sig.
1	回归	3 947 120	4	986 780.044	9 175.624	0.000
	残差	2 679 880	24 919	107.544		
	总计	6 627 000	24 923			

F检验的结果是：

$$F=\frac{[2679880-(1470772+1195661)]/5}{(1470772+1195661)/(11000+13900-10)}=25.104$$

F=25，大于1，因此，六年级作文和1/64子库也有显著差异。

现在我们归纳一下：由现当代文学作品构成的两个1/64子库（两库句数均为11 000）的回归方程没有显著差异；三年级（12 000句）和六年级（13 900句）有显著差异；三年级和1/64子库有显著差异；六年级作文和1/64子库也有显著差异。

四 提取可测量的指标

我们已经得到了1/64子库、三年级、六年级的回归方程，检验表明，三年级和六年级作文均与1/64子库有显著差异，这表明，“的、一、了、不”这四个字在三种文本中的分布是不同的，我们希望在这种不同的分布中找到一个东西，作为衡量这种差异的指标。

为了让三年级、六年级作文有个参照，我们从现代文学作品中随便找了一部作品《红岩》，也对这部作品做了回归分析，《红岩》的回归方程是：

句长＝7.938＋8.186＊的＋4.766＊一＋3.778＊不＋4.380＊了

我们首先观察了“的、一、了、不”四个字在不同文本中的平均次数（每句），计算结果如下：

1/64库：的＝0.82；一＝0.35；不＝0.29；了＝0.40

红　岩：的＝0.77；一＝0.32；不＝0.22；了＝0.32

六年级：的＝0.84；一＝0.51；不＝0.28；了＝0.55

三年级：的＝0.49；一＝0.32；不＝0.15；了＝0.40

以1/64库为例，“的”字平均每句出现0.82次，“一”0.35次，“不”0.29次，“了”0.4次。在《红岩》、三年级、六年级作文里，这几个字的平均次数和1/64库都有差异，有的用得多一点，有的用得少一点。我们用《红岩》、三年级、六年级作文中这几个字的平均次数去减1/64库这几个字的平均次数，得到三种文本中这四个字平均次数与1/64库的差，然后我们再把这些差值加起来，得到“差之和”：

红　岩：的＝－0.05；一＝－0.03；不＝－0.07；了＝－0.08；差之和：－0.23

六年级：的＝ 0.02；一＝ 0.16；不＝－0.01；了＝ 0.15；差之和：0.32

三年级：的＝－0.33；一＝－0.03；不＝－0.[illegible]

我们可以看到，在不同的文本里，四个常用字的分布是不[illegible]

处理一下，我们就可以得到一个指标。我们的处理方法是：把1/64子库中四个常用字[illegible]的分布当作100，我们用这个100减去“差之和”的绝对值乘以100，得到了一个百分制的分数，即：

红　岩：100－(|－0.23|×100)＝77

六年级：100－(| 0.32|×100)＝68

三年级：100－(|－0.50|×100)＝50

按照上述指标，《红岩》得分是77分，六年级作文是68分，三年级最低，是50分。

五　结语

我们对现代汉语标准文本、《红岩》、三年级作文和六年级作文均做了回归分析，我们发现，虽然作为回归变量的“的、一、了、不”四个常用字均进入了回归方程，但邹氏检验表明，四种文本的回归结果是不同的，也就是说四种文本是不同质的。我们用学生作文中四个常用字出现次数与标准文本的差作为衡量指标，将其变形之后得到《红岩》、三

年级作文和六年级作文的分数。这些分数表明,《红岩》优于六年级作文,六年级作文优于三年级作文。

和美国的 e-rater 相比,我们这个方法有以下几个优点:

第一,我们没有循环论证。

第二,我们的方法比 e-rater 简单得多。

第三,e-rater 得出的分数单位不明,因而也是不相等的,因为 e-rater 所用指标的单位是不相等的,如词汇的丰富性和语法错误的个数这两个指标的单位就是不相等的。我们得出的分数的单位是相等的,因为我们使用的单位只有一个,即字数。

第四,由于 e-rater 的评分指标里有内容指标,而不同题目的内容指标是不同的,因此 e-rater 得出的不同题目的作文的分数是不可比的,我们的分数只用了字的分布这样一个指标而和内容无关,因此不同内容的作文的得分是可比的。

第五,我们的分数不是根据对人工评分员分数的回归得到的,因而我们的分数里完全没有主观性因素,而是完全客观的。

当然,我们这个试验还是很初步的,还有以下一些不足:

第一,我们这次试验显示《红岩》、三年级作文和六年级作文处在不同水平,这也许是一个偶然,我们还没有做大量的重复性检验,因此我们所用的指标是否真正稳定还未

用的方法是可靠的,那也只刻画了群体间(小学生群体和现代作家)总体上的差异,尽管群体间的差异也需要(或可以)描述(例如 IRT 就已出现刻画不同群体的差异的模型),但作文评分总归要处理单篇作文的差异。由于单篇作文(尤其是第二语言作文)篇幅都很小(几百字左右),我们这里所用的方法是否仍然可靠,目前还不知道,这需要做进一步的试验和研究。

参考文献

Attali, Y. & Burstein, J. (2006) Automated Essay Scoring With e-rater V. 2. *The Journal of Technology, Learning, and Assessment*, 4, No. 3: 3—26.

Bennett, R. E. & Bejar, I. I. (1998) Validity and automated scoring: It's not only the scoring. *Educational Measurement: Issues and Practice*, 17: 9—17.

Burstein, J. C., Kukich, K., Wolff, S., Lu, C., & Chodorow, M. (1998) Computer analysis of essays. Paper presented at the annual meeting of the National Council of Measurement in Education, San Diego, CA.

Chodorow, M. & Burstein, J. (2004) Beyond Essay Length: Evaluating e-rater's Performance on TOEFL® Essays. *ETS Research Reports* 73.

Chow, G. C. (1960) Tests of equality between sets of coefficients in two linear regressions, *Econo-*

metrica，28：591－605.

Elliot，S. M.（2001）*IntelliMetric：From here to validity*. Paper presented at the annual meeting of the American Educational Research Association，Seattle，WA.

Landauer，T. K.，Foltz，P. W.，& Laham，D.（1998）Introduction to latent semantic analysis. *Discourse Processes*，25：259－284.

Page，E. B.（1966）The imminence of grading essays by computer. *The Phi Delta Kappan* 47：238－243.

Page，E. B.（1994）Computer grading of student prose，using modern concepts and software. *The Journal of Experimental Education*，62：127－142.

（张凯　北京　北京语言大学对外汉语研究中心　zkai813@163.com）

语气副词“偏偏”的意义及用法研究*

童小娥

提　要　文章从句法和语义两方面对语气副词“偏偏”进行了分析。认为“偏偏”句中前后语句间的语义关系既可以是偏离关系，也可以是增益关系，“偏偏”的基本意义可概括为表示相反或偏离，可以与预期相反或偏离，也可以与祈愿相反或偏离。当表示与预期相反或偏离时，“偏偏”句表示最不可能发生、最不希望发生或最不应该发生的事情发生了，从而表达说话者的惊奇、遗憾或责备之情；当表示与祈愿相反或偏离时，“偏偏”表达说话者的遗憾或同情之情或表达说话者的主观故意性。

关键词　语气副词　“偏偏”　预期　祈愿　偏离

一　引言

“偏偏”是现代汉语中比较常用的语气副词，已有不少研究者对其意义和用法进行了研究，如杨霁楚(2008)从句法观察入手，以句式意义的分析为依据，确定“偏偏”的基本语义为偏离。杨文认为“偏/偏偏”大多出现在复句中，其基本格式为“命题 a＋语义内容上与 a 相偏离的命题 b(其中命题 b 包含‘偏偏’)”，其核心语义是表示偏离，即命题 a、b 所代表的两方面内容在语义上不一致。但通过对语料的分析我们发现，“偏偏”句中前后语句间的语义关系并不一定是偏离关系，还可以是增益关系。如：

(1)那路程是相当远的：得转沅江，溯益阳、桃江等好几个县城才能到达目的地安化。沿途有八八六十四滩呐！而偏偏又碰上大雪纷飞的天气。(《读者》)①

(2)火箭队 4 天内两次输给“鱼腩”山猫队，这次偏偏又是在圣诞喜气已经很浓的主场……(新华社 2004 年新闻稿)

这两例中“偏偏”所在的命题 b 在语义上与“偏偏”前的命题 a 并非偏离关系，而是

---

* 本课题为北京语言大学青年自主科研支持计划资助项目(中央高校基本科研业务费专项资金资助，项目批准号为 11JBG04)和北京语言大学院级科研项目(中央高校基本科研业务费专项资金资助，项目批准号为 15YS010001)。

① 本文所用语料如无特殊说明，均来自北京大学 CCL 现代汉语语料库(网络版)。

语义上的增益关系。如例(1)中“碰上大雪纷飞的天气”是对“路程是相当远的”的增益。“偏偏”前后的命题都是对句中并未出现的说话者所希望的情况的偏离。由此可见,“偏偏”表示的偏离并不一定与“偏偏”句中前后语句间的语义关系有关。

同时,我们还发现有时表示相反或偏离时并不能用“偏偏”,如:

(3)能成为签约模特,意味着能够获得更多演出和成名的机会以及比较稳定的收入。这是我来北京所一直追求的,没想到现在竟然(＊偏偏)实现了。(《中国北漂艺人生存实录》)

例(3)中“实现为签约模特”这一情况是“我没想到的”,偏离了“我”的预期,可句子并不能使用“偏偏”。为什么?“偏偏”表示的偏离有什么特点?

温锁林、王倩(2007)认为语气副词“倒”“竟然”“偏偏”都表示惊异口气,但在具体小类上不同,“竟然”表示一种意外口气,“偏偏”表示一种惊奇口气,“倒”表示一种逆反口气。这三种惊异口气形成了由强到弱的连续统:

竟然	偏偏	倒
意外——→	惊奇——→	逆反
没想到,但发生了(惊)	想到了,最不可能发生,但发生了(奇)	想到了,但发生的正好相反(异)

但通过对语料的分析,我们发现“偏偏”并不都表示惊奇的口气,句中发生的事情也并非都是想到了的事情,如:

(4)在接受《新京报》记者采访时,张云亭说:“拍胡同一定要拍到胡同牌子才有意义,可有的时候我早上到了拍摄地点,东西向的胡同,路牌偏偏在西边,逆光拍摄的效果非常不好,第二天就得返工。”(新华社2004年新闻稿)

(5)一次,妻因病在家静养,早晨我拍着胸脯答应下午下班回家一定给她做顿可口的饭菜,没想到偏偏单位有急事,加了一个小时的班,未能按时回家,我知道进家一准没好果子吃……(人民日报1996年)

例(4)(5)并不表示惊奇的口气,而是表示说话人最不希望发生的事情发生了,表达一种遗憾之情。同时,句中发生的事情也并非早已想到了的事情。如例(5)中出现了“没想到”,说明“偏偏”句中出现的情况事先并没有想到。

由此可见,关于“偏偏”的意义和用法还有进一步讨论的必要。为了更好地把握“偏偏”的意义和用法,下面我们先对“偏偏”的句法分布情况及句中前后语句间的语义关系进行考察,然后再分析“偏偏”所表示的语义。

二 “偏偏”的句法分布情况

通过对语料的分析我们发现“偏偏”的句法分布大致可分为以下两种情况：

2.1 A,(转折词)+偏偏B[①]

这种分布是“偏偏”句的主体部分，这类“偏偏”句前后语句间的语义关系为偏离关系，“偏偏”前常出现标示转折关系的“但/但是”“可/可是”“而/然而”“不过”“却”等词语或可补上这类词语。如：

(6)晋武帝和他祖父、伯父、父亲都是善于玩弄权术的人，可是他的儿子——太子司马衷偏偏是一个什么也不懂的低能儿。(《中华上下五千年》)

(7)这是目前社会中最常有的情况，不适合当董事长的人，但却偏偏要极力谋取董事长的职位。(《哈佛管理培训系列全集》)

(8)香玉，你看看老谢，今天是你的大喜日子，(但/可)他偏偏让你哭，这不是难为人吗？(《三句话说哭常香玉》)

这类句中通常都会出现相偏离的对比成分，如例(6)中的“晋武帝和他祖父、伯父、父亲都善于玩弄权术”和“太子司马衷是一个什么也不懂的低能儿”相比对；例(8)中的“大喜日子”和“哭”相对比。其中前两例“偏偏”前分别出现了转折词“可是”和“但却”，后例虽未出现转折词，但可补上转折词。

2.2 A,(而/而且)+偏偏B

这类分布在“偏偏”句中所占比例很少，这类“偏偏”前常有表递进关系的“而/而且”等词或表增益关系的副词“还”“又”等。当没有出现“而/而且”等词时，也可补上这类词语。这时，“偏偏”前后语句间的语义关系为增益关系，且对说话人来说，前后语句均为消极性语义，即说话人不希望发生的。如：

(9)拉祖米欣突然发火了。“你干吗出去？去干什么？……而且为什么偏偏是悄悄地溜走呢？”(《罪与罚》)

(10)那路程是相当远的：得转沅江，溯益阳、桃江等好几个县城才能到达目的地安化。沿途有八八六十四滩呐！而偏偏又碰上大雪纷飞的天气。(《读者》)

---

① “偏偏”通常出现在复句中，有时也出现在单句的某一成分中，如：“对于学生不该出现却又偏偏发生的错误，他总也不肯放过。”由于这类句子中包含“偏偏”的成分通常具有与复句类似的结构，因此我们不再单独列出。

(11)从荷台达到吉布提航行约需15个小时,(而且)偏偏还赶上6级大风。(1994年报刊精选)

例(9)“偏偏”前出现了“而且”;例(10)“偏偏”前面出现了“而”,后面出现了表增益关系的副词“又”;例(11)中没有出现表递进关系的词,但“偏偏”后出现了表增益关系的副词“还”,可在“偏偏”前补上“而且”。这些例中“偏偏”的前后语句在语义上是互相补充的增益关系,如例(9)中“悄悄地溜走”与“出去”相比,语义有所增益;例(10)“赶上6级大风”这一恶劣天气条件是对“从荷台达到吉布提航行约需15个小时”这一长时间航行的增益。这种增益关系的语义都与句中未出现的说话人的希望相反或偏离。

三 “偏偏”的语义分析

从上面的分析我们可以看出不管“偏偏”前后语句间的语义是偏离关系还是增益关系,“偏偏”的基本意义都可概括为表示相反或偏离。也就是说,虽然“偏偏”前后语句间的语义关系多为偏离关系,但这与“偏偏”表示相反或偏离的语义并无必然的联系。但问题是“偏偏”表示的这种相反或偏离有什么独特之处?特别是当“偏偏”前后语句语义上存在偏离关系时,为什么还要用“偏偏”?我们先来看一些例子:

(12)大家的发言,基本上都是表明一种积极的支持态度,但是,谁也没有料到,农业税征收工作的主管部门省财政厅的代表,却偏偏提出了否定意见,并且十分尖锐。(《中国农民调查》)

(12')……谁也没有料到,农业税征收工作的主管部门省财政厅的代表,却提出了否定意见,并且十分尖锐。

(13)他在台湾攻读的是冶金机械学,却偏偏迷上了与钢铁毫不沾边的茶文化,而且迷得如痴如醉,一天不饮茶,终日会坐立不安。(《海峡两岸画壶缘》)

(13')他在台湾攻读的是冶金机械学,却迷上了与钢铁毫不沾边的茶文化,而且迷得如痴如醉,一天不饮茶,终日会坐立不安。

上面例中前后分句间在语义上都存在“偏离”关系,但没用“偏偏”的句子只是一般的陈述,而用了“偏偏”一词的例(12)和(13),虽然还是陈述,但比(12')(13')句多了一种说话者的主观态度,如例(12)含有“在说话人看来,关于税费改革,农业税征收工作的主管部门省财政厅的代表最不可能、最不应该提出否定意见”的主观态度,从而表达说话者的惊奇和不解之情。例(13)含有“在说话人看来,攻读冶金机械学的人是最不可能迷上与钢铁毫不沾边的茶文化的”,从而表达说话者的惊奇和不解之情。由此可见,“偏偏”表示相反或偏离的语义还需要进一步细化。

通过对语料的分析，我们认为“偏偏”表示的相反或偏离具体可分为以下几种情况：

3.1 与预期相反或偏离

这类“偏偏”表达的是反预期信息。反预期信息是与某个特定预期相反的话语信息。在言谈交际过程中，假定听说双方各自都有一定的预期，当一方针对语境中谈及的某一事物或事态提供与另一方的预料相反或相背离的信息时，表达的是反预期信息（吴福祥，2004）。吴福祥（2004）指出反预期信息可分为三类：与说话者的预期相反，与受话人的预期相反，与包括说听双方在内的特定言语社会共享的预期相反。根据我们的考察，“偏偏”表示的反预期可以是与说话者的预期相反，也可以是与包括听说双方在内的特定言语社会共享的预期相反。

3.1.1 与说话者的预期相反

这类“偏偏”句可表示最不希望发生或最不应该发生的事情发生了，从而表达说话者的遗憾或责备之情。如：

(14)当《华商报》记者江雪与李杰再次登门的时候，我闪烁其词，大致谈了自己的想法，回答了一些问题，并叮嘱他们事情未定局前先不要见报。没想到第二天即2003年8月16日偏偏刊登出来。（《屠夫看世界》）

(15)近几年来，一些商家为了招徕顾客，不在提高商品、服务质量上下功夫，偏偏喜欢在店名、广告词上作文章，特别喜欢在洋人外语、皇帝贵族上兜圈子。（人民日报1996年）

例(14)(15)分别表示与说话者的预期“以为《华商报》不会刊登自己的观点”“以为商家会在提高商品、服务质量上下功夫”相反，例中出现的情况“第二天即2003年8月16日刊登出来”“一些商家喜欢在店名、广告词上作文章……”是说话者最不希望发生的，也是说话者认为最不应该发生的，表达了说话者的遗憾和责备之情。

3.1.2 与包括听说双方在内的特定言语社会共享的预期相反

这类“偏偏”句可表示最不可能发生的事情发生了，也可表示最不应该发生的事情发生了，从而表达说话者的惊奇或责备之情。如：

(16)贫煤的四川，能源主角儿偏偏是煤！（1994年报刊精选）

(17)一审判决对四份国家级检测中心的鉴定证书摒弃不用，偏偏采信了无效的、错误的鉴定结论，不符合法律规定。（1994年报刊精选）

例(16)中“偏偏”句的“能源主角儿是煤”与社会共享的预期“贫煤，能源主角儿应是除煤外的其他能源”相反，表示最不可能发生的事情发生了，表达了说话者的惊奇和不解。例(17)与社会共享的预期“判决应采信国家级检测中心的鉴定证书”相反，表示最不应该发生的事情发生了,表达了说话者的惊奇和责备之情。

由于这类“偏偏”表示反预期,因而通常都能在“偏偏”前加上“本以为……,没想到/但……”等词语,将预期的内容在句中进行明确说明。如上例(14)(16)可分别加上预期的内容,说成:

(14')……本以为不会刊登出来,没想到第二天即2003年8月16日偏偏刊登出来。

(16')可说成“贫煤的四川,本以为能源主角儿不会是煤,没想到能源主角儿偏偏是煤!”

有时候,句中也会直接出现这一预期,如:

(18)对这次弹劾总统,在野党本以为胜券在握:只要韩国宪法法院作出认可的裁决,它们便可大功告成。但偏偏事不遂愿,在野党的初衷与眼下的现实出现了出人意外的反差。(新华社2004年新闻稿)

3.2 与祈愿相反或偏离

与祈愿相反或偏离是指与所希望的情况相反或偏离。这一所希望的情况对说话双方来说通常是中性信息,无所谓预期。具体来说可分为两种情况:

3.2.1 与说话者的祈愿相反或偏离

这类“偏偏”表示说话者最不希望发生的事情发生了,从而表达说话者的遗憾或同情之情。如:

(19)采用架张钢固定勘探船,最怕的就是钢索在河底被埋住和卡住。最担心的事偏偏发生了:下水的钢索卡在石缝中,两辆汽车都拉不起来。(人民日报1996年)

(20)面对天真和直率的提问,陈观玉感慨万千:“陈奶奶小时候家里穷,特别想读书,但偏偏读不上……”(人民日报1996年)

这两例中出现的情况“下水的钢索卡在石缝中,两辆汽车都拉不起来”和“读不上书”都是说话者最不希望发生的,表达了说话者的遗憾或同情之情。这类“偏偏”句中通常可找到与祈愿相关的词语,如(19)中的“最担心的事”,例(20)中的“想”。

即使句中没有出现与祈愿相关的词语,通常也可以在句中找到隐含祈愿的成分,如:

(21)见风就化、见水就溶的泥岩,偏偏遇上了大量的渗水,打下多少泥岩就有多少泥浆。(人民日报1993年)

(22)正在节骨眼上偏偏老张病了。

例(21)“见风就化、见水就溶的泥岩”隐含着最不希望出现“泥岩遇上水”这一情况；例(22)“在节骨眼上”隐含着最不希望出现“老张病了”这一情况。

3.2.2 与受话者的祈愿相反或偏离

这类“偏偏”句中出现的情况是受话者最不希望出现的，说话者故意与受话者的祈愿偏离，从而表达说话者的主观故意性。如：

(23)她看着他的刀：“你说你这把刀是谁也不能动的，现在我却偏偏要动动它。”(《天涯·明月·刀》)

(24)他这一辈子都没有听到过一个女人在他面前说这种话，官萍却偏偏还要说下去：“我知道你一定不服气的，身经百战的陆小凤，怎么会不了解女人？”(《陆小凤传奇》)

这两例中“偏偏”句中出现的情况是受话者“他”最不希望出现的，说话者故意与受话者的祈愿偏离。这类句子中通常会出现表达主观故意性的词语“要”。

四　结语

根据前面的分析，我们认为“偏偏”的基本语义是表示相反或偏离，可以与预期相反或偏离，也可以与祈愿相反或偏离。这种相反或偏离与“偏偏”前后语句间的语义关系并无必然联系，“偏偏”前后语句间的语义关系可以是偏离关系，也可以是增益关系。但“偏偏”句中出现的相反或偏离的情况必须是最不希望出现的、最不可能出现的或最不应该出现的情况。如果不符合这一条件，则不能使用“偏偏”。如前文的例(3)之所以不能用“偏偏”，就是因为“成为签约模特”这一情况是“我”一直追求的，是说话者希望发生的事情，不符合“偏偏”的使用条件。

参考文献

温锁林、王　倩（2007）说“倒”，《对外汉语研究》第3期。
吴福祥（2004）试说“X不比Y·Z”的语用功能，《中国语文》第3期。
杨霁楚（2008）语气副词“偏偏”的主观语义及相关句式考察，第十四次现代汉语语法学术讨论会，中国社会科学院语言研究所。

（童小娥　北京　北京语言大学汉语教育学院）

中高级韩国学生汉语文化国俗词语学习研究

陈梦恬

提　要　本研究以北京语言大学中级和高级汉语水平的韩国学生20人为被试，采用问卷与访谈相结合的方法，考察其对汉语国俗词语的掌握程度及课内外国俗词语的获取情况。结果显示：(1)韩国学生的汉语水平对其国俗词语的学习有影响。汉语水平越高，学生对国俗词语的熟知程度和理解程度就越高，对自己汉语水平的判断就更清晰。(2)文化类课程是韩国学生获取国俗词语的主要途径。相比之下，中级汉语水平的韩国学生多局限于课内所学的词语，而高级汉语水平韩国学生的词语获取途径多种多样。

关键词　中高级韩国学生　国俗词语

一　引言

1.1　选题缘起

语言与文化之间的关系一直备受对外汉语教学界关注。"要真正理解或研究一种文化，必须掌握作为该文化符号的语言；而要习得和运用一种目的语，必须同时学习该语言所负载的文化。"（刘珣，2000）因此，将一种语言的文化因素与该语言的形式相结合的产物——文化词语的特殊性和重要性已引起许多学者重视。在汉语作为第二语言的教学研究中，汉外文化词语对比、文化词语本体等方面的研究成果丰厚，但多集中于颜色词所蕴含的文化意义上，涉及的外语语种较少，研究方法也略显单一。本文关心的问题是：韩国学生在汉语国俗词语学习上有什么特点？不同水平和性别的韩国学生在学习这些词语时会表现出什么异同？中高级水平韩国学生是否已在国俗词语的学习上停滞不前？

1.2　术语界定

国俗词语是汉语文化词语中的一类。关于其所负载的国俗语义，学者做过一些探讨，观点类似，即国俗语义反映了使用该语言国家的历史文化和风土人情，具有鲜明的民族文化特色（王德春，1993；吴友富，1998；姜美玉，2000）。有鉴于此，笔者将国俗词语定义为：汉语中反映汉文化特有事物、现象和心理的在跨文化交际中此有彼无的词语。参考已有研究，外加篇幅和精力的限制，本研究着重考察 30 个国俗词语（见附录）。

1.3 现有汉语文化词语学习与教学的相关研究

1.3.1 文化词语的分类

多数学者将文化词语分为两类：国俗词语和不等值词语（姜美玉，2000；洪晓静，2008）。关于国俗词语的定义，上文已有所阐释。不等值词语指的是两种特定语言中指称义相对应但文化义不完全对应的词语，即所谓的"貌合神离"词语（毕继万，2000）。这种文化含义的差异在跨文化交际中常会导致交际双方产生误解和冲突。

针对国俗词语，学者从国俗语义角度根据不同标准进行分类：反映中国特有事物而外语中无现成对应的词语，具有特殊民族文化色彩的词语，具有特殊历史文化背景意义的词语，国俗熟语，具有两种以上国俗语义的词语和具有修辞意义的人名（王德春，1990）。还有一些学者从语言学习与使用的角度，根据文化因素在词语中的体现将国俗词语归为以下几类：受特定自然地理环境制约的语汇，受特定物质生活条件制约的语汇，受特定社会和经济制度制约的语汇，受特定精神文化生活制约的语汇及受特定风俗习惯和社会心态制约的表达方式（胡明扬，1993）。

1.3.2 文化词语中的颜色词探析

汉外文化词语对比的研究成果主要集中于颜色词上，其中以英汉颜色词对比较多。相比于国外学者的研究，国内学者主要从颜色词的翻译和文化对比、语用、本体及教学四个方面进行研究（石毓智，1990；肖金龙，1994；周延云 1994；李荣启，1997；张宝明，2003；闫亚平，2005；李红印，2007；王洁，2010）。总体上看，关于颜色词的应用和教学研究较为薄弱，多为描述颜色词的文化意义，并基于此提出一些教学策略。至于颜色词习得与教学的实证性研究则更为少见。王洁（2010：69）从留学生汉语颜色词习得偏误出发，统计 HSK 动态作文语料库里的偏误，设计问卷进行调查，发现留学生在习得颜色词中主要存在"错字别字、对颜色词的理性意义把握不准、语法功能知识模糊、文化意义了解不全面"四方面问题，并从汉语颜色词本身特性、母语负迁移和情感策略三方面分析偏误产生的原因，得出对外汉语颜色词教学应注重讲授颜色词的理性意义、文化意义及语法意义的结论。

1.3.3 韩国学生汉语文化词语学习研究

有关韩国学生汉语文化词语的学习研究不多。李大农（2000：66）从教材和教学实践出发，利用问卷调查，发现韩国学生对反映汉族传统的民俗、礼仪及精神文化方面的词语有较强理解力，但对从1949年到中韩建交前这段时期词语的理解有些障碍，而含有比喻义、象征义、引申义的文化词则是韩国人词语理解和学习中的真正困难所在。作者由此建议，应充分利用汉韩两国地理、历史、文化背景相近及韩语中大量汉字词的优势，针对韩国学生的学习特点进行教学，重点应放在词语搭配和用法上。姜美玉(2000：40)则从更为全面、系统的角度，对韩国学生汉语国俗词语、不等值词语及礼貌用语的理解和运用进行了实证调查。结果显示，韩国学生对国俗词语的掌握程度较高。另外，因母语负迁移的影响对不等值词语所体现的两国文化差异存在忽视现象，且不习惯在汉文化语境中理解和运用地道的汉语礼貌词语。为此作者提出，应重视教师和学生跨文化意识的培养，加强汉外对比研究成果在教学中的运用。

1.3.4 现有研究中存在的问题

第一，汉外对比中所涉及的语种少。由于材料和时代的限制，文化词语对比研究成果多集中于英汉文化词语上，对近年来华留学生人数较多的韩国、日本、泰国等国的文化词语探讨较少。局限于单一语种间的文化词语对比研究，对留学生汉语文化词语的学习情况就难以有全面系统的认识，以此为依据进行的教学就会缺乏针对性，教学质量难以提高。

第二，研究方法和理论框架单一。大多数研究都是就词论词，实证性研究较少，所得结论缺乏客观依据和说服力。横向对比研究较多，纵向研究几乎没有，对留学生汉语文化词语学习的发展模式认识不足，对语言学习中经常出现的“高原期现象”探讨不够。为研究寻找理论支撑时多倾向于文化对比、文化内涵和语用交际功能分析(参考王建勤，1995)。虽然文化对比和文化内涵研究确实可以揭示两种文化的差异，但这种差异不一定就是学习者在文化学习过程中实际遇到的文化障碍；缺少对语用交际功能的系统性分析，留学生究竟依靠什么样的语言文化行为对汉语文化词语进行系统的学习，亦不得而知。

1.4 具体问题研究

本研究从第二语言习得的角度出发，探讨韩国学生汉语文化国俗词语学习的整体特点，不同语言水平和性别的韩国学生在国俗词语学习上所呈现的异同以及中高级韩国学生在这些词语学习上的发展态势。笔者采用实证性研究常用的问卷调查方法，描述韩国学生学习汉语文化国俗词语的整体特点，对比不同语言水平和性别的韩国学生在理解这类文化词语上的异同并了解其在课内外对国俗词语的学习情况，结合“高原期现象”理论和中介文化行为系统分析其所呈现的学习特点的原因，希望能为留学生汉语国俗词语学习研究提供有益的数据。

二 调查相关项目说明

2.1 研究假设

如果汉语水平越高，韩国学生对国俗词语的熟知程度和理解程度就越高，则说明，韩国学生的汉语水平对其汉语文化国俗词语的学习有影响。

如果相比于男生，女生较容易学习和掌握汉语国俗词语，则说明，性别对韩国学生学习汉语文化国俗词语有影响。

2.2 被试

被试的母语均为韩语，语言水平分为中级和高级。中级水平包括在读本科二、三年级韩国学生，来华时间在2—3年；高级水平为在读本科四年级韩国学生，来华时间在4—6年。被试总人数为20人，男女各半。其中中级水平男生5人，女生5人；高级水平男生5人，女生5人。调查同时选取10名北京语言大学大二到大四的中国籍本科生为对照组，男女各半，同时参与问卷填答。所有被试的年龄在18—35岁。

2.3 测量工具

调查采用问卷和访谈相结合的方式，问题均为原创编写，题中30个国俗词语的选取参考姜美玉(2000：21)、李大农(2000：142)和洪晓静(2008：25)进行调查时所选词语，经取证均为中高级韩国学生已经学过的词语。问卷分为两部分：第一部分为选择题，共30题，每题只选一项，考查被试对所选30个国俗词语的熟知情况。第二部分选用标有1—5刻度的量轴，测量被试对第一部分所选30个国俗词语的理解程度，1是“不理解/了解”，2是“只听说过”，3是“理解/了解一点儿”，4是“比较理解/了解”，5是“非常理解/了解”。

2.4 施测过程

调查在大学校园内利用学生课余时间进行，由学生独立完成问卷填答并及时回收。先对1名高级汉语水平的韩国籍本科生和1名大学四年级中国籍本科生进行试测，征求他们对问卷设计的意见，并对问卷做适当修改。实测问卷回收率100%，其中有效问卷占已回收问卷的84.21%。为获得更多信息，笔者选取中级汉语水平和高级汉语水平被试各 1 名进行深入访谈。问卷调查结束之后，对所有回收的有效问卷进行数据统计与分析，以期获得客观科学的资料。

2.5 数据处理

问卷第一部分采用计分的方法，答对 1 题得 1 分，答错不得分，满分 30 分。第二部分根据被试对理解程度取值类型的选择次数，采用计数的方法。所得数值均用于假设检验。第三部分为开放式问答题，主要了解被试在课内和课外国俗词语的学习情况，只大致描述，不进行数值转写。所得数据均用 SPSS16.0 进行统计分析。

三 调查结果

3.1 国俗词语熟知程度的调查

问卷第一部分设有 30 道选择题，旨在考查被试对所选 30 个国俗词语的熟知情况。研究采用 2×2 两因素的被试间实验设计。语言水平为被试间变量，分为中级和高级两个水平；性别为被试间变量，分为男和女两个水平。因变量是第一部分的得分。

数据统计显示，语言水平的主效应显著（$F_{(1,16)}=56.187$，$p<0.001$），性别的主效应不显著（$F_{(1,16)}=0.083$，$p=0.777$），语言水平和性别的交互作用不显著（$F_{(1,16)}=0.332$，$p=0.572$）。

表 1 中、高级水平韩国被试成绩的平均值和标准差

	均值(Mean)		标准差(Std. Deviation)	
	中级	高级	中级	高级
男	16.0	25.6	3.08	2.61
女	14.8	26.0	4.32	1.87
总	15.4	25.8	3.60	2.15

表 2 中国籍本科生成绩的平均值和标准差

	均值(Mean)	标准差(Std. Deviation)
男	29.2	1.10
女	29.2	0.84
总	29.2	0.92

3.2 国俗词语理解程度的调查

问卷第二部分为2×2×5三因素的混合实验设计。语言水平为被试间变量，分为中级和高级两个水平；性别为被试间变量，分为男和女两个水平；理解程度取值类型为被试内变量，有五个水平①，分别为：(1)选择正确且理解程度较高；(2)选择正确但理解程度不高；(3)选择错误但理解程度较高；(4)选择错误且理解程度不高；(5)无论选择正确与否都在量轴上选“3”②。因变量是被试在五类理解程度取值类型上的计数个数。

实验结果显示，理解程度取值类型的主效应显著（$F_{(4,16)}=35.020$，$p<0.001$），语言水平的主效应不显著（$F_{(1,16)}=0.173$，$p=0.683$），性别的主效应不显著（$F_{(1,16)}=0.000$，$p=1.000$），量轴上理解程度取值类型和语言水平的交互作用显著（$F_{(4,16)}=34.715$，$p<0.001$），量轴上理解程度取值类型和性别的交互作用不显著（$F_{(4,16)}=2.079$，$p=0.142$），量轴上理解程度取值类型、语言水平及性别之间的交互作用不显著（$F_{(4,16)}=1.344$，$p=0.306$）。

表3 中、高级韩国被试理解程度取值③计数个数

	(1)		(2)		(3)		(4)		(5)	
	中级	高级	中级	高级	中级	高级	中级	高级	中级	高级
男	21	49	42	54	5	3	54	13	28	31
女	18	58	19	43	16	3	30	16	67	30
总	39	107	61	97	21	6	84	29	95	61

表4 中国被试理解程度取值计数个数

	(1)	(2)	(3)	(4)	(5)
男	121	2	3	1	23
女	124	1	3	0	22
总	245	3	6	1	45

① 对量轴上理解程度取值进行分类的依据为被试在问卷第一部分选择的正确与否和在第二部分量轴上的理解程度具体取值。

② 量轴上的4、5为理解程度较高，1、2为理解程度不高。因中庸之道的影响，多数人喜欢选中间数3，故选3的情况另作为一类。

③ 五类理解程度取值在表中用编号表示，下同。

3.3 课内外国俗词语获取情况

问卷第三部分旨在了解被试课内外国俗词语的获取情况。由于男女被试对这些开放式问答题的回答无较大差别，故笔者将题目划为四类，分语言水平进行描述。

3.3.1 中级被试的国俗词语获取情况

第一题要求描述第一部分30道题的难易程度，被试普遍感到“较难”，有2名被试觉得“很难”。被问及“这些词语从哪里学到”时，被试均认为主要途径是上课，不过也能在“考试、看书、网络、生活”中获取。几乎所有被试都上过有关文化的课，但多为历史课，例如中国现当代文学史、中国文化史。被问及课内外获取的国俗词语及课堂教学效果时，有被试觉得，课上所讲的词语非常有用，要想在课外获取文化知识会很困难。

3.3.2 高级被试的国俗词语获取情况

相比较而言，多数高级被试认为题目不难，但也有2名被试觉得难，其中1名认为“这些知识不经常用因而记不住”。描述国俗词语获得途径时，被试的答案五花八门。课堂是获取国俗词语的主要场所，这一点和中级被试看法相同。但高级水平被试在课外获取国俗词语时多了“和中国朋友交谈”等途径。当谈到文化课程时，2名被试说没有上过有关文化的课，课型不再拘泥于历史类课程，有中外文化交流、京剧欣赏、书法、对中国文化的理解等。所有高级被试都认为课上所讲的词语有用，可以在规定时间内系统地了解中国的人和事，丰富交谈内容，提高文化素养。

3.4 小结

从上述实验及调查结果中可以看出：

第一，韩国被试的汉语水平对其汉语文化国俗词语的熟知程度有影响。汉语水平越高，被试对国俗词语的熟知程度就越高，被试间的成绩差别就越小，总体水平渐趋稳定。性别因素对韩国学生学习国俗词语不存在显著影响。

第二，随着汉语水平的提高，韩国被试对国俗词语的理解程度逐步攀升，对自己汉语水平的判断也更清晰，但与汉语母语者相比，高级水平的韩国被试在任何一项上都还有所欠缺。

第三，在国俗词语获取上，虽韩国被试均把课堂作为主要途径，但高级被试获取国俗词语的方法更为多样，更注重从日常生活中捕捉实际有用的信息。

四 讨论

4.1 “高原期现象”出现阶段的推测

先前有学者提出，外语学习中必然会出现“高原期现象”，即学习者在学习初期能力曲线直线上升，到了某一阶段停滞不前，能力曲线呈现近于平坦甚至下降的趋势（朱曼殊、缪小春，1990）。鉴于先前学者的论述，结合本次调查及初步结果分析，笔者认为，中高级韩国学生在汉语文化国俗词语学习上尚未出现“高原期现象”。从理论上分析，由于第二语言环境下的目的语学习情况较为特殊，学习者究竟是在习得目的语还是在学习目的语，学习的知识或是习得的知识到底有多少尚未有所定论，而有研究证实习得者出现“高原期”现象的时间会比学习者晚（朱珠，2011）。各种因素相互作用，使得研究者不能单纯依靠学习理论或是习得理论轻易判定，在任何环境下的课堂环境内的外语学习达到中级水平者都较容易产生“高原期现象”。从本调查所得结果来讲，随着汉语水平的提高，韩国学生对国俗词语的掌握程度明显上升。这种现象只能出现在“高原期现象”前后，而国俗词语的学习属于中高级外语学习者的学习内容，所以中高级韩国学生应正处于文化词语的积累阶段。而先前学者所支持的“无论是语音、词汇还是语法学习，学校课堂环境内外语学习达到中级水平者更容易产生‘高原期现象’”这种说法，没有根据具体所学知识类型及其在学习过程中应该出现的阶段进行估测，以至于语音、词汇和语法学习一把抓，不仅在理论依据上有失偏颇，而且对教学也不能起到实际指导作用。

4.2 国俗词语的习得在中介文化行为系统中的体现

王建勤（1995：40）提出的中介文化行为系统，是指既区别于学习者的母语文化行为系统也不同于其目的语文化行为系统，却带有这两种文化某些特征的中介言语行为系统。它作为一个动态的连续体贯穿第二语言学习过程始终，并伴有诸如“母语文化迁移”“理解目的语文化的‘过滤’”“目的语文化的泛化”和“目的语文化的适应”等心理过程。笔者在整理问卷第二部分的理解程度取值情况时发现，韩国学生在国俗词语理解程度判断上出现（1）选择正确且理解程度较高，（2）选择正确但理解程度不高，（3）选择错误但理解程度较高，（4）选择错误且理解程度不高，（5）无论选择正确与否都在量轴上选“3”五种取值类型。且随着汉语水平的提高，（1）类取值明显增多，（3）（4）类取值有所下降，而（2）（5）类取值处于上下浮动状态。基于跨文化研究的维度，笔者做了如下思考:韩国学生在进行国俗词语学习时是否也处于一种中介文化行为系统中,(3)(4)类取值是理解行为的初期表现,(2)(5)类取值是长期而典型的特点,而(1)类取值则预示着第二语言学习者的中介文化行为系统正向汉语母语者靠近。关于伴随中介文化行为系统的心理过程,笔者在问卷调查和深入访谈中也发现一些有趣的现象。在进行第一部分问卷填答时,多数中级甚至高级的韩国被试会在以下两题中出错:

(1)周恩来是中华人民共和国第一位__________。

A.主席　　B.将军　　C.总理　　D.科学家

(2)"天府之国"指的是下面哪个地方?

A.四川成都　　B.浙江绍兴　　C.江苏南京　　D.辽宁大连

多数韩国被试将第一题错选为A,将第二题错选为C。笔者感到非常困惑。之后和被试交谈中发现:因不熟悉中国近代史,许多被试不知道"周恩来"是谁。而近年来在韩国,由于害怕国会听证会上过不了"道德拷问"一关,总理一职常有空缺,许多人在提及政治时一般只涉及总统。他们对中国的政治体制只有较模糊的概念,只知道"主席"与"总统"相当,因而第一题错选A的可能性就大大增加。这一错选在一定程度上体现了中介文化系统中"理解目的语文化'过滤'"的心理过程,被试在理解中国的总理一职时利用自身母语文化,将两国文化差异"过滤"掉了。而对于第二题的错选,多数被试持有这种说法——太平天国时期洪秀全在南京建立政权,改南京为天京。因此他们觉得"天府之国"是用来形容南京的。由于被试不清楚"天府之国"是用来形容一个地方自然地理环境优厚这一真正含义,而错与历史中洪秀全建立的"天朝"政权相提并论,这在一定程度上体现了"目的语文化泛化"的心理过程。当然,笔者做出的如上推断仍需通过大量实验进行验证。

4.3 性别因素对韩国学生国俗词语学习的影响

虽然假设结果检验表明,性别因素对韩国学生学习汉语文化国俗词语没有显著影响,但笔者在分析数据时发现:第一部分的得分分析中,中级水平男被试比女被试的成绩均值相对较高,标准差较小,离散程度相对较小;而到了高级水平,女被试的成绩相对较高且较为稳定。在第二部分的理解程度取值上也出现了类似的发展趋势。虽不能排除随机因素对调查结果的影响,但性别因素在韩国学生汉语文化国俗词语学习上究竟是否起了作用,起了多大作用,仍是一个值得研究的问题。

五 结语

本研究从第二语言学习者角度出发，探讨韩国学生汉语文化国俗词语学习的整体特点，不同语言水平和性别的韩国学生在国俗词语学习上所呈现的异同以及中高级韩国学生在这些词语学习上的发展态势。通过数据统计与调查结果分析，初步得出以下结论：

第一，韩国学生的汉语水平对其汉语文化国俗词语学习有影响。汉语水平越高，学生对国俗词语的熟知程度和理解程度就越高，对自己汉语水平的判断就更清晰，学习的困难也越小。虽然中高级韩国学生处于汉语国俗词语的积累阶段，随时间的推移进步迅速，但其仍处于中介文化行为系统中，存在"理解目的语文化'过滤'"和"目的语文化泛化"等心理过程，高级水平的韩国学生与汉语母语者相比仍存在较大差距。

第二，虽然性别因素对韩国学生学习国俗词语不存在显著影响，但通过中级和高级被试之间的对比，男女被试在国俗词语选择和理解程度上呈现交替上升态势，即中级水平男被试的成绩和理解程度较高且较稳定，而高级水平女被试的成绩和理解程度则占上风。虽不能排除随机因素对调查结果的影响，但性别因素在韩国学生汉语文化国俗词语学习上所起的作用应为一个值得深入研究的问题。

第三，文化课程是韩国学生获取相关国俗词语的主要途径。中级韩国学生多局限于课内所学知识；而高级水平韩国学生更善于从课外实际生活中捕捉信息，其获取国俗词语的途径多种多样。

限于时间和精力，笔者没有对"性别因素在韩国学生汉语文化国俗词语理解上所起的作用"做进一步的调查研究。在设计问卷的过程中，没有对所选国俗词语的类型进行细致的划分，也没有设置充足的验证问题。证据不足，结论还有待进一步的检验。

参考文献

毕继万 (2000) "貌合神离"的词语文化涵义对比研究，《外语与外语教学》第 9 期。

洪晓静 (2008) 从文化词语看文化因素对母语为英语的汉语学习者之影响——以汉语国俗词语和汉英不等值词的问卷调查与分析为例，厦门大学硕士学位论文。

胡明扬 (1993) 对外汉语教学中的文化因素，《语言教学与研究》第 4 期。

姜美玉 (2000) 从若干汉语文化词语看文化因素对韩国学生汉语学习的影响，北京语言文化大学硕士学位论文。

李大农 (2000) 韩国留学生"文化词"学习特点探析——兼论对韩国留学生的汉语词汇教学，《南京大学学报》(哲学·人文科学·社会科学版)第 5 期。

李红印 (2007)《现代汉语颜色词语义分析》，北京：商务印书馆。

李荣启 (1997) 论文学作品中的色彩语言,《文艺理论与批评》第 2 期。
刘　珣 (2000)《对外汉语教育学引论》,北京:北京语言文化大学出版社。
石毓智 (1990) 现代汉语颜色词的用法,《汉语学习》第 3 期。
王德春 (1990)《汉语国俗词典》,江苏:河海大学出版社。
王德春 (1993) 国俗语义学略论,《语言与文化多学科研究》,北京:北京语言学院出版社。
王建勤 (1995) 跨文化研究的新维度——学习者的中介文化行为系统,《世界汉语教学》第 3 期。
王　洁 (2010) 跨文化视角下的对外汉语颜色词教学研究,西北大学硕士学位论文。
吴友富 (1998)《国俗语义研究》,上海:上海外语教育出版社。
肖金龙 (1994) 中德语言颜色象征意义对比,《武汉大学学报》(哲学社会科学版)第 4 期。
闫亚平 (2005) 外来文化对词语象征义的影响——以颜色词黄、红、绿为例,《修辞学习》第 5 期。
张宝明 (2003) 颜色词汇的渊源和分类,《汉字文化》第 4 期。
周延云 (1994) 文艺作品中色彩词的言语义初论,《东方论坛》第 3 期。
朱曼殊、缪小春 (1990)《心理语言学》,上海:华东师范大学出版社。
朱　珠 (2011) 刍议二语习得中的"高原期"现象,《重庆文理学院学报》(社会科学版)第 1 期。

附录:韩国学生汉语文化国俗词语学习情况调查问卷

性别:________　来中国学习汉语的时间:________

说明:这是一份关于韩国学生汉语文化国俗词语学习情况的调查问卷。第一部分是选择题,请选出您认为正确的答案(每题只能选一个)。第二部分测量的是您对文化国俗词语的理解程度,请您根据自己对所选的 30 个国俗词语的真实了解程度在量轴上做记号(1 是"不理解/了解",2 是"只听说过",3 是"理解/了解一点儿",4 是"比较理解/了解",5 是"非常理解/了解")。第三部分是问答题,请您如实写下自己的想法。本次调查的目的是为语言教学研究提供参考资料。谢谢您的合作!

第一部分

1."不到长城非好汉"中的"长城"在________。

A. 广州　B. 北京　C. 重庆　D. 上海

2. 北京是中国的首都。下面哪座城市离北京最远? ________

A. 天津　B. 石家庄　C. 太原　D. 深圳

3."天府之国"指的是下面哪个地方? ________

A. 四川成都　B. 浙江绍兴　C. 江苏南京　D. 辽宁大连

4."上有天堂,下有苏杭"是说"苏杭"这两个地方很美。那么,"苏杭"是指下面哪两座城

市？________

A. 江苏和余杭　B. 苏州和杭州　C. 江苏和杭州　D. 苏州和余杭

5. 旗袍是________。

A. 中国男子的传统服装　B. 中国女子的传统服装

C. 中国男子的现代服装　D. 中国女子的现代服装

6. 汤圆是一种吃的东西，中国人一般在________吃它。

A. 春节　B. 清明节　C. 国庆节　D. 元宵节

7. 四合院是________。

A. 一个四四方方或长方形的院子　B. 一种吃的东西

C. 一个武术动作　D. 一种造房子的工具

8. 谁坐在“花轿”里？

A. 新娘　B. 丈母娘　C. 新郎　D. 花童

9. “三伏”与天气有关，它一般出现在________。

A. 春天　B. 夏天　C. 秋天　D. 冬天

10. 下列哪个节气是在秋天的？

A. 芒种　B. 霜降　C. 小雪　D. 谷雨

11. 周恩来是中华人民共和国第一位________。

A. 主席　B. 将军　C. 总理　D. 科学家

12. 乌纱帽是一种帽子，它可以用来代表________。

A. 人的头　B. 人的衣服　C. 人的官职　D. 人的智力

13. “小康”这个词代表了________。

A. 一种身体健康的状态　B. 一个家庭的经济状况

C. 一个人的心情状态　D. 一个班级的相处状况

14. “草根”是指哪些人？

A. 除草的工人　B. 普通老百姓　C. 政府官员　D. 大学老师

15. “下海”是指________。

A. 放下原来的工作去做生意　B. 到海里去游泳

C. 乘船出海　D. 放下对的事情去做不对的事情

16. “社稷”是古代汉语中的一个词，它是什么意思？

A. 稻谷　B. 社会　C. 寺庙　D. 国家

17. “铁饭碗”这个词一般用来指什么样的工作？

A. 辛苦的工作　B. 时尚的工作　C. 稳定的工作　D. 无聊的工作

18.“探花”这个词可以用来代表一次考试的________。

A. 第一名　　B. 第二名　　C. 第三名　　D. 第四名

19. 北语网球场旁边的那个雕塑是谁?(他是中国古代有名的老师)

A. 老子　　B. 孟子　　C. 孔子　　D. 庄子

20. 鲁迅是一位________。

A. 演员　　B. 商人　　C. 军人　　D. 作家

21. 剩女是指________。

A. 吃饭时不吃完的女人　　B 喜欢独自一个人出去的女人

C. 没有好朋友的女人　　D. 年纪不是很小但还没有结婚的女人

22.“八卦”既可以指小道消息或新闻,也可以指________。

A. 一种有八只脚的动物　　B. 一种可以挂在墙上的古老的钟

C. 中国古代一种有象征意义的符号　　D. 武术中的一种动作

23.“红色”可以让人想到________的画面。

A. 恐怖　　B. 安静　　C. 严肃　　D. 喜庆

24. 小刚是小红的男朋友。小红总是在小刚面前说别的男生帅。小刚吃醋了。“吃醋”这个词是什么意思?

A. 跑去喝醋　　B. 因妒忌而生气　　C. 伤心　　D. 用醋做饭

25.“大明的老婆是一只母老虎”说明大明的老婆________。

A. 很凶　　B. 很高大　　C. 皮肤是黄色的　　D. 是虎年生的

26. 小刚和小红是一对情侣。有一天,小刚对小红说:“你是我的心肝。”小红听了很高兴。“心肝”是什么意思?

A. 心脏和肝脏　　B. 一种美味的食物　　C. 宝贝　　D. 房子

27.“踏青”是一种活动,它发生在什么时候?

A. 春天　　B. 夏天　　C. 秋天　　D. 冬天

28.“叩首”是什么意思?

A. 把帽子放在地上　　B. 进门把鞋子脱了

C. 磕头　　D. 脱帽

29. 一般在什么节日我们要“拜年”?

A. 春节　　B. 元宵节　　C. 清明节　　D. 端午节

30.“演义”这个词和什么有关?

A. 剧本　　B. 小说　　C. 诗歌　　D. 相声

第二部分

1. 您对北京了解吗？1 ______ 2 ______ 3 ______ 4 ______ 5 ______
2. 您对深圳了解吗？1 ______ 2 ______ 3 ______ 4 ______ 5 ______
3. 您对成都了解吗？1 ______ 2 ______ 3 ______ 4 ______ 5 ______
4. 您对苏州或者杭州了解吗？1 ______ 2 ______ 3 ______ 4 ______ 5 ______
5. 您对旗袍了解吗？1 ______ 2 ______ 3 ______ 4 ______ 5 ______
6. 您对汤圆了解吗？1 ______ 2 ______ 3 ______ 4 ______ 5 ______
7. 您对四合院了解吗？1 ______ 2 ______ 3 ______ 4 ______ 5 ______
8. 您对花轿了解吗？1 ______ 2 ______ 3 ______ 4 ______ 5 ______
9. 您对三伏了解吗？1 ______ 2 ______ 3 ______ 4 ______ 5 ______
10. 您对霜降了解吗？1 ______ 2 ______ 3 ______ 4 ______ 5 ______
11. 您对周恩来了解吗？1 ______ 2 ______ 3 ______ 4 ______ 5 ______
12. 您理解“乌纱帽是用来代表人的官职”吗？1 ______ 2 ______ 3 ______ 4 ______ 5 ______
13. 您理解什么是小康吗？1 ______ 2 ______ 3 ______ 4 ______ 5 ______
14. 您理解什么是草根吗？1 ______ 2 ______ 3 ______ 4 ______ 5 ______
15. 您理解“下海”吗？1 ______ 2 ______ 3 ______ 4 ______ 5 ______
16. 您理解“社稷就是国家”吗？1 ______ 2 ______ 3 ______ 4 ______ 5 ______
17. 您理解“铁饭碗是代表稳定的工作”吗？1 ______ 2 ______ 3 ______ 4 ______ 5 ______
18. 您理解“探花是指考试中的第三名”吗？1 ______ 2 ______ 3 ______ 4 ______ 5 ______
19. 您了解孔子吗？1 ______ 2 ______ 3 ______ 4 ______ 5 ______
20. 您了解鲁迅吗？1 ______ 2 ______ 3 ______ 4 ______ 5 ______
21. 您理解“剩女”的意思吗？1 ______ 2 ______ 3 ______ 4 ______ 5 ______
22. 您了解八卦吗？1 ______ 2 ______ 3 ______ 4 ______ 5 ______
23. 您理解“红色代表喜庆”吗？1 ______ 2 ______ 3 ______ 4 ______ 5 ______
24. 您理解“吃醋”的意思吗？1 ______ 2 ______ 3 ______ 4 ______ 5 ______
25. 您理解“母老虎”的意思吗？1 ______ 2 ______ 3 ______ 4 ______ 5 ______
26. 您理解“心肝”的意思吗？1 ______ 2 ______ 3 ______ 4 ______ 5 ______
27. 您了解踏青吗？1 ______ 2 ______ 3 ______ 4 ______ 5 ______
28. 您了解叩首吗？1 ______ 2 ______ 3 ______ 4 ______ 5 ______

29. 您了解拜年这个习俗吗？1 ______ 2 ______ 3 ______ 4 ______ 5 ______

30. 您了解“演义”吗？1 ______ 2 ______ 3 ______ 4 ______ 5 ______

第三部分

1. 对于第一部分的30道题，您的总体感觉如何？难吗？

____。

2. 这些词语您是从哪里学到的？

____。

3. 您在学校里上过有关汉语文化的课吗？如果有，请写下文化课的名字。

____。

4. 您上这些文化课的目的是什么？

____。

5. 您在文化课上能学到什么有关汉语文化的词语？

____。

6. 您在课外能学到什么有关汉语文化的词语？

____。

7. 您觉得文化课上讲的词语有用吗？为什么？

____。

本次问卷调查到此结束，非常感谢您的配合！

（陈梦恬　北京　北京语言大学对外汉语研究中心　cmt1923@126.com）

他人调控对第二语言学习者口语流利性发展的影响*

付佩宣

提　要　母语者行为在二语学习者的口语流利性发展过程中发挥着重要作用。很多研究从输入和互动的角度来解读这些行为，认为互动为学习者提供更多的可理解输入，而对母语者行为的本质及其在学习者的口语流利性发展中发挥作用的过程却没有给出系统的解释。Vygotsky 的社会文化理论中关于调控的论述则可以很好地回答这个问题。Vygotsky 认为，人的认知能力通过"专家"和"新手"之间的"支架式"学习获得，要经历从客体调控到他人调控再到自我调控的过程。在口语表达这种复杂认知技能的发展过程中，母语者的行为本质上就是一种他人调控。我们的研究结果表明，不同水平的学习者在不同类型的他人调控下，其口语流利性的各个维度的发展程度也是不同的。

关键词　他人调控　社会文化理论　口语流利性

一　引言

第二语言学习者口语产出的流利性是在与母语者的互动过程中发展起来的。互动环境指的是相对于单向的语言输入环境而言的、有沟通和交流的语言习得环境。以往第二语言习得领域对于母语者行为的认识一般是基于互动研究的。然而，互动研究常常将互动环境整体上作为研究变量的一个水平与单向的输入环境进行对比考察，这就不能清晰地发现互动过程中母语者和学习者的行为各自是如何发挥作用的；有些研究虽然分离了母语者和学习者，可是关注的仅仅是学习者的表现，母语者行为的性质和数量很大程度上被忽略了；另外，还有一些关于考察母语者的反馈行为对学习者的影响的研究，但得到的结论并不一致，对反馈行为的机制也没有系统的解释。

针对当前研究存在的这些问题，我们试图为互动环境下的母语者行为研究找到新的理论出口和更为适合的研究方法。苏联心理学家 Vygotsky 创立的社会文化理论中关于调控的论述可以很好地解释母语者行为在学习者的二语口语发展过程中的作用。

* 本文受到国家社科基金重大项目"汉语二语口语能力习得与高效率教学模式研究"的资助，项目批准号为12A2D113。

社会文化理论是建立在儿童心理学研究基础上的一个认知理论，该理论认为人的认知发展要经过客体调控、他人调控和自我调控三个阶段。客体调控指的是通过具体的环境中的“文化展示（manifestations of culture，比如图片、实物等）”进行的调控。他人调控指“他人”在互动过程中提供的引导和帮助。自我调控则是通过个体自身的行为和心理活动来发展认知的手段。而语言是人类认知发展过程中一种重要的调节工具。

以 Lantolf 和 Donato 等人为首的一批语言学家，将 Vygotsky 的理论作为理论基础已经进行了一系列的研究，然而这些研究还没有涉及口语产出流利性的获得，研究方法也基本上是基于话语分析框架的质性研究。因此，本研究将继续沿着这条路线，将社会文化理论中有关他人调控的部分应用于口语流利性发展的研究中；在研究方法上则采用实验研究的手段以弥补以往研究方法单一的不足，同时运用会话分析对实验结果进行讨论说明，综合考察在互动环境下，母语者的调控行为是如何对学习者口语流利性各个维度的发展产生影响的。

二　研究问题和方法

2.1　研究问题

第二语言学习者在与母语者进行会话交际时，当学习者的表达出现错误或遇到困难时，母语者会采取不同的行为进行应对。有的会直接指出学习者的错误，并为其讲解；有的会提醒或暗示学习者表达存在问题；有的则完全忽略学习者出现的问题。这些行为实际上是作为“专家”的母语者对作为“新手”的学习者进行的显性程度不同的他人调控行为。很多研究关注这些行为能否为学习者提供可理解输入以及能否使交际顺利进行的功能，而忽视了它对学习者第二语言能力尤其是口语产出能力发展的作用。

本研究旨在考察在互动环境中，母语者采取的不同显性程度的调控方式对不同汉语水平的学习者的口语流利性的获得的影响。具体来说，本研究希望能够回答以下问题：(1)不同显性程度的他人调控方式对学习者的口语流利性各个维度发展的影响是否存在显著差异；(2)不同水平的汉语学习者在不同显性程度的他人调控方式下的口语流利性各个维度的发展是否存在显著差异。

2.2　研究方法

本研究采用的实验研究方法为 3×2 两因素被试间实验设计。

2.2.1 因素一

他人调控方式，为被试间变量，分为三个水平：显性调控；隐性调控；无调控。

根据 Lantolf(1994)的研究，母语者对学习者使用的调控方式可以按照显性程度的不同分为 0—12 共 13 个小级。其中，0 级指的是学习者的口语表达发生错误或遇到困难时，母语者不为其提供任何帮助；12 级是指母语者指出学习者的错误，详细地解释，并提供例句和练习。我们的研究选取了这个量表中的 3 个级别作为他人调控方式变量的 3 个水平，其操作性定义为：显性调控——当母语者听到学习者的表达错误或学习者遇到表达困难的时候，母语者明确指出学习者的错误或问题，告诉他正确的语言形式，做出解释，给出例句，并进行练习。隐性调控——当母语者听到学习者的表达错误或者学习者遇到表达困难的时候，母语者发出暗示，给出正确的说法，但不解释，不提供例句，也不进行练习。无调控——完全忽略学习者的表达错误和问题，只需与学习者合作完成会话。

2.2.2 因素二

汉语水平，为被试间变量，分为两个水平：初级水平——在中国学习汉语的时间在 6 个月以内；高级水平——在中国学习汉语的时间在 2 年以上。

2.2.3 因变量

口语流利性指标，包括体现广义流利性的三个维度的指标：(1)时间指标——语速(狭义流利性)；(2)内容指标——平均话轮长度(复杂性)；(3)表达指标——无错 C 单位比例(准确性)。C 单位即交际单位(communication unit)，界定为语法上独立的述位结构或就问题所做出的回答。

本研究中的口语流利性指的是包括准确性和复杂性在内的广义流利性。在评价指标的选择方面，语速、发音时间比、平均 T 单位长度、正确句子比等十几个流利性评价指标是得到很多研究者认可的(lennon，1990；Skehan，2009；Ellis，2009)。因此，我们也将因变量的选择范围首先锁定在这些指标上，然后根据本研究的性质和实验数据进一步做出取舍。首先，被选取的指标在前测数据分析中，要满足两个条件：一个是初级学习者和高级学习者之间在该指标上的表现差异显著，这样可以保证选取的指标能够代表本次实验的被试间流利性发展程度的不同；另一个是各个调控方式处理组间差异不显著，这是为了使实施实验干预之前各组被试之间在该指标数据上具有同质性。

2.3 被试

参加本次研究的母语者被试有 6 名，均为北京语言大学研究生；学习者被试 48 名，初级和高级水平各 24 名，均为北京语言大学在华留学生。

2.4 实验任务

本研究包含两项实验任务：自由交谈和角色扮演。其中自由交谈为前测和后测的任务，角色扮演为训练任务。为了保证被试对任务的熟悉度，我们根据北京语言大学汉语学院和速成学院的汉语教材，选取了5个角色扮演情境作为训练任务。学习者和母语者根据情境提示完成角色扮演的任务。

2.5 实验步骤

整个实验按照以下步骤进行：(1)对学习者被试进行前测。每位学习者被试随机分组，与母语者合作，就一幅图片提供的话题自由交谈15分钟，过程录音。(2)对学习者被试进行训练。从前测之后的第2天开始，对学习者进行5次角色扮演会话训练，每次30分钟。训练过程在15天内完成。(3)对学习者被试进行后测。每位学习者被试与母语者被试随机分配，就一幅图片提供的话题自由交谈15分钟，过程录音。(4)转写录音材料并统计分析数据。将前测和后测的录音材料转写成文本，计算各项口语流利性指标，进行统计分析，得出实验结果。

三 研究结果

我们对学习者被试的口语流利性的3个维度指标的前测和后测数据都进行了描述性统计和方差分析，得到以下结果。

3.1 时间性指标：语速的实验结果

3.1.1 语速指标前测数据分析

表1 语速前测均值

调控方式	初级		高级		总计	
	平均值	标准差	平均值	标准差	平均值	标准差
无调控	2.021	0.227	2.585	0.371	2.353	0.382
显性调控	1.970	0.237	2.652	0.263	2.311	0.427
隐性调控	1.984	0.332	2.244	0.370	2.114	0.365
总计	2.025	0.267	2.494	0.372	2.260	0.398

我们对前测中被试的语速数据进行方差分析。齐性检验表明方差齐($F_{(5,42)}$ =

0.783，p=0.568)，说明每个处理组合内的数据具有同质性；学习者的汉语水平变量主效应显著($F_{(1,47)}$=28.130，p<0.001)，说明语速指标在汉语水平变量上差异显著；训练前的调控方式主效应不显著($F_{(2,47)}$=2.786，p=0.073)，说明在进行训练前，语速变量在3种调控方式组的组别之间的差异不显著；水平和调控方式的交互作用不显著($F_{(2,47)}$=2.911，p= 0.161)。

3.1.2　语速后测数据分析

表2　语速后测均值

调控方式	初级		高级		总计	
	平均值	标准差	平均值	标准差	平均值	标准差
无调控	2.121	0.604	2.844	0.436	2.483	0.631
显性调控	1.974	0.347	2.832	0.330	2.403	0.551
隐性调控	2.498	0.398	2.663	0.250	2.580	0.332
总计	2.198	0.497	2.680	0.342	2.489	0.514

在后测语速指标的方差分析中，齐性检验表明方差齐($F_{(5,42)}$=0.784，p=0.567)，说明组内同质；主效应分析结果中可以发现，语速在水平变量的两个水平上差异显著，($F_{(1,47)}$=24.289，p<0.001)；调控方式变量主效应不显著($F_{(2,47)}$=0.750，p=0.479)，说明调控方式对语速造成的差异不明显；但是水平与调控方式的交互作用显著($F_{(2,47)}$=3.228，p=0.05)，所以我们进一步进行了简单效应分析。

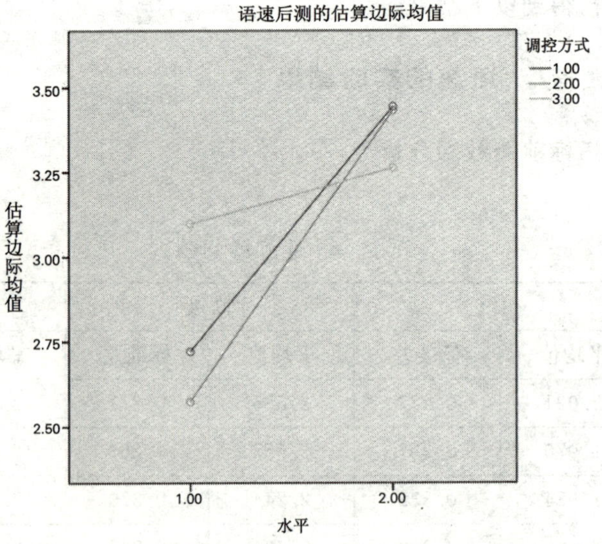

图1　语速指标调控方式在水平方向上的简单效应

简单效应分析的结果表明(如图1所示),在语速指标上,无调控在水平变量上的差异显著($F_{(2,47)}=12.62, p<0.001$);显性调控在水平变量上的差异也显著($F_{(2,47)}=17.82, p<0.001$);而隐性调控在水平变量的两个水平上差异不显著($F_{(2,47)}=0.66, p=0.422$)。

3.2 复杂性指标:平均话轮长度的实验结果

3.2.1 平均话轮长度前测数据分析

表3 平均话轮长度前测均值

调控方式	初级		高级		总计	
	平均值	标准差	平均值	标准差	平均值	标准差
无调控	10.341	2.740	17.493	6.176	13.917	5.911
显性调控	8.058	1.608	15.378	4.439	11.718	4.969
隐性调控	9.928	3.592	12.670	3.602	11.299	3.753
总计	9.442	2.833	15.180	5.062	12.311	4.987

我们对前测过程中的平均话轮长度数据进行了方差分析。齐性检验表明方差齐($F_{(5,42)}=1.372, p=0.254$),说明每个处理组合内的数据具有同质性,水平主效应显著($F_{(1,47)}=25.265, p<0.001$),说明平均话轮长度指标在汉语水平变量上差异显著;调控方式组别主效应不显著($F_{(2,47)}=2.024, p=0.145$),说明3种调控方式在训练前的组别之间差异不显著;水平和调控方式的交互作用不显著($F_{(2,47)}=1.723, p=0.191$)。

3.2.2 平均话轮长度后测数据分析

表4 平均话轮长度后测均值

调控方式	初级		高级		总计	
	平均值	标准差	平均值	标准差	平均值	标准差
无调控	16.578	9.061	23.934	11.919	20.256	10.910
显性调控	10.740	3.734	15.354	4.772	13.047	4.776
隐性调控	9.998	3.126	9.753	2.113	9.875	2.581
总计	12.438	6.422	16.347	9.328	14.393	8.165

在平均话论长度指标的后测方差分析中,齐性检验表明方差齐($F_{(5,42)}=2.114, p=0.083$),说明组内同质;水平变量主效应边缘显著,($F_{(1,47)}=3.998, p=0.052$);调控方式变量上主效应显著($F_{(2,47)}=9.874, p<0.05$),水平与调控方式的交互作用不显

著，($F_{(2,47)}=1.293$，$p=0.285$)，因此我们对调控方式的3个水平进行事后多重比较。

事后多重比较结果表明，在平均话轮长度指标上，无调控组和显性调控组差异显著($p<0.05$)；无调控组和隐性调控组差异显著($p<0.01$)，显性调控组和隐性调控组差异不显著($p=0.192$)。

3.3　准确性指标：无错C单位比例实验结果

3.3.1　无错C单位比例前测数据分析

表5　无错C单位比例前测均值

调控方式	初级		高级		总计	
	平均值	标准差	平均值	标准差	平均值	标准差
无调控	0.521	0.052	0.653	0.017	0.587	0.077
显性调控	0.539	0.054	0.662	0.028	0.596	0.072
隐性调控	0.528	0.036	0.639	0.050	0.583	0.071
总计	0.529	0.047	0.648	0.033	0.589	0.073

我们对前测得到的无错C单位比例数据进行了方差分析，齐性检验表明方差齐($F_{(5,42)}=2.251$，$p=0.067$)，表明每个处理水平内的数据具有同质性；水平变量主效应显著($F_{(1,47)}=96.944$，$p<0.001$)，说明无错C单位比例指标在学习者的汉语水平变量上差异显著；调控方式组别主效应不显著($F_{(2,47)}=0.377$，$p=0.688$)，说明训练前组间差别不显著；水平和调控方式的交互作用不显著($F_{(2,47)}=0.272$，$p=0.763$)。

3.3.2　无错C单位比例后测数据分析

表6　无错C单位比例后测均值

调控方式	初级		高级		总计	
	平均值	标准差	平均值	标准差	平均值	标准差
无调控	0.670	0.087	0.498	0.087	0.584	0.122
显性调控	0.682	0.070	0.833	0.093	0.758	0.111
隐性调控	0.623	0.115	0.773	0.080	0.697	0.123
总计	0.658	0.092	0.700	0.170	0.680	0.137

在后测方差分析中，齐性检验表明方差齐($F_{(5,42)}=0.450$，$p=0.811$)，说明组内同质；水平变量主效应不显著($F_{(1,47)}=2.702$，$p=0.108$)；调控方式变量主效应显著($F_{(2,47)}=15.532$，$p<0.001$)；水平与调控方式的交互作用显著($F_{(2,47)}=17.286$，$p<$

0.001)，所以我们继续进行了事后多重比较和简单效应分析。

事后多重比较结果表明，无调控组和显性调控组差异显著（$p<0.01$）；无调控组和隐性调控组差异显著（$p<0.05$），显性调控组和隐性调控组差异不显著（$p=0.065$）。

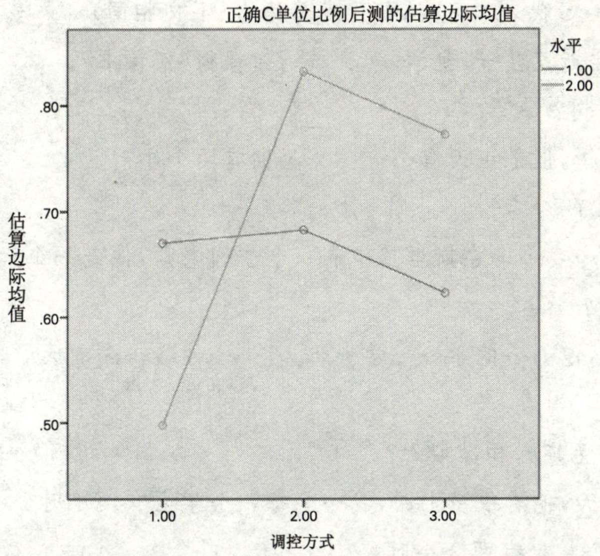

图 2　正确 C 单位比例指标水平在调控方式上的简单效应

简单效应分析表明（如图 2 所示）调控方式变量对无错 C 单位比例造成的差异在初级水平被试中不显著（$F_{(2,47)}=0.96$，$p=0.39$），在高水平的被试中显著（$F_{(2,47)}=30.61$，$p<0.01$），也就是说在高级水平的被试中调控方式对无错 C 单位的比例造成的影响更大。

四　实验结果讨论

4.1　时间性指标：语速

在语速指标的方差分析结果中，调控方式和水平的交互作用显著，也就是说对于不同水平的学习者的语速提高来说，各种调控方式发挥的作用是不同的。由简单效应分析图可以看出，对于初级水平的学习者来说，不同调控方式组间语速值差异较大，其中隐性调控组最高，显性调控组最低；而对于高水平的学习者来说，无调控组最高，而隐性调控组和显性调控组的区别不明显。

由此我们可以推断，学习者二语口语产出语速的提高在初级阶段，在隐性调控的方式下发展较快。这是因为，在这个阶段，学习者的自我调控能力还比较低，如果完全没有他人调控帮助的话，学习者很难依靠自身提高口语产出速度；而此阶段的显性调控又会过多地将学习者的注意力吸引到语言形式方面，反而会影响其口语产出速度的提高。我们可以对比下面几个会话片段：

【片段1】 S代表学习者，T代表母语者（下文相同）

1 S：嗯，在斯里兰卡，我学，学了，嗯，四棵树（四课书）。

2 T：四棵树？

3 S：四棵树，但是一天有……一个星期有两个小时。

4 T：太少了。

5 S：啊……我……在斯里兰卡有一个中国老师，他是一个大学老师。

6 T：是吗？

7 S：但是，他……他学……学……，教……他教……教大学学生，星期，星期六和星期天。

8 T：只有星期六和星期天？

9 S：星期天，他有很多上课，我……每一个学生有两小时。

10 T：一个学生有两个小时。

11 S：两个小时，嗯……去上……下个星期我们去上班的时候我们忘了。

12 T：哦，是啊，下个星期上课就忘了上个星期的，对。

13 S：很少很少，他教，教，我们很好，但是很少现在。

语速的提高有赖于学习者从大脑中提取有关语言形式信息的速度的加快。当学习者提取并产出语言之后，母语者提供的他人调控可以帮助学习者肯定自己的提取过程，当下次需要提取相同内容的时候，学习者的速度就会加快。从片段1中，我们可以看出，学习者显然对“学”和“教”的提取有困难，在第1行和第7行产出“学”和“教”时候，母语者没有为其提供他人调控的帮助，学习者在产出之后没有得到反馈的加强，所以在第13行，再次提取相同信息，产出“教”的时候，学习者并没有比之前更顺利。所以实验结果显示，如果没有他人调控的帮助话，初级阶段学习者的语速提高会比较缓慢。

那么进一步来看，哪种他人调控的方式在提高二语学习者的语速方面更有效呢？我们可以分析一下会话片段。

【片段2】

1 S：嗯，所以我要…我要 get a job.

2 T：嗯，找工作，你看那个“找什么什么”，“我去找你”。

3 S：嗯，我去找你。

4 T：还有我刚才说我得找你，因为这个房间不容易找。

5 S：啊。OK，我去找你。

6 T：So you get a job 怎么说？

7 S：Yeah，所以帮我……旅行。

当母语者为初级水平的学习者提供显性的他人调控时，母语者的讲解和练习都会帮助学生理解语言形式，这由片段2中的第2—5行可以看出，母语者对“找”的解释和举例，帮助学习者很好地理解了语言形式。但是学习者在提取时依然遇到了困难，口语产出速度并没有提高。这说明提高初级学习者的单位时间产出音节数的更有效方式是隐性调控，由片段3和片段4也可以看出。

【片段3】

1 T：太好看啦，你是像爸爸还是像妈妈？

2 S：啊，妈妈。

3 T：像妈妈？

4 S：这……妈妈一样。

5 T：噢，跟妈妈长得特别像。

6 S：嗯对，特别像，所以我这个留学的以前，留学……

7 T：留学以前。

8 S：留学以前，我在日本的大学，大学的这个留学什么，什么这样的。

9 T：哦，要办手续。

10 S：啊，对要办手续，这个，这个……

【片段4】

11 S：嗯，我，

12 T：嗯。

13 S：昨天来，昨天，昨天搬，搬……

14 T：啊，昨天搬来的。

15 S：昨天搬来，搬来的人。

16 T：嗯，昨天搬来的。

而到了高级阶段，学习者的自我调控能力增强，语速提高主要是在学习者的自我调控下，逐步将外部知识内化的过程，从信息加工论的角度来看就是通过练习将知识从短时记忆存入长时记忆，达到自动化，完成技能习得的过程。这个阶段的学习者与母语者的基本交流已经不存在太大的困难，因此，母语者的调控大部分只是知识传授上的，所以无论是显性调控还是隐性调控对学习者的语速的影响都不明显。

4.2 复杂性指标:平均话轮长度

平均话轮长度的方差分析结果显示,调控方式变量的主效应显著,和水平变量的交互作用不显著。经过事后多重比较,我们发现有无他人调控对于学习者口语产出的话轮长度变化是有重要影响的,无调控的处理组产出的话轮要比有调控处理组长,对于初级水平和高级水平都是如此。这说明,学习者口语产出流利性中复杂度这个维度的变化,主要依靠的不是他人调控,而是自我调控。

4.3 准确性指标:无错C单位比例

在准确性指标上,调控方式主效应显著,而且调控方式和水平的交互作用显著。事后多重比较说明,有无他人调控在无错C单位比例上造成的差异显著。以下面的会话片段为例进行分析。

【片段5】

1 S:老师,啊,我春节的,春节的时候,我打算去云南旅行。

2 T:嗯。

3 S:嗯,这个,你去过吗?

4 T:我没去过。

5 S:没去过,但是你是中国人,所以你应该,你可以知道。

6 T:我知道,我应该知道。

7 S:啊,你应该知道,啊,这个云南,啊,嗯,一月。

8 T:嗯。

9 S:冬天的时候,嗯,云南旅行可以吗,天……

10 T:冬天的时候去云南旅行天气怎么样,是吧?

11 S:嗯,冬天的时候去云南旅行天气怎么样?

12 T:嗯,天气,特别好。

13 S:啊,特别好。

14 T:云南应该一年四季都像春天一样。

15 S:啊,春天一样?

上面一个片段中,第5行,学习者对于情态动词“应该”和“可以”的使用有问题,于是母语者在第6行提供他人调控的帮助,之后学习者在第7行产出正确的“你应该知道”。同样,第9行到第11行也是学习者在母语者的调控下增加了产出准确性的例子。

从简单效应分析来看,对于初级水平的学习者来说,隐性调控对于提高初级学习者的正确率最有效；而高级水平的学习者，则是显性调控最为有效。因为初级水平的学习者对目的语的认知水平还处在比较低的阶段，这个时候调控首先要保证交际能够进行，所以母语者对语言的调控要与此时此地的交际任务相关，与当时的情景相结合，才能够更容易被学习者理解，所以隐性调控更适合提高初级水平学习者产出的准确性；而对于高级学习者来说，理解一个语言形式并不一定要结合当时的语境，他们已经有足够的认知空间来接受母语者知识性的而非交际性的显性调控，因此，语言形式讲解、举例等显性调控对提高其口语产出准确性的帮助更大。

五 结语

二语学习者的口语流利性是在与母语者的交际互动中逐步发展起来的，因此作为交际的另一方的母语者提供的他人调控就显得非常重要。这种重要性主要体现在母语者在对学习者的语言做出反应的时候，可以为学习者提供反馈信息。在本实验中反馈信息主要发挥了三个方面的功能：

一是为学习者提供正确的语言范本。正如儿童早期会模仿成人的语言一样，二语学习者也会通过模仿母语者的语言将目标语内化。无论是隐性调控还是显性调控，母语者都会给出正确的语言范本作为学习者模仿的材料，从而帮助学习者提高其产出的正确性和复杂性。

二是强化或纠正学习者的认知处理过程。当学习者有产出时，母语者的反应会使学习者的内部认知处理发生变化。当学习者从大脑中提取一个不太确定的语言形式并把它表达出来的时候，母语者的肯定反应会提高其下次提取相同语言形式的速度，从而提高语速，这对初级水平的学习者尤为重要。对于高级水平的学习者来说，如果他们的产出不影响交际进行的话，他们很有可能无法意识到语言形式的不正确或不恰当。这时母语者的提示或纠正可以使学习者意识到问题，刺激学习者发挥自我调控功能，重构内部知识。这样就提高了高级水平学习者产出的准确性。

三是为学习者搭建脚手架。当学习者意识到自己的问题，但是又没有能力产出正确恰当的表达时，母语者的调控可以在学习者的最近发展区搭建“支架”。

洪特堡说过，我们并不能教会学习者一种语言，而是为他们创造有利于他们自身习得这种语言的最好的环境。而母语者的他人调控应该是这种环境中最重要的一个因素。但是由于学习者存在认知上的差异，对各种他人调控方式的评价也不能一概而论。本实验就是从学习者的水平角度对不同显性程度的他人调控方式对口语流利性各个维度的调节过程和效果进行了具体分析，希望可以作为今后全面的他人调控研究的开始。

参考文献

Ellis, Rod (2009) The differential effects of three types of task planning on the fluency, complexity, and accuracy in L2 oral production. *Applied Linguistics*, 30: 474—509.

Lantolf, James P. (1994) Social cultural theory and second language learning. *Special Issue. Modern Language Journal*, 78: 417—418.

Lennon, P. (1990) Investigating fluency in EFL: A quantitative approach. *Language Learning*, 40: 387—417.

Skehan, Peter (2009) Modelling second language performance: Integrating complexity, accuracy, fluency, and lexis. *Applied Linguistics*, 30: 510—532.

(付佩宣　广州　暨南大学华文学院/暨南大学华文教育研究院　fupeixuan@gmail. com)

汉语作为第二语言的朗读流利度和准确度的实验研究*

陈　默

提　要　准确度和流利度是评价语言学习者口语和书面语表达的描述符号，是应用语言学研究的主要研究变量，可以阐释第二语言学习者语言能力的发展过程和发展机制。本研究考察了初级汉语水平的欧美留学生汉语朗读准确度和流利度特征，并将中国人的朗读语料作为基线数据进行比较。研究结果发现，朗读准确度和流利度二者特征的发展是非线性的。较难的言语任务导致朗读准确度和流利度的降低，任务难易程度对朗读准确度和流利度的不同特征的影响是不同的。朗读准确度和流利度之间存在着一定的相互作用，不同准确度特征和不同流利度特征之间的相关程度是不同的。本研究也为目前的对外汉语教学提出了一些建议。

关键词　第二语言　语言能力　汉语朗读　准确度　流利度

一　引言

准确度、流利度作为应用语言学研究的主要研究变量，用以评价语言学习者的口语和书面语能力，被认为是第二语言学习者语言水平的指示器，用来测量语言学习中的进步程度。从心理语言学角度来看，准确度和流利度是心理语言学机制和过程的主要表现，体现了第二语言学习者对第二语言知识的加工和表征过程。

1.1　准确度和流利度的定义

准确度是第二语言知识跟目的语标准形式的一致性（Wolfe-Quintero 等，1998），表现了中介语形式跟目的语标准形式的偏离程度，也是产出无错误言语的能力（Lennon，1990）。准确度主要跟学习者中介语知识的现存状态有关。这些知识部分是陈述性的、显性的，部分是程序性的、隐性的。所以，我们可以说，准确度主要跟第二语言知识表征

* 基金项目：2014 年北京市社会科学基金重点项目（影响外国留学生汉语口语发展的社会语言因素研究）；2013 年国家社科基金青年项目（13CYY036）；2013 年度“北京市高等学校青年英才计划”（YETP0871）；2012 年国家社科基金重点项目（12A2D113）。

有关，跟内在化的语言信息分析水平有关。

流利度被作为以类似母语者的速度快速加工第二语言的能力(Lennon，1990)，是完成言语任务产出言语时在停顿、犹豫或者重构方面的表现(Ellis，2003)。流利度主要跟学习者第二语言知识的控制有关，表现于在线获得第二语言相关信息以进行交际的速度和难易程度。这种控制随着学习者获得通路的自动化而改进(Wolfe-Quintero 等，1998)。流利度是一个多纬度的建构(Tavaskoli & Skehan，2005)。包括：(1)语速流利度，包括表达的速度、密度；(2)停顿流利度，包括停顿的数目、长度和分布；(3)修补流利度，包括纠正以及重复的次数。

1.2 准确度和流利度的相互作用

准确度和流利度在第二语言发展过程中是相互竞争的，还是相互促进的呢？学者们对此看法不同。Ellis(1994)认为，在第二语言习得中，流利度的增加可能会导致准确度的损失，这是由于第二语言习得中知识分析和知识自动化的发展是不同的，隐性知识和显性知识对习得过程的影响方式是不同的。Ellis 进一步提出，使用第二语言知识的心理语言学过程不同于习得新知识。为了习得，学习者必须有意识地关注输入，而且可能还要监控输出，但这样会干扰流利的接收和产出。跟 Ellis 的观点相似的是 Skehan 的平衡效应假说(Skehan，1998；Bygate，1999；Skehan & Foster，1999)。这一假说认为，由于人类的注意机制和大脑加工能力是有限的，所以流利度会和准确度竞争注意资源。即学习者会有意识或者无意识地将关注焦点投注在某一方面，而导致对其他方面的忽视。与 Ellis 和 Skehan 看法相左的观点是 Robinson(2001、2003)的认知假说。Robinson 认为，学习者可以同时通达多种非竞争注意资源，加工任务复杂度可以通过增加任务的认知要求而同时改进复杂度和准确度。由此推论，准确度和流利度也可以同时改进。

1.3 第二语言准确度和流利度的研究现状

关于准确度和流利度的研究起源于 20 世纪 80 年代中期关于第二语言教学的研究，那时已有关于流利地使用第二语言以及准确地使用第二语言的区分(Brumfit，1984)，以考察课堂教学环境中的第二语言口语水平的发展。从 20 世纪 90 年代中期开始，由于受到认知心理学和心理语言学的启发，准确度和流利度逐渐成为第二语言习得研究的主要关注点，被作为自变量来进行研究。

目前关于第二语言的准确度和流利度的研究，主要集中在英语作为第二语言的研究上。包括四方面：(1)计划对准确度和流利度影响的研究(Ellis，2009；谭利思，2006)。

研究显示，复述、策略计划和任务内这三种计划有助于流利度，对于准确度的影响比较复杂。因为对准确度起作用的外在因素还有任务设计、实施中的变异和个人差异因素。(2)言语任务对准确度和流利度影响的研究（袁玉琳，2012；Skehan，2009）。研究发现，准确度和流利度在个人信息交换任务里得到提高。在叙述性任务里，准确度和流利度较低。另外，言语任务的结构化程度对准确度和流利度都有积极影响。(3)记忆对准确度和流利度影响的研究（易保树、罗少茜，2012）。研究发现，工作记忆容量对语言产出的准确度有显著性影响，高容量学习者语言产出准确度要明显高于低容量学习者。工作记忆容量对流利度没有显著性影响。(4)语块知识对准确度和流利度的影响（甄凤超，2009）。学习者的语块知识会直接影响英语口语交际的流利度、准确度，并呈现正相关的关系。学习和掌握语块，尤其是用于实施语用功能的语块，是提高外语口语交际能力的关键。

综上所述，关于英语作为第二语言的准确度和流利度研究取得了丰硕的成果，但大都是将准确度和流利度作为第二语言表达和第二语言水平不同的组成部分，分开进行测量。关于准确度和流利度的纵向研究和相互作用的研究不够深入，而且关注的焦点都在自发性口语和书面语研究上，没有关于朗读流利度的研究。另外，目前关于汉语作为第二语言的准确度和流利度的研究还处于探索阶段，成果较少。对于汉语教师和教学研究者而言，如果不了解汉语作为第二语言的学习者产出言语时的准确度和流利度的发展特点，不了解准确度和流利度之间的关系，那我们就不能制定出适合于学习者的教学方法。所以，本研究就是针对欧美国家留学生的汉语朗读准确度和流利度的纵向实验研究。本研究包括两个研究目的：一是考察欧美国家留学生的汉语朗读准确度和流利度的发展特点，并且还要考察言语任务的难易程度对朗读准确度和流利度的影响；二是考察汉语朗读准确度和流利度之间的相互关系。由于就流利度和准确度而言，第二语言母语者的基线数据十分重要，所以本研究将中国人的数据作为基线数据进行比较。

二　实验方法

2.1　实验设计

实验设计为 2×2×2 的三因素混合实验设计。第一个因素是语言背景，是被试间变量，有两个水平，分别为欧美留学生和中国人。第二个因素是测试时间，是被试内变量，分为第一次测试和第二次测试两个水平。第一次测试是在 4 月，第二次测试是在 7

月，两次测试时间相隔3个月。第三个因素是言语任务的复杂程度，是被试内变量，分成难和易两个水平。难易程度是根据词汇等级大纲的分级，以及朗读文本的熟悉程度来划分的。较容易的朗读文本全部都是甲级词，文本是被试在课堂上学习过的；较难的朗读文本主要以甲级词为主，加上一部分乙级词，只出现于被试平时上课的练习材料里，不要求被试必须学习。

因变量是准确度和流利度的测量指标。因为我们研究的是朗读准确度，所以测量指标不包括词汇和句法的准确度。准确度测量指标有四项，分别是：(1)声母的错误产出频次；(2)韵母的错误产出频次；(3)声调的错误产出频次；(4)错读频次（汉字识别错误）。流利度的测量指标有八项，分别是：(1)产出时长；(2)平均语流长度；(3)无声停顿频率；(4)无声停顿时长；(5)充实停顿频率；(6)充实停顿时长；(7)纠正频率；(8)重复频率。

2.2 被试

欧美被试共16人，母语分别为英语（9人）、西班牙语（3人）、法语（3人）和俄语（1人）四种语言。欧美被试学习汉语的时间为6个月（第一次测试是在被试学习汉语3个月的时候，第二次测试是在被试学习汉语6个月的时候），每天的汉语课堂教学时间为4个小时。中国被试一共16人（男女各8人），普通话水平均为二级甲等。被试年龄在22—35岁。被试的受教育程度为高中以上水平。

2.3 语料来源

非汉语母语者语料数据取自北京语言大学外国留学生汉语口语语料库，这个语料库按照国际通行的口语测试标准进行测量，分出不同的语言水平等级。本研究选择的是初级汉语水平欧美留学生的语料。汉语母语者数据取自北京语言大学中国学生口语语料。语料所选用的朗读文本一共有四段，难度较难的有两段，难度较容易的有两段。两次测试用的语料是分别根据每个学习阶段的学习难度来设计的，以免产生练习效应。

2.4 数据收集

实验前会给每一位被试两分钟的时间浏览文本，之后对被试的产出进行录音。录音是在安静的教室内，用PRAAT语音软件完成的，语音样本都为16位单声道的录音，语音采样率为44 100HZ。录音之后，用PRAAT软件对语料进行标注和转写，并统计准确度和流利度数据。

三 结果和分析

我们逐一分析了欧美被试的朗读准确度和流利度各项特征的发展特点，并且分析了准确度特征和流利度特征之间的相互作用(见表1—表13)。

3.1 朗读准确度的发展

朗读准确度的发展主要从四个方面进行分析，包括声母错误频次、韵母错误频次、声调错误频次和错读频次。

3.1.1 声母错误频次

表1 声母错误频次 (单位:个)

测试时间	难易程度	欧美留学生(Std)	汉语母语者(Std)
第一次测试	易	5.647(3.656)	0.071(0.267)
	难	5.706(4.620)	0.071(0.267)
第二次测试	易	6.889(5.940)	0071(0.267)
	难	5.278(6.115)	0.000(0.000)

对表1的结果进行三因素方差分析显示，语言背景的主效应显著($F_{(1,124)}=68.139$, $p=0.000$)，难易程度的主效应不显著($F_{(1,124)}=0.331$, $p=0.566$)，测试时间的主效应不显著($F_{(1,124)}=0.069$, $p=0.793$)。语言背景、测试时间和难易程度的交互作用不显著($F_{(1,124)}=0.321$, $p=0.572$)。欧美被试的声母错误频次明显高于汉语母语者。难易程度和测试时间对欧美被试和汉语母语者的声母错误频次的影响均不显著($p=0.535$; $p=0.745$; $p=0.574$; $p=0.574$)。

3.1.2 韵母错误频次

表2 韵母错误频次 (单位:个)

测试时间	难易程度	欧美留学生(Std)	汉语母语者(Std)
第一次测试	易	3.471(3.044)	0.071(0.267)
	难	7.235(5.298)	0.500(0.941)
第二次测试	易	4.278(3.594)	0.000(0.000)
	难	4.611(2.57)	0.000(0.000)

对表 2 的结果进行三因素方差分析显示，语言背景的主效应显著（$F_{(1,124)}=86.479$，$p=0.000$），难易程度的主效应显著（$F_{(1,124)}=4.896$，$p=0.029$），测试时间的主效应不显著（$F_{(1,124)}=1.363$，$p=0.245$）。语言背景、测试时间和难易程度的交互作用不显著（$F_{(1,124)}=2.155$，$p=0.145$）。欧美被试的韵母错误频次明显高于汉语母语者。难易程度对欧美被试的韵母错误频次影响显著（$p=0.026$），较难文章的韵母错误频次明显高于较容易的文章，难易程度对汉语母语者的韵母错误频次影响不显著（$p=0.114$）。测试时间对欧美被试的韵母错误频次影响不显著（$p=0.315$）。测试时间对汉语母语者的韵母错误频次影响显著（$p=0.037$），第一次测试的韵母错误频次明显高于第二次测试。

3.1.3 声调错误频次

表 3 声调错误频次 （单位：个）

测试时间	难易程度	欧美留学生(Std)	汉语母语者(Std)
第一次测试	易	36.412(10.983)	0.000(0.000)
	难	45.588(14.748)	0.000(0.000)
第二次测试	易	41.556(16.400)	0.000(0.000)
	难	43.500(14.861)	0.000(0.000)

对表 3 的结果进行三因素方差分析显示，语言背景的主效应显著（$F_{(1,124)}=457.124$，$p=0.000$），难易程度的主效应不显著（$F_{(1,124)}=2.026$，$p=0.157$），测试时间的主效应不显著（$F_{(1,124)}=0.153$，$p=0.696$）。语言背景、测试时间和难易程度的交互作用不显著（$F_{(1,124)}=0.857$，$p=0.357$）。欧美被试的声调错误频次明显高于汉语母语者。难易程度和测试时间对欧美被试和汉语母语者的声调错误频次没有显著影响（$p=0.112$；$p=0.659$；$p=1.000$；$p=1.000$）。

3.1.4 错读频次

表 4 错读频次 （单位：个）

测试时间	难易程度	欧美留学生(Std)	汉语母语者(Std)
第一次测试	易	0.765(1.348)	0.000(0.000)
	难	1.941(2.680)	0.000(0.000)
第二次测试	易	1.333(1.91)	0.000(0.000)
	难	2.944(3.244)	0.000(0.000)

对表 4 的结果进行三因素方差分析显示，语言背景的主效应显著（$F_{(1,124)}=28.509$，

$p=0.000$)，难易程度的主效应显著($F_{(1,124)}=4.542$，$p=0.035$)，测试时间的主效应不显著($F_{(1,124)}=1.444$，$p=0.232$)。语言背景、测试时间和难易程度的交互作用不显著($F_{(1,124)}=0.110$，$p=0.740$)。欧美被试的错读频次明显高于汉语母语者。难易程度对欧美被试的错读频次影响显著($p=0.019$)，较难文章的错读频次明显高于较容易的文章。测试时间对欧美被试的错读频次影响不显著($p=0.178$)。难易程度和测试时间对汉语母语者的错读频次影响不显著($p=1.000$；$p=1.000$)。

3.1.5 声母错误、韵母错误、声调错误和错读频次的比较

对欧美被试第一次测试进行两因素方差分析显示(图 1)，错误类型的主效应显著($F_{(1,135)}=223.061$；$p=0.000$)，难易程度的主效应显著($F_{(1,135)}=8.150$，$p=0.005$)，错误类型和难易程度的交互作用显著($F_{(1,135)}=2.678$，$p=0.050$)。多重比较发现，欧美被试第一次测试时，声母错误频次跟韵母错误频次差异不显著($p=0.854$)，声母错误频次跟声调错误和错读频次差异显著($p=0.000$；$p=0.015$)；韵母错误频次跟声调错误和错读频次差异显著($p=0.000$；$p=0.024$)；声调错误频次跟错读频次差异显著($p=0.000$)。四种错误类型按照错误频次从高到低的排序是：声调＞声母/韵母＞错读(“＞”表示显著高于，“/”表示无显著差异)。

对欧美被试第二次测试进行两因素方差分析显示(图 2)，错误类型的主效应显著($F_{(1,143)}=178.469$；$p=0.000$)，难易程度的主效应不显著($F_{(1,143)}=0.157$，$p=0.693$)，错误类型和难易程度的交互作用不显著($F_{(1,143)}=0.313$，$p=0.816$)。多重比较发现，欧美被试第二次测试时，声母错误频次跟韵母错误和错读频次差异不显著($p=0.422$；$p=0.055$)，声母错误频次跟声调错误频次差异显著($p=0.000$)；韵母错误频次跟声调错误频次差异显著($p=0.000$)，韵母错误频次跟错读频次差异不显著($p=0.259$)；声调错误频次跟错读频次差异显著($p=0.000$)。四种错误类型按照错误频次从高到低的排序是：声调＞声母/韵母/错读。

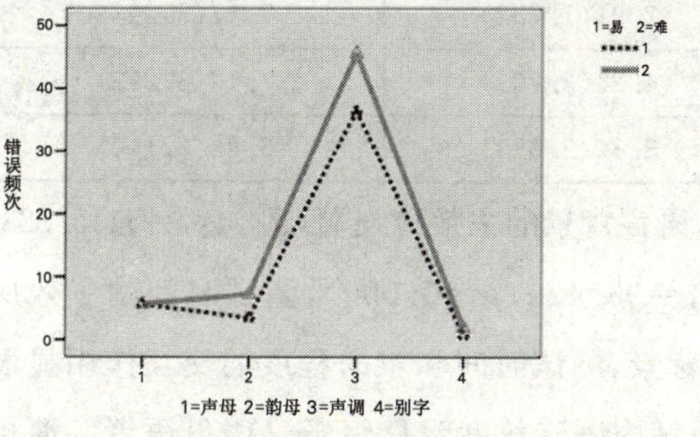

图 1 欧美被试第一次测试声、韵、调错误和错读频次的比较

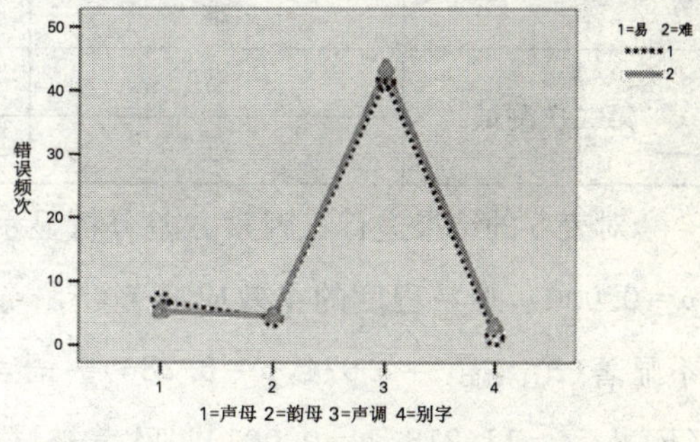

图 2 欧美被试第二次测试声、韵、调错误和错读频次的比较

3.2 流利度的发展

流利度的发展特点主要从八个方面进行分析，包括：产出时长、平均语流长度、无声停顿频率、无声停顿时长、充实停顿频率、充实停顿时长、纠正频率和重复频率。

3.2.1 产出时长

表5 产出时长的平均值 （单位：s）

测试时间	难易程度	欧美被试（Std）	中国人（Std）
第一次测试	易	40.471(9.388)	22.00(2.935)
	难	67.706(22.073)	28.214(3.534)
第二次测试	易	46.667(15.049)	26.643(3.608)
	难	60.83(21.61495)	28.429(9.07)

对表5的结果进行三因素方差分析显示，语言背景的主效应显著（$F_{(1,125)}=124.161$，$p=0.000$），难易程度的主效应显著（$F_{(1,125)}=24.866$，$p=0.000$），测试时间的主效应不显著（$F_{(1,125)}=0.178$，$p=0.674$）。语言背景、测试时间和难易程度的交互作用不显著（$F_{(1,125)}=0.761$，$p=0.385$）。欧美被试的产出时长明显长于汉语母语者。难易程度对欧美被试的产出时长影响显著（$p=0.000$），较难的文章的产出时长明显长于较容易的文章。难易程度对汉语母语者影响不显著（$p=0.494$）。测试时间对欧美被试和汉语母语者的产出时长影响均不显著（$p=0.301$；$p=0.678$），欧美被试无明显进步。

3.2.2 平均语流长度

表6 平均语流长度的平均值 （单位：个）

测试时间	难易程度	欧美被试（Std）	中国人（Std）
第一次测试	易	3.95(2.560)	8.00(0.000)
	难	2.91(1.752)	7.17(3.293)
第二次测试	易	4.24(2.701)	7.17(3.293)
	难	3.10(2.023)	6.82(3.110)

对表6的结果进行三因素方差分析显示，语言背景的主效应显著（$F_{(1,2883)}=1115.323$，$p=0.000$），难易程度的主效应显著（$F_{(1,2883)}=98.470$；$p=0.000$），测试时间的主效应不显著（$F_{(1,2883)}=0.074$，$p=0.786$）。语言背景、测试时间和难易程度的交互作用显著（$F_{(1,2883)}=11.216$，$p=0.001$）。欧美被试的平均语流长度明显短于汉语母语者。简单效应检验结果显示，难易程度对欧美被试的平均语流长度影响显著（$p=0.000$），较难文章的平均语流长度明显短于较容易的文章。难易程度对汉语母语者的平均语流长度

影响不显著($p=0.237$),测试时间对欧美被试的平均语流长度影响显著($p=0.046$),第二次测试的平均语流长度明显长于第一次测试的,有明显进步。测试时间对汉语母语者的平均语流长度影响不显著($p=0.102$)。

3.2.3 无声停顿频率

表7 无声停顿频率的平均值 (单位:个)

测试时间	难易程度	欧美被试 (Std)	中国人(Std)
第一次测试	易	22.65(7.713)	9.07(1.072)
	难	40.47(15.314)	13.71(1.139)
第二次测试	易	24.00(10.250)	12.93(2.464)
	难	35.94(12.918)	13.29(2.091)

对表7无声停顿频率的结果进行三因素方差分析显示,语言背景的主效应显著($F_{(1,125)}=132.505$, $p=0.000$),难易程度的主效应显著($F_{(1,125)}=29.201$, $p=0.000$),测试时间的主效应不显著($F_{(1,125)}=0.002$, $p=0.968$)。语言背景、测试时间和难易程度的交互作用不显著($F_{(1,125)}=0.061$, $p=0.805$)。欧美被试的无声停顿频率明显高于汉语母语者。难易程度对欧美被试的无声停顿频率影响显著($p=0.000$),较难文章的无声停顿频率明显高于较容易的文章。难易程度对汉语母语者的无声停顿频率影响不显著($p=0.480$)。测试时间对欧美被试和汉语母语者的无声停顿频率影响不显著($p=0.056$; $p=0.628$),欧美被试无明显进步。

3.2.4 无声停顿时长

表8 无声停顿时长的平均值 (单位:s)

测试时间	难易程度	欧美被试 (Std)	中国人(Std)
第一次测试	易	0.562(0.34)	0.469(0.204)
	难	0.679(0.886)	0.424(0.188)
第二次测试	易	0.567(0.457)	0.43(0.308)
	难	0.572(0.454)	0.400(0.216)

对表8无声停顿时长的结果进行三因素方差分析显示,语言背景的主效应显著($F_{(1,2832)}=43.933$, $p=0.000$),难易程度的主效应不显著($F_{(1,2832)}=0.225$, $p=0.635$),测试时间的主效应不显著($F_{(1,2832)}=2.795$, $p=0.095$)。语言背景、测试时间和难易程度的交互作用不显著($F_{(1,2832)}=1.691$, $p=0.194$)。欧美被试的无声停顿时长明显长于汉语母语者。难易程度对欧美被试和汉语母语者的无声停顿时长影响不显著

(p=0.344;p=0.121)。测试时间对欧美被试和汉语母语者的无声停顿时长影响不显著(p=0.273;p=0.263),欧美被试无明显进步。

3.2.5 充实停顿频率

表9 充实停顿频率的平均值 (单位:个)

测试时间	难易程度	欧美被试(Std)	中国人(Std)
第一次测试	易	4.65(3.999)	0.00(0.00)
	难	7.82(7.609)	0.00(0.00)
第二次测试	易	5.22(8.862)	0.00(0.00)
	难	6.61(10.042)	0.071(0.267)

对表9充实停顿频率的结果进行三因素方差分析显示,语言背景的主效应显著($F_{(1,125)}$=31.820,p=0.000),难易程度的主效应不显著($F_{(1,125)}$=1.165,p=0.283),测试时间的主效应不显著($F_{(1,125)}$=0.017,p=0.895)。语言背景、测试时间和难易程度的交互作用不显著($F_{(1,125)}$=0.187,p=0.666)。欧美被试的充实停顿频率明显高于汉语母语者。难易程度对欧美被试和汉语母语者的充实停顿频率影响不显著(p=0.548;p=0.987)。测试时间对欧美被试和汉语母语者的充实停顿频率影响不显著(p=0.298;p=0.987),欧美被试无明显进步。

3.2.6 充实停顿时长

表10 充实停顿时长的平均值 (单位:s)

测试时间	难易程度	欧美被试(Std)	中国人(Std)
第一次测试	易	0.461(0.22)	0.00(0.00)
	难	0.47(0.260)	0.00(0.00)
第二次测试	易	0.468(0.371)	0.00(0.00)
	难	0.508(0.318)	0.009(0.033)

对表10充实停顿时长的结果进行三因素方差分析显示,语言背景的主效应显著($F_{(1,483)}$=140.336,p=0.000),难易程度的主效应不显著($F_{(1,483)}$=0.130,p=0.719),测试时间的主效应不显著($F_{(1,483)}$=0.113,p=0.737)。语言背景、测试时间和难易程度的交互作用不显著($F_{(1,483)}$=0.020,p=0.888)。欧美被试的充实停顿时长明显长于汉语母语者。难易程度对欧美被试和汉语母语者的充实停顿时长影响不显著(p=0.460;p=0.970)。测试时间对欧美被试和汉语母语者的充实停顿时长影响不显著(p=0.081;p=0.970),欧美被试无明显进步。

3.2.7 纠正

表 11 纠正频率的平均值 (单位:个)

测试时间	难易程度	欧美被试 (Std)	中国人(Std)
第一次测试	易	0.94(0.748)	0.00(0.00)
	难	2.06(2.304)	0.21(0.426)
第二次测试	易	1.78(3.574)	0.07(0.267)
	难	2.11(1.605)	0.29(0.726)

对表 11 纠正频率的结果进行三因素方差分析显示,语言背景的主效应显著($F_{(1,125)}=25.085$,$p=0.000$),难易程度的主效应不显著($F_{(1,125)}=2.220$,$p=0.139$),测试时间的主效应不显著($F_{(1,125)}=0.669$,$p=0.415$)。语言背景、测试时间和难易程度的交互作用不显著($F_{(1,125)}=0.387$,$p=0.535$)。欧美被试的纠正频率明显高于汉语母语者。难易程度对欧美被试和汉语母语者的纠正频率影响不显著($p=0.724$;$p=0.656$)。测试时间对欧美被试和汉语母语者的纠正频率影响不显著($p=0.820$;$p=0.882$),欧美被试无明显进步。

3.2.8 重复

表 12 重复频率的平均值 (单位:个)

测试时间	难易程度	欧美被试 (Std)	中国人(Std)
第一次测试	易	1.94(1.983)	0.07(0.267)
	难	3.82(3.695)	0.00(0.000)
第二次测试	易	1.72(2.421)	0.07(0.267)
	难	3.17(3.698)	0.14(0.363)

对表 12 重复频率的结果进行三因素方差分析显示,语言背景的主效应显著($F_{(1,125)}=39.953$,$p=0.000$),难易程度的主效应显著($F_{(1,125)}=4.114$,$p=0.045$),测试时间的主效应不显著($F_{(1,125)}=0.200$,$p=0.656$)。语言背景、测试时间和难易程度的交互作用不显著($F_{(1,125)}=0.125$,$p=0.724$)。欧美被试的重复频率明显高于汉语母语者。难易程度对欧美被试的重复频率影响显著($p=0.045$),较难文章的重复频率明显高于较容易的文章。难易程度对汉语母语者的重复频率影响不显著($p=1.000$),测试时间对欧美被试和汉语母语者的重复频率影响不显著($p=0.102$;$p=0.927$),欧美被试无明显进步。

3.3 朗读准确度和流利度的相互作用

通过统计朗读准确度和流利度之间的 Pearson 相关系数来分析准确度和流利度的

相互作用(表 13)。

表 13 准确度和流利度的相关系数

准确度	流利度							
	产出时长	平均语流长度	无声停顿频率	无声停顿时长	充实停顿频率	充实停顿时长	纠正	重复
声母错误	−0.219	0.067	−0.138	−0.204	−0.198	−0.070	−0.025	−0.092
韵母错误	0.347**	−0.114	0.439**	−0.170	0.173	0.028	0.267*	0.336**
声调错误	0.320**	0.056	0.347**	0.182	0.192	−0.057	0.084	0.257*
错读频次	0.551**	−0.149	0.552**	0.234	0.499**	0.153	0.477**	0.570**

(** 表示强相关,* 表示相关。)

通过表 13 可以看出,声母错误频次和八项流利度特征都无显著相关性;韵母错误频次跟产出时长、无声停顿频率和重复频率呈强正相关,跟纠正频率成正相关,跟其他流利度特征无显著相关;声调错误频次跟产出时长、无声停顿频率呈强正相关,跟重复频率呈正相关,跟其他流利度特征无显著相关;错读频次和产出时长、无声停顿频率、充实停顿频率、纠正频次和重复频次呈强正相关,跟其他流利度特征无显著相关。

四 讨论

通过对上述结果的分析,我们发现欧美被试的朗读准确度和流利度有各自的发展特点,它们之间存在着一定的相关性。难易程度和测试时间两个因素对朗读准确度和流利度特征的影响是不同的。

4.1 朗读准确度的发展

从语言背景因素来看,欧美被试两次测试的声母错误频次、韵母错误频次、声调错误频次和错读频次明显高于汉语母语者,这表明,初级汉语水平欧美被试的朗读准确度未达到汉语母语者水平。

从难易程度因素来看,朗读文本的难易程度对欧美被试的韵母错误频次和错读频次的影响显著,较难文章的韵母错误和错读频次高于较容易的文章。难易程度对汉语母语者的朗读准确度无显著影响。这表明言语任务的词汇难度以及任务的熟悉程度对韵母和汉字识别准确度的影响较大,对声母和声调准确度的影响较小。

从测试时间因素来看,测试时间对欧美被试声母、韵母、声调错误和错读频次的影响不显著，这说明学习者经过三个月的学习，在朗读准确度上无显著进步，这意味着朗读准确度需要更长的学习时间才能有显著提高。有意思的是，测试时间对汉语母语者声母、声调和汉字识别准确度没有显著影响，但是对韵母准确度影响显著，第二次测试的韵母错误(错误频次为零)明显少于第一次(错误平均值为 0.7 和 0.5)。这表明汉语母语者在第二次测试时对朗读文本投入了更多关注，所以第二次朗读时没有任何韵母错误。

通过对欧美被试四种错误类型的比较分析，我们发现：第一次测试时四种错误的排序是“声调＞声母/韵母＞错读”。第二次测试时四种错误的排序是“声调＞声母/韵母/错读”。这表明不同朗读准确度特征的发展程度是不均衡的：汉字识别准确度发展得最快最好，其次是声母和韵母准确度，声调准确度发展得较慢较差。这些研究结果给予汉语教学的启示是，汉语教师要重视语音教学，尤其是声调教学。教师应该将声调教学作为初级汉语教学的重点，作为日常课堂教学一个必不可少的部分。由于教材设计以及课堂教学的局限，目前的汉语语音教学阶段时间太短，一般是两周左右。在语音教学阶段结束后，汉语教师大多不再进行声调教学练习。这就造成了汉语学习者在声调产出方面的短板问题。所以汉语声调教学要贯穿整个初级汉语教学阶段的始终。

4.2 朗读流利度的发展

从语言背景因素来看，欧美被试在产出时长、无声停顿、充实停顿时长上明显长于汉语母语者，在平均语流长度上明显短于汉语母语者，在无声停顿、充实停顿、纠正和重复频率上明显高于汉语母语者，这表明初级汉语水平欧美被试的朗读流利度没有达到汉语母语者水平。

从难易程度因素来看，难易程度对欧美被试的产出时长、平均语流长度、无声停顿频率和重复频率这四项特征影响显著。表现在：较难的文章在产出时长上长于容易的文章，在平均语流长度上短于容易的文章，在无声停顿频率上多于容易的文章，在重复频率上多于容易的文章。而难易程度对欧美的无声停顿时长、充实停顿频率、充实停顿时长和纠正频率这四项特征都没有影响。难易程度对中国人的朗读流利度的影响均不显著。这些现象说明，汉语作为第二语言的学习者朗读的语速、平均语流长度、无声停顿频率、重复频率这些特征对言语任务的词汇难度以及任务的熟悉程度比较敏感，而无声停顿时长、充实停顿频率、充实停顿时长和纠正频率对词汇难度和言语熟悉度则不太敏感。这表明，教师应该在朗读教学中区分不同任务的难度，在汉语教学初级阶段就可以进行不同难度的朗读练习，使汉语学习者可以有机会产出难度水平不同的言语，从而提高学习者的言语流利度。

从测试时间因素来看，测试时间对欧美被试的平均语流长度影响显著，第二次测试跟第一次测试相比，平均语流长度增加显著。测试时间对欧美被试的其他流利度特征的影响均不显著。测试时间对中国人朗读流利度的影响均不显著。这些现象说明，平均语流长度这项流利度特征受到了学习者最大的关注，随着学习时间的增加发展得最快，而其他流利度特征并没有随着时间有明显进步。欧美被试在产出时长、无声停顿频率、无声停顿时长、充实停顿频率、充实停顿时长、纠正和重复频率上均没有显著进步或者退步，表明这些流利度特征的抗变化性(robust)比较强，可能需要更长的汉语学习时间才能看出这些特征的变化。另外这也表明，教师在朗读教学中应该多关注这些流利度特征的教学，使学生能更好地控制这些特征。

4.3　准确度和流利度之间的相互作用

研究结果显示，声母错误频次和八项流利度特征均无显著相关性；韵母错误频次跟产出时长、无声停顿频率和重复频率呈强正相关，跟纠正频率呈正相关，跟其他流利度特征无相关性；声调错误频次跟产出时长、无声停顿频率呈强正相关，跟重复频率呈正相关，跟其他流利度特征无相关性；汉字识别错误和产出时长、无声停顿频率、充实停顿频率、纠正频次和重复频次呈强正相关，跟其他流利度特征无相关性。上述结果显示，汉字识别准确度跟五项流利度特征呈强相关，声调和韵母准确度跟三项朗读流利度特征相关，声母准确度和朗读流利度特征无显著相关性。这表明汉字识别准确度和朗读流利度的相关性最高，其次是声调准确度和韵母准确度，声母跟朗读流利度特征的相关程度最低。这说明，朗读准确度和流利度之间存在着一定的相关性。语速越慢、无声停顿、充实停顿、纠正和重复频率越高，朗读错误也就越多。但是不同的朗读准确度特征跟流利度特征的相关程度是不同的，它们之间不是一个简单的线性关系。

五　小结

本研究考察了初级汉语水平的欧美留学生汉语朗读准确度和流利度的表现，探讨了难易程度和测试时间因素对汉语朗读准确度特征和流利度特征的影响，并分析了汉语朗读准确度和流利度之间的相互关系。研究得出了以下结论：

第一，准确度和流利度特征二者的发展是非线性的。学习者经过三个月的学习，在朗读准确度上无显著进步，也无显著退步。准确度内部特征的发展是不平衡的，语流里的声调准确度发展得最慢最差，汉字识别准确度发展得最快最好。从朗读流利度特征来看，学习者的平均语流长度进步显著，但是其他流利度特征都无显著变化。

第二，较难的言语任务会导致朗读准确度和流利度的降低，但是言语任务的难易程度对不同的朗读准确度和流利度特征的影响是不同的。具体表现在，难易程度对韵母准确度和汉字识别准确度影响显著，对声母准确度和声调准确度无显著影响。难易程度对流利度特征里的产出时长、平均语流长度、无声停顿频率和重复频率四项特征影响显著，对无声停顿时长、充实停顿特征和纠正频率影响不显著。

第三，朗读准确度和流利度之间存在着一定的相互作用，可以说朗读准确度越高，流利度可能越高。这在一定程度上证实了 Robinson(2001、2003)的认知假说。学习者可以同时通达多种非竞争注意资源，准确度和流利度也可以同时改进。本文研究的是朗读准确度和流利度，由于学习者没有在线产出的压力，所以可以同时关注准确度和流利度，造成了二者之间的正相关关系。但是不同的准确度特征和不同的流利度特征之间的相关程度是不同的，表现在汉字识别准确度和朗读流利度的相关性最高，其次是声调准确度和韵母准确度，声母准确度跟朗读流利度特征的相关程度最低。这意味着学习者进行朗读的时候，虽然可以同时关注准确度和流利度，但是由于准确度和流利度是由诸多特征构成的，初级阶段的学习者不可能把注意资源同时投入在所有特征上，故存在着顾此失彼的可能性。

通过研究朗读准确度和流利度的发展及其之间的相互关系，可以为对外汉语课堂教学提出一些建议。由于声调准确度在朗读准确度里的分量最重，所以教材编写者和汉语教师可以适当调整教材和课堂教学的重点，将声调教学贯穿整个初级阶段汉语教学的始终，从而提高学习者语流里的声调准确度。准确度和流利度之间的相关关系表明，汉语教师在进行汉语口语朗读教学时，不仅要强调准确度，而且也要强调朗读的流利度。教师还要关注学习者的朗读准确度特征和流利度特征的发展是不同的，在不同的学习阶段要适当调整教学重点，以全面提高学习者朗读的准确度和流利度，从而提高汉语口语产出的准确度和流利度。

参考文献

谭利思（2006）不同口语任务、不同准备条件对口语流利度、准确度和复杂度的影响，《南京财经大学学报》第 6 期。

易保树、罗少茜（2012）工作记忆容量对二语学习者书面语产出的影响，《外语教学与研究》第 4 期。

袁玉琳（2012）任务复杂度对于二语口语产出流利度、复杂度、准确度的影响，重庆大学硕士论文。

甄凤超（2009）语块与外语口语流利度、准确性及恰当性的相关研究——基于 COLSEC 语料库的实证研究，《中国外语教育》第 4 期。

Brumfit, C. J. (1984) *Communicative Methodology in Language Teaching*. Cambridge University Press.

Bygate, M. (1999) Quality of language and purpose of task: Patterns of learners language on two oral communication tasks. *Language Teaching Research*, 3：185－214.

Ellis, R. (1994) A theory of instructed second language acquisition. In Ellis, N. (ed.), *Implicit and Explicit Learning of Language*. London: Academic Press.

Ellis, R. (2003) *Task-based Language Learning and Teaching*. Oxford University Press.

Ellis, R. (2009) The Differential Effects of Three Types of Task Planning on the Fluency, Complexity and Accuracy in Second Language Oral Production. *Applied Linguistics* 30/4, doi:10.1093/applin/amp042.

Lennon, P. (1990) Investigating fluency in EFL: A quantative approach. *Language Learning*, 40：387－417.

Robinson, P. (2001) Task complexity, task difficulty, and task production: Exploring interactions in a componential framework. *Applied Linguistics*, 22：27－57.

Robinson, P. (2003) Attention and memory during SLA. In Doughty, C. and M. Long (eds.), *The Handbook of Second Language Acquisition*. Oxford: Blackwell Publishing.

Skehan, P. (1998) *A Cognitive Approach to Language Learning*. Oxford University Press.

Skehan, P. (2009) Models of speaking and the assessment of second language proficiency. In A. Benati (ed.), *Issues in Second Language Proficiency*. Continuum.

Skehan, P. & P. Foster. (1999) The influence of task structure and processing conditions on narrative retellings. *Language Learning*, 49：93－120.

Tavakoli, P. & P. Skehan. (2005) Planning, task structure, and performance testing. In R. Ellis (ed.), *Planning and Task Performance in a Second Language*. John Benjamins.

Wolfe-Quintero, K, S. Inagaki& H.-Y. Kim. (1998) *Second Language Development in Writing: Measures of Fluency, Accuracy, and Complexity*. Honolulu, HI: University of Hawaii, Second Language Teaching and Curriculum Center.

（陈默　北京　北京语言大学对外汉语研究中心　chenmo9@aliyun.com）

HSK 作文成绩与句子长度、复杂度及语法错误的相关性*

王艺璇

提　要　本文以北京语言大学"HSK 动态作文语料库"中抽取的 90 篇作文为研究样本，借鉴 T 单位测量法，尝试从句子长度、复杂度及语法错误这三个方面考察影响汉语学习者作文成绩的因素。研究表明，作文成绩与以上三者均相关。通过使用 SPSS 统计软件计算出作文成绩与三者的皮尔逊积差相关系数，对其进行比较后，相关性由高到低为：复杂度＞句子长度＞语法错误。文章最后，根据研究结论对写作课程的安排提出了分"两步走"的教学建议。

关键词　作文成绩　句子长度　句子复杂度　语法错误

一　引言

写作是语言技能的重要组成部分，作文成绩被视为量化学习者写作水平和反映写作质量的客观指标，那么，有哪些因素对作文成绩产生影响？这是我们需要关注的问题。

纵观以往研究，以英语作为第二语言的写作研究取得的成果较多，其研究的主要目的是为测量写作水平找到适合的工具。其中，较有影响的是 T 单位（T-unit）测量法。Hunt（1965，1966）首先提出 T 单位这一概念，最初是为了考察儿童英语者其语法复杂性的发展情况，并将之界定为"主句和所有附属结构（含从句和其他非从句附属结构）在内的'最小可终止单位'（minimal terminal unit）"。例如，My sister is a nurse and she works in London. 这个句子以 and 为分界点，分解为两个 T 单位；而 My sister who works in London is a nurse. 则被视为一个 T 单位。此后，许多研究者基于 Hunt 的 T 单位测量法在以英语作为第二语言的研究背景下做了进一步的探索（Scott & Tucker，1974；Larsen-Freeman & Strom，1977；Larsen-Freeman，1978a、1978b、1983；Homburg，1984），发展了 T 单位的研究方法，提出了无误 T 单位、无误 T 单位比重、无误 T

*　写作过程中得到导师张博教授的悉心指导；会议期间先后得到孙德金、冯胜利、崔永华、郭树军、张凯、黄理兵、刘宏诸位先生的宝贵意见。在此深表谢意，文章错谬概由本人负责。

单位平均长度等测量标准。其中集前人所长且较有代表性的当属 Wolfe-Quintero et al.(1998)基于 T 单位测量法,对文本的流利性(fluency)、准确性(accuracy)和复杂性(complexity)进行测量,据此来衡量学习者的语言水平。

在以汉语作为第二语言的写作研究中,Jiang(2013)首次通过使用 T 单位测量法,考察了不同水平的学习者所产出的作文在 T 单位平均长度、无误 T 单位比率、无误 T 单位平均长度方面的差异。其研究结果表明,在三者之中,只有无误 T 单位比率能有效地测量不同阶段学习者的写作水平。文章首次对汉语的 T 单位提出界定标准①,我们将其进行归纳,总结为以下几点:(1)包含一个独立谓语的单句,算作一个 T 单位;(2)含内嵌分句的句子总体算一个 T 单位;(3)由逗号或连接词相连的两个并列分句,如果都有独立谓语,算两个 T 单位。

Jiang 有关使用 T 单位测量法的探索对汉语写作研究起到重要推动作用,同时也促使我们思考:第一,在汉语中,选择哪种语言单位作为观察和统计的基础,以便更好地对写作进行研究?难道一定要比照英语中的切分方法,将汉语中本来表义完整的句子切分成若干语言单位吗?第二,如何借鉴 T 单位测量法的研究视角,发掘影响作文成绩的因素,以便更有效地帮助学习者提高写作成绩?

我们应当看到,他山之石,虽可攻玉,但我们应用治玉之法,而非磨石之技。在借鉴基于其他语言背景下产生的研究方法时,与其生搬硬套,不如"择其善者而从之",即借鉴 T 单位测量法的研究思路,以科学的视角考察影响学习者作文成绩的因素。使用 T 单位测量法的核心问题在于如何确定一个 T 单位。如果将汉语直接套入 T 单位的原有标准中,可能会出现削足适履的情况。因此,我们这里无须纠结于如何将汉语置于这个体系中,而是量体裁衣,从汉语自身特点出发,寻找适合作为统计的单位做进一步研究。朱德熙(1982)指出,句子是"前后都有停顿并且带着一定的句调表示相对完整的意义的语言形式"。在汉语中,一个完整的句子,恰好可以作为观察学习者语言表达的最小单位。因此,我们选择句子作为划分和测量的基本单位。根据汉语句子的结构特点,句子分为单句和复句。研究中,单句和复句都将作为一个有效的单位进行统计和分析。

Lasagabaster & Doiz(2003)认为,"跟那些能力较差的学生相比,能力较强的学生的文章会更长、更复杂也更准确"。即从长度、复杂程度和准确性上将不同水平的作文进行区分。因此,本研究将上述标准细化为句子的长度、复杂度和语法错误,着眼于分析影响作文成绩的具体因素,考察三者与作文成绩的相关性,并通过 SPSS 统计软件计

① 通过电子邮件向作者 Prof. W. Jiang 请教后归纳得出,在此致以谢忱。

算出作文成绩与三者的皮尔逊积差相关系数,找出三者中对作文成绩影响最大的因素,以此为依托,提出关于写作课的教学建议,以便帮助学习者有效提高作文分数。

二 语料的选择

Granger(1998)认为语料选取会直接影响数据的质量。本研究所使用的语料均来自北京语言大学"HSK 动态作文语料库"(以下简称"语料库"),是考生在 HSK(高等)中限时独立完成的作文,较好地反映了学习者的水平,从而保证了研究的客观性。我们按照以下 5 个标准对语料库中 25 个题目①的 11 161 篇作文文本进行筛查:第一,选择语料库中拥有较多语料的作文题目作为研究对象。第二,选择在不同分数段中都有充足的文本可供分析的题目。同时,进入本文研究范围内的作文,在成绩上须呈正态分布。第三,以往研究表明,文本的体裁会对研究结果产生影响,因此,本文选择不同体裁的作文作为研究的基础性材料。第四,我们尽量选择由不同母语背景的学习者所产出的作文,避免因母语背景的差异而影响研究的信度。第五,排除因文不对题而影响分数的作文,以免对分析产生误导。

根据上述标准,我们对语料库中的 25 个题目的相关作文进行筛查,统计了每个作文题目下的总篇数及不同分数段中的作文篇数,以便客观地选择研究材料。以《记对我影响最大的一个人》这一题目下的作文为例,虽然篇数较多,共 703 篇语料,但其分数为 95 分的作文过多,达到 110 篇;而其分数小于 50 分的作文数量过少,只有 3 篇。数量分布不合理,且该话题较为常见,学习者在考试前可能对相关话题有所准备,不能反映出学习者的真实水平,故不在我们考察的范围之内。

本文选取议论文和应用文两种体裁的作文进行考察。研究中根据作文分数将语料分为三组(语料库中的作文分数基本以 5 分为一个间隔):成绩为 95 分、90 分和 85 分的作文为高分组;成绩为 75 分、70 分和 65 分的作文为中分组;成绩为 55 分、50 分和 45 分为低分组。在每个分数下抽取 5 篇语料,每个分数组抽取 30 篇;这样,在三个分数组下一共抽取 90 篇语料。

我们选择议论文《如何看待"安乐死"》和应用文《一封求职信》②两种体裁的作文进

---

① 我们以作文题目为统计项,即无论该题目的作文在不同年份考试中出现过多少次,都将其归入同一个题目下。例如《一封求职信》这一作文题目出现在 1992 年、1993 年、1994 年、1995 年和 2005 年,我们将之作为一个作文题目进行数量统计。

② 在语料库中,应用文体裁的作文共 2 篇,除《一封求职信》外,还有《一封写给父母的信》,其总篇数虽然较多(694 篇),但没有 50 分以下的,其分布不利于我们的研究。因此,本文选用《一封求职信》作为研究对象。

行考察。在语料库中《如何看待“安乐死”》共有 707 篇,《一封求职信》共有 592 篇。二者在相应分数下都有充足的语料,数量分布合理,均呈现正态分布。同时,所选作文共涉及 27 个国家的学习者。

三 HSK 作文成绩与句子长度的相关性

句子长度指句子中词语的数量,即每个句子是由多少个词组成。在研究中,无论是正确还是错误的词,都将计入句子的长度。我们通过统计各分数组的总词数①和总句数,计算出作文的平均词数及句子的平均长度,考察 HSK 作文成绩与句子长度的相关性。表 1 是三个分数组在总词数、平均词数及句子的平均长度上的统计结果。

表 1 各分数组中作文的总词数、平均词数及句子的平均长度

	高分组	中分组	低分组
总词数	8 349	7 146	4 932
作文的平均词数	278.3	238.2	164.4
句子的平均长度	22.6	18.7	15.2

统计结果显示,作文成绩与作文的平均词数及句子的平均长度成正比,说明作文成绩受到句子长度的影响。作文成绩高的学习者,相应的作文平均词数和句子平均长度都高于成绩较低的学习者。同时,我们观察发现,三个分数组之间在总词数、平均词数和句子平均长度上的差值并不均匀:首先,在总词数和平均词数上,中、低两组之间的差值较高、中两组之间的数量差高出了近一倍。这可能是由于中分组和低分组的学习者掌握的词语数量较少,影响了词语产出数量。其次,在句子平均长度上,中、低两组之间的差距低于高、中两组之间的差距,我们认为这可能是由于高分组的学习者在表述时倾向使用复句而非单句,使得高、中两组之间的差距大于中、低两组之间的差距。

四 HSK 作文成绩与句子复杂度的相关性

Wolfe-Quintero et al. (1998)认为复杂度可通过词汇使用和句法应用两方面得到呈现。本节仅针对句法上的复杂性进行研究。在 T 单位测量法中,研究者通过计算作

① 我们根据语料库对每篇作文词数的标注,对词总数做进一步的统计。

文中从句与句子数的比值或句子数与 T 单位的比值来判断文本的复杂与否。在本节中,我们尝试通过统计作文中复句的使用情况来观察文本的复杂度。

关于复句的界定,主要依据邢福义(2001)有关复句的研究结论,统计时参照其所拟定的标准:“凡是复句都一定是多核句,它由两个或几个分句所组成,包含两个或几个结构核,每个分句都是‘含核单位’。”同时,邢先生认为,典型的复句还要有三个附加条件:一是核同质;二是有核距;三是无共同包核层。如“安乐死不但在中国引起广泛讨论,而且亦是近期国际医药界、法律界极关注的问题”为复句中的递进句,句中不仅使用了递进句的典型点标记“不但……而且……”,而且也符合邢先生关于典型复句的三个标准。根据以上标准,我们对研究样本做了单句及复句的数量统计。

表 2 三个分数组的总句数、单句及复句所占比例

	高分组	中分组	低分组
总句数(句)	369	382	325
单句所占百分比(%)	45.41	60.94	79.69
复句所占百分比(%)	54.59	39.06	20.31

根据表 2 统计显示,作文成绩与单句数呈负相关而与复句数呈正相关,相邻分数组间的数值差距较为明显,学习者使用复句的数量影响了其作文成绩,即作文成绩受到复杂度的影响。值得注意的是,在总句数这一项中,中分组的总句数要高于其他两组。参考表 1 中单句和复句所占比例,我们发现,中分组在词语产出的数量上低于高分组,而在句子的总数上高于高分组。结合其单复句使用比例,可以推断,中分组的学习者对于复句的掌握情况并不理想,而且可能采取了回避策略,尽量使用简单且较有把握的单句进行表达,避开了复句的使用。因此,中分组中的句子总数虽然最多,但并不复杂。

五 HSK 作文成绩与语法错误的相关性

在有关 T 单位测量法的研究中,多数研究者将无误 T 单位数量作为衡量写作水平的重要指标,但无误 T 单位的标准却十分庞杂,其中不仅包括无词汇、语法错误,还包括无篇章及符号错误。如此一来,我们虽然可以通过考察无误 T 单位的数量及其在全篇中所占的比例来测量学习者的写作水平,但并不能准确地揭示影响作文成绩的具体因素,无法帮助学习者提高作文成绩。因此,本节主要以语法错误为考察对象,通过对作文中不同类型的语法错误进行分类统计,考察作文成绩与语法错误的相关性,并尝试

找出对作文成绩产生重要影响的语法类型。

这里所说的错误是一种中介语现象，包括学习者的失误和偏误①。本文统计的语法错误主要包括虚词及句法错误。对于语法错误的界定，我们主要依照语料库中所标识出的错误进行分类统计；同时，根据我们的研究目的，在统计中对语法错误的所辖范围进行一定调整，即对语料库标注的“词处理”部分做进一步细化分类。语料库中将由于介词、方位词等的缺失或多余造成的错误，助词的错用、多用、漏用，词性误用以及结构助词“的”“地”“得”混用等虚词错误与名词、动词等实词错误放在一起以“词错误”的方式进行处理。由于虚词主要承担语法功能，因此我们将虚词错误从“词错误”中剥离出来，将之作为语法错误中的一类进行进一步统计。

在“句处理”方面②，我们依照语料库中原有的标注进行分项统计，分为“把”字句错误、“比”字句错误、“连”字句错误、“被”字句错误、“有”字句错误、“是”字句错误、“是……的”句错误、连动句错误、兼语句错误、存现句错误、双宾语句错误、形容词谓语句错误、句子成分残缺、句子成分多余、语序错误、句式杂糅、固定格式错误以及未完句。例如，包含“把”字句错误的句子：“＊把公司建立起从一个十个员工的公司，到今天有二百个员工的公司。”包含“被”字句错误的句子：“＊我认为，她追求的是出名而已，这样的话，她的行为肯定不能理解的。”包含“连”字句错误的句子：“＊他还是活人，但与死人一样，那些人还活着，这个事实本身给他十张嘴都不能形容的痛苦，当然所谓‘生命’是没有更重要的，更有尊严的，可是倘若他没有希望活下去，不如帮助他早死。”在语料库有关错误的标注中，还包括篇章错误，且其中包含关联词使用不当等产生的错误，但由于篇章错误中还包括有关语义不当等错误，所以不纳入本文考察范围。

我们首先对各分数组内的错误总量和每篇作文的语法错误数量均值进行统计，详见表3。

表3 三个分数组的错误总量及均值

	高分组	中分组	低分组
错误总量	97	110	138
错误数量均值	5.11	5.79	7.26

统计显示，作文成绩与语法错误总量及均值成反比，即作文成绩越高，错误越少。

① 在当前的研究中我们无法根据语料将学习者出现的错误直接判定为失误或偏误，故本研究统称为错误。

② 在语料库的标注中，将“重叠错误”归入“句处理”部分。我们认为，由于语料库中“重叠错误”主要是指词语的重叠，故不列入统计中。

说明作文成绩受语法错误的影响。同时,我们发现中、低分组间的差值大于中、高分组之间的差值,前者较后者高出一倍多,这一差距远远大于三个分数组在句子长度和复杂度上的差距,说明在这三个因素中,语法错误可能是影响低分组作文的主要原因。

语法错误种类繁多,到底哪类语法错误影响作文成绩?我们通过对不同语法错误进行归类及分项统计后,进行进一步研究。我们首先将语法错误归为三大类,即虚词错误、句式错误以及有关句子结构的错误。其中,句式错误包括"把"字句、"被"字句、"比"字句、"有"字句、"是"字句、"是……的"句、兼语句以及形容词谓语句,由于在统计中未发现学习者因使用"连"字句、存现句、连动句和双宾语句等句式出现的错误,故在统计表中不予呈现。句子结构上的错误包括成分残缺、成分多余、语序、句式杂糅和未完句,统计情况详见表 4。

表 4 三个分数组中语法错误数量及其比重

		高分组		中分组		低分组	
		数量	比重(%)	数量	比重(%)	数量	比重(%)
虚词		47	48.45	38	34.54	47	34.06
句式错误	"把"字句	1	1.03	0	0	1	0.72
	"被"字句	1	1.03	0	0	0	0
	"比"字句	0	0	0	0	1	0.72
	"有"字句	1	1.03	0	0	2	1.45
	"是"字句	5	5.16	4	3.63	6	4.35
	"是……的"句	6	6.19	4	3.63	3	2.17
	兼语句	0	0	1	0.91	2	1.45
	形容词谓语句	0	0	0	0	1	0.72
句子结构错误	成分残缺	17	17.53	25	22.73	34	24.64
	成分多余	9	9.28	10	9.10	14	10.15
	语序	10	10.30	22	20.00	17	12.32
	句式杂糅	0	0	3	2.73	1	0.72
	未完句	0	0	3	2.73	9	6.53

据表 4,有关句子结构上的错误是影响学习者作文成绩的主要语法原因,其中以成分残缺、成分多余和语序问题最为凸显,说明这三者对作文成绩产生重要影响。

与此同时,有三个问题值得注意:

第一,虚词错误高居不下。在三个分数组中都存在大量的虚词错误,虚词错误与成绩成正比,即分数越高虚词错误比重越大。我们认为产生此种现象的原因主要有两个:(1)虚词本身较难习得,从表 4 可以看到,像句式杂糅、兼语句、未完句这样的错误在高分组已无误例，且中分组的错误数量少于低分组，可以推测中高水平的学习者已较好地掌握了这些语法点。但虚词难度较大，尽管高分组总体水平最高，但虚词错误依然较多。(2)我们通过之前的统计可知，高分组作文中产出的词语数量最多、句子平均长度最长，而句子的正确产出需要学习者使用恰当的语法手段辅助完成，汉语的主要语法手段之一就是虚词，所以句子越长所使用的虚词越多，由此可能产生的虚词错误就越多。

第二，中分组中由语序不当产生的语法错误较为凸显，在三个分数组中比重最高。从所选文本来看，由于低分组中句子的结构较为简单，学习者为求准确，尽量使用单句进行表达，而中分组的学习者由于有一定的语法积累，所以与低分组相比，在造句过程中，倾向于使用结构较为复杂的或较长的句子进行表达。汉语的另一主要语法手段是语序，由于中分组中的学习者其语言水平与表达愿望之间有一定差距，所以除了出现大量的虚词错误外，该组的语序错误也十分突出。

第三，有些语法项目，例如"把"字句、"被"字句、"比"字句等，由于受使用环境所限，加之学习者采取回避策略，使得其错误数量与作文成绩的相关性并不凸显。

综上，三个分数组在错误总量、均值以及语法错误的分类统计显示，作文成绩与语法错误的多寡相关，在语法错误中，句子结构类错误与成绩的相关性最大，而成分残缺、成分多余和语序错误这三项在该类中最为凸显，对作文成绩影响较大。

六　余论

通过对《如何看待"安乐死"》和《一封求职信》两个题目的90篇作文在句子长度、复杂度和语法错误三个方面上进行考察，我们发现这三者对HSK作文成绩均产生影响并可作为观察写作水平的三个视角。

那么，究竟哪个因素与作文成绩最为相关？我们通过使用SPSS统计软件计算皮尔逊积差相关系数，进而比较作文成绩与句子长度、复杂度及语法错误这三者之间的相关性，具体见表5。

表5　作文成绩与句子长度、复杂度及语法错误的相关性(N=90)

	句子长度	复杂度		语法错误	
		单句数	复句数	包含虚词错误	不包含虚词错误
作文成绩	0.615** 0.000	−0.286** 0.006	0.676 0.000	−0.208 0.049	−0.287 0.006

(** 是指在0.01水平(双侧)上显著相关；* 是指在0.05水平(双侧)上显著相关。)

表 5 显示出作文成绩与三者的相关性由高到低分别为：复杂度＞句子长度＞语法错误。皮尔逊积差相关系数具体描述如下：首先，作文成绩与复杂度即复句数的相关性最大（$r=0.676$，$p<0.01$），即在三者之中，作文成绩受到复杂度的影响最大；单句数与作文成绩呈负相关（$r=-0.286$，$p=0.006<0.01$），说明与复句的使用相比，学习者在作文中使用单句进行表达的比重越少，成绩越高。其次，作文成绩与句子长度也有较高相关（$r=0.615$，$p<0.01$），即句子越长，作文分数越高。最后，在三者之中，作文成绩与语法错误的相关性最低，通过之前的统计，我们发现虚词错误一直高居不下，且比例较大，基于其特殊性，我们在计算皮尔逊积差相关系数时，根据是否包含虚词错误而将语法错误分为两组，分别计算其与作文成绩的相关系数，统计表明，作文成绩与不含虚词错误的相关性（$r=-0.287$，$p=0.006<0.01$）要高于包含虚词错误（$r=-0.208$，$p=0.049<0.05$）的相关性（$|-0.287|>|-0.208|$），说明虚词错误虽然数量较多，比例较大，但对成绩的影响并不显著；而排除虚词错误后，成绩与语法错误的相关性达到显著水平。

综合上述研究，我们认为，在汉语作为第二语言的写作训练中，大体可通过“两步走”的教学安排对学习者的写作能力加以训练，即从“关注复杂度和句子的长度”到“关注表达的正确性”，具体如下：

首先，关注学生作文的复杂度和句子长度，鼓励学生多用复句和长句进行表达。在学生完成作文初稿后，让学生将自己作文中可以合并为复句和长句的单句进行整合。或将学生分为小组，组内交换批改。在完成修改后，标出作文中原有的和经过整合修改后的复句及长度较长的句子数量。最后由教师批改，确定其所使用的数量。通过此方法，加强学生使用复句和长句的意识，使其在日后的写作中，有意识地对语言进行整合，产出复杂度和长度较高的句子。同时，可使用王初明等（2000）提出的“写长法”，即无字数要求，越多越好，鼓励学生在文中加入合乎主题的新信息，促进学生的语言输出。

其次，关注学习者表达的正确性。由于作文成绩与句子结构上的错误相关性较高，特别是成分残缺、成分多余和语序错误这三个方面，因此在教学中，教师应对这三方面加以强调，使教学活动更有针对性。同时，由于虚词错误对作文成绩的影响较为有限，因此教师可对此类错误适当宽容，而不是逢错必纠，以免影响学生写作的积极性和学习兴趣。

以上是我们通过考察 HSK 作文成绩与句子长度、复杂度及语法错误的相关性所得出的一些粗浅的认识，希望对今后汉语作为第二语言的写作教学有所帮助。

参考文献

王初明、牛瑞英、郑小湘（2000）以写促学——一项英语写作教学改革的试验，《外语教学与研究》第3期。

邢福义（2001）《汉语复句研究》，北京：商务印书馆。

朱德熙（1982）《语法讲义》，北京：商务印书馆。

David Lasagabaster & Aintzane Doiz（2003）Maturational constraints on foreign language written production. In M. P. García Mayo and M. L. GarcíaLecumberri（eds.），*Age and the Acquisition of English as a Foreign Language*，136－160. Clevedon：Multilingual Matters.

Diane Larsen-Freeman & Virginia Strom（1977）The construction of a second language acquisition index of development. *Language Learning*，27：123－134.

Diane Larsen-Freeman（1978a）An ESL Index of development. *TESOL Quarterly*，12：439－448.

Diane Larsen-Freeman（1978b）Evidence of the need for a second language acquisition index of development. In W. C. Ritchie（ed.），*Second Language Acquisition Research*：*Issues and Implications*. New York，NY：Academic Press.

Diane Larsen-Freeman（1983）Assessing global second language proficiency. In H. W. Seliger and M. H. Long（eds.），*Classroom Oriented Research in Second Language Acquisition*，287－304. New York，NY：Newbury House Publishers.

Granger &Sylviane（1998）The computer learner corpus：A versatile new source of data for SLA research. In Sylviane Granger（ed.），*Learner English on Computer*，3－18. New York，NY：Addison Wesley Longman inc.

Homburg & Taco Justus（1984）Holistic evaluation of ESL compositions：Can it be validated objectively?. *TESOL Quarterly*，18：87－107.

Jiang Wenying（2013）Measurements of development in L2 written production：The case of L2 Chinese. *Applied Linguistic*，34：1－24.

Hunt，K. W.（1965）Grammatical structures written at three grade levels. *NCTE Research Report*，No. 3. Urbana，IL：The National Council of Teachers of English. Print.

Hunt，K. W.（1966）Recent measures in syntactic development. *Elementary English*，43：732－739.

Wolfe-Quintero，K.，Inagaki S. & Kim，H. Y.（1998）*Second Language Development in Writing*：*Measures of Fluency*，*Accuracy and Complexity*. Second Language Teaching & Curriculum Center，University of Hawaii at Manoa.

Margaret Sue Scott & Richard Tucker（1974）Error analysis and English－language strategies of Arab students. *Language Learning* 24：69－97.

（王艺璇　北京　北京语言大学　eiwangyixuan@163.com）

从日本汉语教育反思对外汉语教育问题

郭春贵

提　要　本文通过分析日本汉语教学目的、教学效果、教师等问题来反思对外汉语教育问题。近几年日本学习汉语人数剧减，不仅是中日关系恶化的因素造成的，而且汉语教学目的不符合学习者的需求，以及汉语教育界重研究轻教学的风气所造成的教学与研究脱节、教师缺乏热情等现象都是造成学习者剧减的原因。这些问题不只存在于日本汉语教育界，也存在于其他国家以及中国国内的对外汉语教学界。在客观体制问题无从解决的情况下，唯一能起作用的还是教师本身。本文提出，教师只有实现专业化和人性化，教学质量才能提高。教学质量提高，学习者必然会增加，对外汉语教学才会更有前途。

关键词　日本汉语教育反思　对外汉语教学　教师专业化与人性化

20世纪90年代，中日政治经济关系良好，由此引发了学习汉语的大热潮，学习汉语的人数剧增。2009年之后，两国关系出了一些问题，学习人数减少了。为什么会出现这样的现象呢？除了两国关系的影响之外，日本汉语教育界有什么问题？教学方面是否存在什么问题？另外，学习人数的减少是否只是日本汉语教育界的问题？来中国学习汉语的人数是否减少了？其他国家的汉语教育界又是怎样的情况呢？

一　日本汉语教育现状及问题

1.1　日本汉语教育的六大园地

日本是中国的邻邦。有史以来，日本人民一直都很热心学习中国语言文化。每年几乎有近20万人在六大汉语教育园地学习汉语。

大学汉语专业课：主要是外语大学的汉语系和综合大学的中文系。这些汉语系和中文系学生的专业并不都是现代汉语，有不少学生的专业是中国文学或文化，真正学习现代汉语的学生每年不超过两千人。

大学公共汉语课：日本大学大都规定，除英语必修外，还得从德语、法语、汉语、韩语等外语中选修一门。全日本782所大学之中，90％都设有公共汉语课，每年约16万学生选修汉语[①]。这些学生都从零起点开始学习，对汉语不一定都有兴趣。当遇到好老师的时候，觉得有兴趣，学生才可能继续学习，否则都只学一年就放弃了。

高中汉语课：日本全国 3 584 所高中都不太重视英语以外的外语，仅有 542 所开设汉语课，人数每年也仅 2 万多。而且这些高中汉语课都不是很正规，大多是 1 周 1 节 50 分钟的 1 年时间的选修课程，学生可修也可不修，只是一种培养兴趣的外语课。师资大多是高中的日语或英语教师，或者临时聘请一些留学生或中国人来教。

民间汉语班：日本社会上有很多学习英语的语言学校，这些语言学校大多也开办汉语班。另外还有中日友好协会和一些个人开办的汉语学习班，这些汉语班有些是三个月或六个月的课程，但大部分都是随意性很大的综合课程。学习人数无法统计。

孔子学院汉语班：至 2014 年，日本共有 13 所孔子学院开办学习班，至今尚无定量的调查研究，无法获得学习人数的有关数据。

NHK 电台电视台的汉语讲座：日本半国营性的广播电视台"日本放送协会 NHK"，都播放汉语讲座节目。电台汉语讲座天天播放 15 分钟的节目，每天重播两次。电视台是每周一次 25 分钟的节目，重播一次。由于这些讲座都是面向全国的，所以学习人数众多，估计每年约数万人。

1.2　日本汉语教育的目的

日本六大汉语教育园地，除了大学中文系是培养汉语专业人才外，其他五大园地都只是培养学生对中国语言文化的兴趣，让学生通过学习汉语了解中国社会和文化，或者让他们学好汉语去从事相应的行业。而这则正是日本汉语教育的主要目的。

可是大部分日本的汉语专任教师都只为了提升业绩，一般都不太重视培养汉语兴趣的教育目的，把培养汉语兴趣的初级课程交给非专任教师负责。然而大部分非专任教师无实际权力，没有机会多接触学生，下课后都匆忙赶去另一学校，只能算是为一份工作而教汉语，对培养学生的汉语兴趣力不从心。

培养汉语专业人才并不是不重要，问题是既然大部分的学生是初级入门班的学生，对外汉语教师更得把他们引进门，让他们对汉语有兴趣，否则大量学生都可能半途而废，进入中高级班或汉语专业的学生可能会越来越少。目前日本学习汉语的人数大减，跟忽视基本的教学目的有很大的关系。

1.3　日本汉语教育的教学效果

笔者于 2010 年对大学的汉语教师做过的一项调查显示，80％以上的教师对自己的

---

① 日本文科省网页：http://www.mext.go.jp/（2014 年 5 月 20 日）。

语音、语法、会话等教学效果都不满意(郭春贵,2012)。(笔者把认为“差不多”的都归入“不行”,因为大部分都是“错”或“不好”。从学习汉语的2年级学生人数大减来看,可以说效果都不甚理想。)(参见表1)

表1 汉语教学效果调查(2010)

	不错	差不多	不好
基本发音	7(13%)	35(64%)	13(23%)
基本语法	9(16%)	36(65%)	10(18%)
基本会话	7(13%)	46(84%)	2(3%)
基本读解	9(16%)	45(82%)	1(2%)

笔者觉得日本大学学习汉语的学生人数大减,跟教学效果很有关系。以下是笔者调查近四年几所大学学生人数的变化。当然跟中日关系的变化有一定的关系,在大减的风潮中,为什么还有一些大学学习人数不减或减得不厉害呢?这不能不说跟该校的汉语教师的教学效果有一定的关系。(参见表2)

表2 日本13所大学的选修汉语学生人数数据(2011—2014)

		2011	2012	2013	2014
1	广岛修道大学	589	478	433	409
2	龙谷大学	1687	1299	1067	876
3	岛根县立大学	102	130	123	91
4	东京工科大学	320(前) 189(后)	389(前) 178(后)	335(前) 101(后)	259(前)
5	广岛大学	1879(前) 1504(后)	1758(前) 1347(后)	1492(前) 1194(后)	1499(前)
6	岛根大学	452	426	368	316
7	文京学院大学(经营学部)	179	152	129	98
8	共立大学	687	676	684	626
9	驹泽女子大学(人文学部国际学科)	49	46	40	27
10	富山大学	1021	1432	1217	1138
11	樱美林大学	840(前) 717(后)	764(前) 652(后)	609(前) 536(后)	541(前)
12	日中学院(本科)	26	31	14	10
13	京都中文学院	90	77	45	17(至6月)

1.4 日本汉语教学的问题

笔者认为日本汉语教学的效果不好的原因有以下几点:(1)受政治经济影响甚大。老师和学生都会受到政治经济影响,教学与学习情绪都不太高。(2)社会不太重视英语以外的外语。日本不太重视英语以外的外语教育,学习氛围不太理想。(3)汉语教师意识不强。大部分汉语教师都是非专业出身,对汉语教育不太熟悉也不热心,依然抱有中国人教日本人汉语很简单的想法。而政治经济等客观因素又造成大多汉语教师教学意识不强,影响学生学习情绪。(4)汉语教育目的不符合学生要求,许多学生都是零起点,有兴趣就学下去,没兴趣就放弃。社会人士只想通过学习汉语了解中国社会文化或谋职,可是一般汉语课都讲得过于专业或枯燥,不符合广大学习者的要求。

二 反思

2.1 日本的汉语教育目的是否存在问题

日本许多汉语教师都很努力教授汉语,可大部分都把课程当作汉语专业课来上。课堂上大讲语法,而且几乎都是赶着教材内容进行讲授,操练机会甚少。

可以说大部分汉语教师都忽视培养学生的学习兴趣,让学生继续学习下去。中国教师大都认为教日本人不难,自己努力把汉语教完教好就行,学不学是学生的问题。而大部分日本教师只把自己学习汉语或外语的经验用在课堂上,认为自己怎么学就怎么教学生,没有考虑时代的变化和学生学习目的的变化。结果大部分学生不是消化不良,就是没有兴趣,不想继续学习下去。

2.2 日本汉语的研究与教学是不是脱节

日本的汉语教育还存在一种重研究轻教学的风气,这风气也影响了整个汉语教育界。尽管日本于 2002 年成立了中国语教育学会,但其会员人数(2014 年 468 人)远远少于成立于 1946 年的重视研究的中国语学会(2012 年 1 224 人)。另外,最近 5 年(2010—2014)中国语学会的学术杂志没有关于教学的论文,而“中国语教育学会”的学术杂志 58 篇论文里,只有 21 篇是有关教学的论文。

大学的提升制度也只重视论文不重视教学。在那样的客观条件下,大多数的汉语教师也就形成两个极端,搞研究的不关心教学,搞教学的不关心研究。结果两者都出现了一些偏颇。这些问题都严重地影响了教学的效果。

2.3 有哪些因素影响日本汉语教学

20世纪70年代是中日友好蜜月期,学习汉语人数增加。90年代中期,中国经济增长,学习汉语热情高涨。21世纪中日关系恶化,经济受影响,学习汉语人数大减。可见政治和经济因素都会影响对外汉语教学,尤其会影响学习人数,学习人数一减,学习氛围立刻受影响,教师的教学情绪也或多或少受影响。虽然这两个因素不会直接影响对外汉语的研究,但是如果学习者减少,研究者的就职机会肯定受影响,研究生的人数必然也会降低,这是不是也会直接影响日本的汉语研究呢?

2.4 教师问题是不是也影响了日本汉语教育

在日本,尽管中日政治经济关系恶化,但是有一些大学的学习人数并未减少,依然有不少人来华留学,甚至有学生从公共汉语课转到汉语专业。这是为什么?无可否认,这是教师的力量。政治与经济的因素,教师无法左右,但是对教学工作和教学效果,教师却能起一定的作用。优秀的教师不但教学质量高,而且一定会关心学生。这样的教师一定能够培养学生的学习兴趣,让学生喜欢汉语,喜欢中国语言文化。怎么培养优秀的汉语教师,特别是本土教师,是个亟待解决的问题。

三 “后方法”的启示

Kumaravadivelu(2013)在《超越教学法》一书中指出:“第二语言教学界意识到在形成与重塑日常教学内容和特点的过程中,教师理念、教师推理能力,以及教师的认知至关重要。”(第1页)“教学实践者们在后方法情形下,则能够根据特定教学环境,以课堂为导向,不断生成创新性的教学策略。”(第22—23页)“在后方法情形下,我们认识到在教学机构、教学大纲和教材诸多因素所形成的学术和管理条件制约下,教师们不仅懂得如何进行教学,也懂得如何自主行动。”(第23页)

这些看法也许能给日本汉语教育界一个新的启示:在新时代的汉语教育里,不能再忽视教师的作用,不能只认为学习的成果仅在于学生学习的动机与愿望,教师的能力更应该受重视。教师不能只顾研究而忽视教学,当然也不能忽视研究而只顾教学。那么日本的汉语教师应该具备什么样的条件,应该注意哪些问题呢?

四 “专业化”与“人性化”

教师在教学中扮演非常重要的角色，可是日本汉语教育的实际情况却是：大部分专业很强的教师多只重视科研忽视教学，或者说不轻视但也不重视教学，缺乏教学热情，造成学生敬而远之。而大部分热心教学的教师又忽视专业与教学的研究，造成教学方法陈旧滞后，学生无法提高学习水平。这两种教师都会影响学习者的学习兴趣，造成学习者人数的剧减。如何振兴日本汉语教育，其实根本的因素就在于提高教师的素质。本文暂且把科研当作“专业化”，把教学热情称为“人性化”。以下详细探讨教学“专业化”和“人性化”的问题。

4.1 何谓“教学专业化”？

任何行业都要求专业化，对外汉语教学应该也不能例外。所谓对外汉语教学的专业化，《国际汉语教师标准》(2007)提出以下标准：(1)汉语教学基础；(2)汉语教学方法；(3)教学组织与课堂管理；(4)中华文化与跨文化交际；(5)职业道德与专业发展。具备这五点当然能成为优秀的对外汉语教师，可是作为对外汉语教师，最根本的专业知识——“汉语知识”不应该欠缺。还有(5)的“专业发展”意义含糊不清，怎么发展专业，发展什么专业呢？笔者认为(1)(2)(3)可以归为“教育知识和能力”，其他要点可以更具体些。以下是笔者提出的专业化要求，仅供参考：(1)要有基本的汉语知识，包括语音、语法、文字等知识。(2)要有外语习得与教学的知识，至少要了解学习外语与教外语的知识。(3)要有中国社会文化知识，对外汉语教学就是一种传播文化的工作，应该拥有这方面的知识。通过教语言来传达文化知识。(4)要有教育知识与能力，教语言的同时也在教书育人，应该懂得一些基本教育学与教育心理学的知识。(5)要明确对外汉语教学的使命，要明确对外汉语教学工作不是轻易能胜任的工作，必须明确这是一项传达中国语言文化的神圣工作。(6)对外汉语教师资格，最好要有对外汉语教学的专业资格。

4.2 对外汉语教学需要专业化吗？

在日本依然有很多中国教师认为只要是中国人就能教汉语，觉得没必要学习和研究也能教。也有教师认为教课很忙，没时间研究，认为专业化太理想化了。他们认为对外汉语所教的内容主要是简单的初级汉语，没必要研究或学习。这个问题在其他国家与国内是不是也存在呢？不是所有中国人都能教汉语，如同不是所有美国人或英国人都能教英语，不是所有日本人都能教日语一样，没有一定的知识与水平是很难成为一个好教师的。这是大家都有的共识,可是一旦自己教外国人汉语时,就忘了这一个共识。

4.3 何谓"教学人性化"?

所谓"人性化",《现代汉语词典》(第6版)的解释:"设法使符合人性发展的要求。例如'管理人性化''人性化设计'。"换句话说,各种事业的人性化即是设法使之符合人性发展的要求。对外汉语教学也是一种教育,而教育是以人为对象的事业,更应该尽量设法符合学生人性发展的要求。符合学生的人性发展绝对不能缺少"爱"。事实上,教育本身就是一种传播爱的工作。从教育心理学的角度来看,"爱"可分为以下要素(冯世杰和张新晖,2006):(1)理解。要理解学生,要站在学生的立场思考教学方法。在对外汉语教学上,要理解学生的文化背景,理解学生学习汉语的难处,尽量帮助学生愉快地学习汉语。(2)尊重。要自尊自重,尊重自己也要尊重学生,尊重自己的文化也得尊重学生的文化,不能随意贬低学生或看不起学生的文化。(3)宽容。要有宽容心,包容学生的错误。学习外语都不容易,外国学生学习汉语就像我们学习外语一样,都不是轻而易举的事儿,因此教师要宽容,要循循善诱,给予学生锻炼的机会。(4)平等。要平等对待所有学生。对外汉语的学生可能来自不同国家,教师切记不宜偏心偏爱任何一个国家的学生,一定要平等对待,通过学习汉语也能促进国际友好和平。(5)鼓励。要多鼓励学生。任何人都需要鼓励,特别是学习外语的学生,困难重重,教师随时都得用微笑真诚鼓励学生,这不但能让学生安心学习,也能提高学生的学习信心。(6)批评。要适当地批评指正。学生在成长过程中,经常会犯一些错,教师在包容的前提下应该给以关爱的批评指正,帮助学生成长。

教育是一种爱,有了上述六个要素,就能有爱心和敬业与乐业的精神,就能努力备课研究,同时也能搞好师生关系,创造良好的上课气氛,通过教学互相提高。

4.4 对外汉语教学需要人性化吗?

有人认为,对外汉语教学的对象都是外国学生,外国学生学得好学不好跟自己无关,爱学不学是他们自己的事,教师只要把课上好就算完事,闲话少谈。也有人认为,对外汉语教学的对象都是成人,成人的思想行为大都定型了,无从教育。再说学生就只想学习汉语,没有其他要求,教师只要满足他们的要求即可,闲事少管。

这两个看法看似有道理,但关心学生的话,怎么能说是闲话,关心学生的事怎么能说是闲事呢?不管是外国学生还是自己国家的学生,不管是成人还是孩子,只要是你的学生,教师就有责任爱护他们,关心他们,教好他们,让他们愉快地学习。更何况人家是在学习我们的语言,教师更应该想方设法地让他们喜欢学习中国语言文化。而要让外国学生喜欢汉语，首先教师得喜欢学生，喜欢自己的工作，要尽量做到上述六点关爱，这也就是笔者所说的“人性化”。

4.5 “专业化”与“人性化”能兼顾吗？

不少对外汉语教师认为很难兼顾教学与科研，要搞好教学，就没时间搞科研，要搞科研就没时间搞好教学，没时间关心学生。这不能不说有一定的道理。但是当一个教师专业不强，不搞一点科研，没有研究精神与研究经验的话，讲课可能流于肤浅，容易随意讲解，学生难以信服。而当一个教师教课没有热情，没有爱心的话，讲课可能陷入深奥枯燥难解，引不起学生的兴趣。

对外汉语教师跟其他学科的教师一样，都必须同时兼顾“专业化”与“人性化”，既要有专业能力，也要有一颗爱心，两者不能缺一。陆俭明(2005)早已提出：(1)教师要树立学科意识(即专业化)；(2)教师要树立学习研究意识(也是专业化)；(3)教师要树立自尊自重意识(人性化)。笔者觉得对外汉语教师不一定要做深入的本体研究，但一定要有一定的专业知识，一定要做一些教学上的研究。有了研究，就能了解学生的问题所在，就能更好地帮助学生学好汉语。同样地，在真诚热心教学实践中，在帮助学生学好汉语的过程中，也一定能发现许多研究问题，能提高自己的研究水平。

五　小结

日本汉语教育存在的问题当然有日本的特殊原因，但是有关教学目的偏颇、教师教学意识不强、研究与教学脱节等问题，是不是也存在于国内以及其他国家的对外汉语界呢？而这些问题都值得从事对外汉语工作的教师深思。特别是教师的作用，在进入21世纪后方法时代后，更应该引起重视。在引起重视的同时，教师本身也必须尽量兼顾“专业化”与“人性化”。“专业化”就是要不断学习与研究，“人性化”就是要热爱学生，要敬业乐业。一个兼有“专业化”与“人性化”的对外汉语教师，一定是个德才兼备、有知识有爱心的教师。学生一定会喜欢他，尊敬他。也只有这样的对外汉语教师，才能吸引外国学生学习汉语，才能引起学生学习汉语的兴趣，才能鼓励学生继续学习汉语，才能帮助学生掌握好汉语，才能让学生喜欢中国语言文化。

参考文献

冯世杰、张新晖 (2006)《别说和你没关系：教育的人性化思考》，杭州：浙江大学出版社。
郭春贵 (2012) 论日本大学2外汉语课程的教学目标，「ひろしま未来協創センター」主编《广岛修大

论集》第 52 卷第 2 号，日本广岛：广岛修道大学出版社。
国家汉语国际推广领导小组办公室 (2007)《国际汉语教师标准》，北京：外语教学与研究出版社。
库 玛 (2013)《超越教学法——语言教学的宏观策略》，陶健敏译，北京：北京大学出版社。
陆俭明 (2005) 汉语教员应有的意识，《世界汉语教学》第 1 期。

(郭春贵 日本 广岛修道大学 kaku@shudo-u. ac. jp)

美国大学中文项目的课程设置现状与启示*

——基于30所大学的定量分析

孟艳华

提　要　课程设置体现教育目标与教学理念，反映时代精神与社会需求，进行高效的汉语二语教学离不开科学的课程设置。本文在美国大学中文项目发展历史的宏观背景下，对在中国研究方面排名前30的美国大学中文项目的课程设置情况进行了定量分析，主要包括课程培养目标分析、课程结构分析、分班模式与课型分析等方面，在此基础上提出当前美国大学中文项目课程设置的特点与取向，指出其对汉语第二语言教学的启示。

关键词　中文项目　课程设置　课程结构　课型　定量分析

一　引言

随着汉语在全球语言教育中地位的提升，汉语教学在世界各国不断发展。自1875年哈佛大学首先在美国大学开设汉语课以来，美国大学中文课程已发展了近140年，日益走向完善和成熟。它的一些做法对海内外汉语作为第二语言的教学具有一定借鉴意义。本文旨在从宏观和微观上对美国大学中文课程的课程设置现状进行定量分析，当然，课程设置研究离不开教育环境和教育政策等外部因素的考察，并与教学目标直接相关，因此，本文研究也包括这些内容。

本文选取30所美国大学进行定量分析，选取依据是徐鸿于2010年在《美国中国研究之博士生教育现状——对2004—2009年博士论文的初步定量分析》中所列出的前30位博士论文最多的大学，选取这些大学进行研究的基本假设是：在中国研究方面最具实力、能够开设中国研究方向博士课程的高校，其基础汉语教学方面的实力和影响力极有可能不可小觑。数据分析表明这一假设基本成立，除了一所体育大学（美国体育学院，博士论文集中在运动医学、运动技能学、运动管理等）和一所商科大学（林恩大学，博士论文集中在商务、教育、管理等）的汉语课程尚无多少开发外，其他28所均为开设汉

* 本项目研究得到教育部人文社会科学研究规划基金/青年基金（项目批准号13YJC740068）支持。文章在第11届对外汉语国际学术研讨会上报告，得到与会学者的建议，深表感谢。文中疏漏由作者本人承担。

语课程历史最为悠久、发展最为成熟、影响最为广泛的大学。这些大学基本均衡地分布在美国东北部、中西部、南部和西部，在教学理念、教学方法、课程设置等方面均具有较高代表性。因此，本文选定这 30 所大学进行分析①。

二　美国大学中文项目课程发展概观

课程设置必然会受不同时期不同教学目标和教学理念思潮的影响，纵观美国汉语教学发展简史有助于深入了解课程发展概貌。

在欧洲汉学影响下，美国本土的汉语教学和汉语研究由入华传教士卫三畏(Samuel Wells Williams，1812—1884）回国后在耶鲁大学创立，时间是 1877 年（张西平，2002)。当时，耶鲁大学建立了美国第一个以汉语为主要教学对象的研究机构和东方图书馆；哈佛大学在 1879 年开设汉文讲座，聘请戈鲲化为首位汉语教师，学生有 5 人（崔颂人，1994)。这时汉语教学的取向是古典汉学研究，汉语教学为中国古代历史哲学文化研究服务，教学重心为古代汉语、古典文史哲等。

第二次世界大战期间，美国陆军委托哥伦比亚大学、哈佛大学、耶鲁大学教授军人汉语。当时的汉语学习中心耶鲁大学不教汉字，专攻口语，用拼音编写教材，主张语言操练式教学法(姚道中等，2010)。汉语教学初步向具有实用价值的现代汉语转型，日常口语会话课开始受到重视。

第二次世界大战后，作为“区域研究”一部分的中国问题研究开始崭露头角（朱政惠，2009)。1958 年，“国防教育法案”颁布，有关中国研究的专门课程和项目纷纷在各大学设立，全美教授汉语的学校由不到 10 所增加到 100 所（常宝儒，1979)，汉语教学开始全面面向现代中国研究，汉语教学重心完成了向现代汉语的转移，现代汉语课程成为课程体系中的核心与基础课程。

20 世纪 80 年代以后，中国经济开始参与世界经济交流，国际经济贸易需求开始影响汉语教学，各大学也逐步开设了商务汉语、媒体汉语等课程。同一时期，大量说普通话的新移民涌入美国，普通话的地位日益凸显，方言区华裔学习普通话的需求增长，面向方言背景学生的普通话课程开始进入课程体系。

---

①　这 30 所大学在中国研究方面的论文占同阶段所有博士论文的 50%，它们依次为：哈佛大学、加州大学洛杉矶校区、哥伦比亚大学、南加州大学、芝加哥大学、华盛顿大学、加州大学伯克利校区、明尼苏达大学、斯坦福大学、伊利诺伊大学厄巴纳－香槟校区、俄亥俄州立大学、德克萨斯大学奥斯汀校区、普林斯顿大学、密歇根大学、宾夕法尼亚大学、康奈尔大学、耶鲁大学、威斯康星大学麦迪逊校区、宾夕法尼亚州立大学、约翰·霍普金斯大学、印第安纳大学、美国体育学院、马里兰大学学院园校区、林恩大学、德克萨斯大学金斯维尔校区、夏威夷大学马诺亚校区、匹兹堡大学、波士顿大学、犹他大学、麻省理工学院。

本世纪以来，作为全球化、国际化社会中重要语言的汉语教学进一步发展。2003年，美国高中设立AP中文课程（印京华，2005），2004年全球第一家孔子学院在美国成立，汉语教学全方位发展。至2011年，根据美国现代语言协会的调查报告，全美3 000多所大学中，开设汉语课程的已经超过900所（徐超然，2012）。这一时期开始出现汉语语言学、汉语第二语言教学方面的专业，汉语语言学、汉语作为第二语言的习得与教学、跨文化交际等课程进入大学课程体系，课程体系得到进一步发展。

值得一提的是，历史的发展、教学理念的变迁、教学重心的转移丰富了美国大学中文项目的课程体系，每一个新的发展阶段都出现了新的课程，但是各个大学在发展新课程的同时，也保留了前一阶段自身的优秀课程，因此当前大学中文项目的课程设置呈现出多种课程并存、各大学课程设置各有特色的多元化、个性化等特点。

三　大学中文课程教学目的与培养目标分析

教学目的与培养目标直接影响课程设置，本节从各大学中文项目的官方介绍①中选取关键词进行教学目的与培养目标方面的宏观分析。这些官方介绍一般包括三部分内容：(1)中文涉及或惠及的学科行业领域，即中文的学科领域影响；(2)汉语的国际地位与重要性，即学习中文课程的意义；(3)语言培养目标，即中文课程的具体教学目标描述。总体来看，在各大学中文项目介绍中，中文相关学科行业领域所用篇幅最长，这方面的关键词有17个，出现308频次，占全部关键词的63%；其次为汉语的国际地位与重要性，关键词11个，占25%；最后是具体语言培养目标，关键词9个，占13%。见图1。

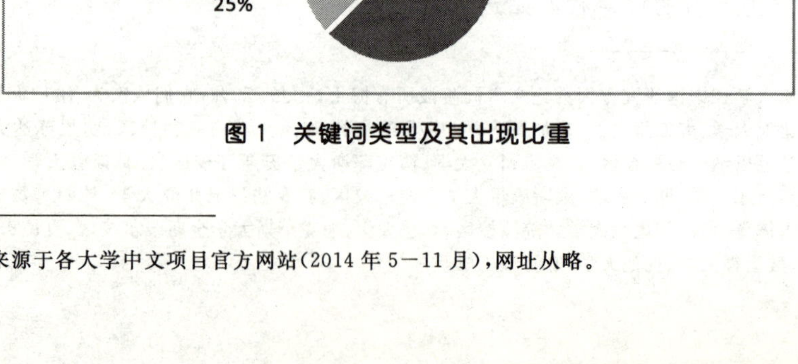

图1　关键词类型及其出现比重

① 资料来源于各大学中文项目官方网站（2014年5—11月），网址从略。

在中文项目介绍中，关于中文涉及或惠及的学科行业描述占很大比重，谈及的学科行业有 17 个之多，出现最多的是文化(42 次)，其次为艺术(32 次)、传统(28 次)、传媒和文学(21 次)，个别也谈及音乐(3 次)、地理(2 次)、新闻学(2 次)等。总之，学习中文对于了解或研究很多行业具有帮助作用，详见图 2。

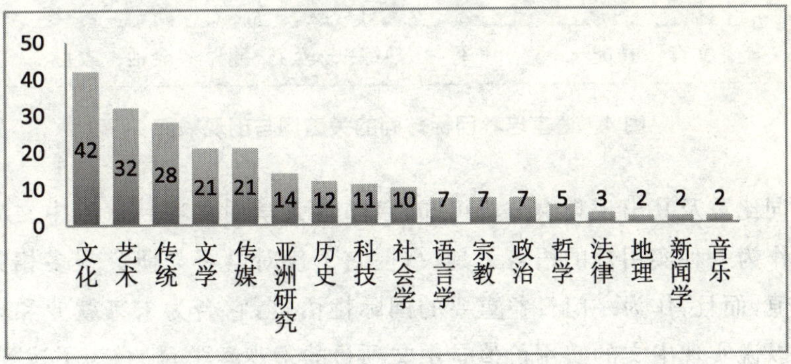

图 2　中文学习涉及或惠及的学科行业关键词及出现频次

关于汉语的国际地位与重要性，出现最多的关键词是民族(20 次)、民族的(15 次)，其次为现代(16 次)、世界(14 次)、经济商务(12 次)、增长的(12 次)，也有个别谈及学习汉语在未来就业、现实生活中的好处。可见汉语除了作为一门流行的、不断增长的、汉民族的国际性语言受到重视外，它在国际经济贸易事务、现实就业中的作用也日益重要。详见图 3。

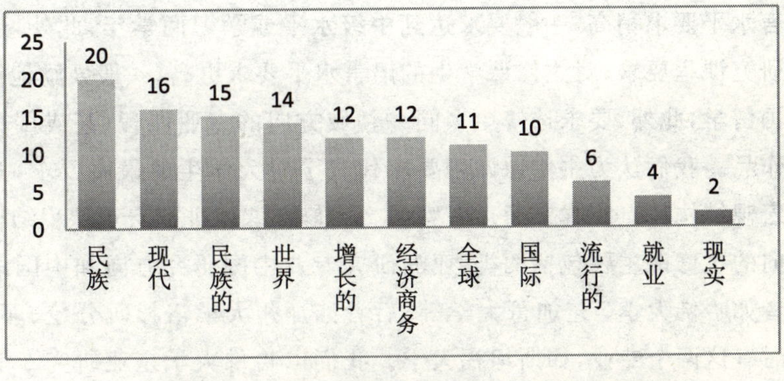

图 3　汉语的国际地位与重要性方面的关键词及出现频次

在语言培养目标方面，被提及最多的是文言能力(16 次)，其次是技能(11 次)，这些技能具体包括说(10 次)、写(8 次)、读(6 次)、会话(4 次)、翻译(4 次)。由此可见，除了常见的听说读写四项基本技能外，美国中文课程还把阅读古代汉语的能力与翻译能力提到重要位置。详见图 4。

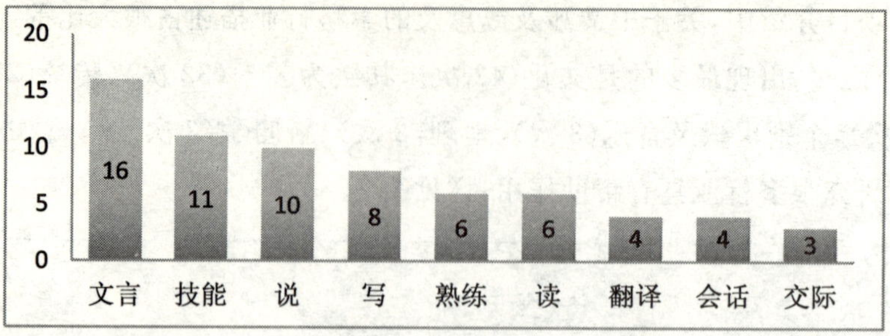

图 4 语言培养目标方面的关键词与出现频次

由关键词比重及其出现频次分析可知，目前各大学中文项目进行中文教学的出发点是把中文作为一种实用性的语言工具，掌握它不仅对学习与研究很多相关学科行业具有重要价值，而且，作为一门日益重要的国际性语言，它会为未来就业和现实生活提供便利。可以说实现中文的实用价值是中文项目的宏观教学目的，为了达到这一目的，中文项目在听说读写译等语言技能与古代汉语能力等方面规定了具体的培养目标要求，各中文项目围绕这一教学目的与培养目标进行课程设置。

四 宏观课程结构分析

从统计数据看，各大学对中文主修学生、辅修学生、选修学生的要求有很大不同：对语言选修课学生仅有汉语课水平要求，一般要求达到准中级水平或学习一学年；对辅修课学生的语言水平要求稍高，一般要求达到中级水平或学习两学年，此外，还有一些选修课或专题研究课程要求；对主修课学生的语言水平要求更高，一般鼓励他们学习高级汉语或到中国留学，此外，要求选修更多同一领域方向的专业课程，甚或撰写毕业论文或设计毕业作品。我们认为主修课课程要求代表了对大学生的最高要求，全面反映了相关课程的宏观结构特点。本节通过考察中文主修课课程进行宏观课程结构分析。

中国方向的主修课主要包括两类：亚洲研究专业中国研究方向和中国语言文学专业方向。前者如哈佛大学、芝加哥大学等，后者如加州大学洛杉矶分校、耶鲁大学等。有的大学同时有这两个专业，如斯坦福大学。我们以哈佛大学东亚研究专业中国方向和加州大学洛杉矶分校中文专业的课程要求为例，分析主修课课程结构情况。

哈佛大学主修亚洲研究中国方向需完成以下 12 门①课程，共 48 个学分：4—6 门语言课 、2 门导师讨论课和 4—6 门非语言类专业课②，如中国传统与变革、中国社会研究

① 哈佛大学“一门课程”指一个学期的课程，一般是 4 学时/周，一学期课程相当于 4 学分。

② 非语言类专业课简称专业课，其学习主要目的不是理解、操练和掌握语言知识技能，主要指中国文学社会文化或者东亚研究相关课程，包括其他院系开设的英文授课课程。

等。其中语言课与非语言类专业课两种课程不超过 10 门。

加州大学洛杉矶分校主修中文专业的前提条件是汉语水平达到一年级以上水平，如果是汉语零起点学生，在主修中文专业前，需完成 1 学年三个学期的语言课程。在此以后，中文专业需要完成 13 门课程：6 门语言课（达到高级汉语水平）和 7 门专业课，其中专业课包括 1 门中国文明课，1 门文学课，3 门中国相关选修课，3 门亚洲其他地区相关课程。假设学生是汉语水平零起点学生，共需要完成 16 门课程，约 63 学分。

以此分析方法一一分析 30 所大学中提供中国语言文学或者亚洲研究方向主修课课程的 25 所学校，按照汉语水平为零起点的学生计算，语言课、讨论课等、专业课的课程门数、学分数的分布比例分别如图 5、图 6 所示。

对图 5、图 6 做以下几点说明：(1)语言课包括初、中、高级综合汉语课、古代汉语课、商务汉语课、高级口语课等以听说读写译等语言技能为训练目标的课程；(2)专业课包括中国文学、文化课、其他中国相关课程、亚洲或亚洲其他国家相关课程等，可能采用英语授课；(3)讨论课等包括导师讨论课、专题讨论课，为了便于统计，毕业作品等课程也计入到这类课程中；(4)若已有汉语水平，通过水平考试，可免修一定课程，因此需完成的课程数和学分数具有一定弹性；(5)一般来说基础语言课学分相对高于专业课和讨论课，所以三种课型的课程数量比重与学分数量比重不同。

综合图 5 和图 6 可算出各大学主修课程的平均课程数和学分数，进而得出课程结构。详见图 7 和图 8。

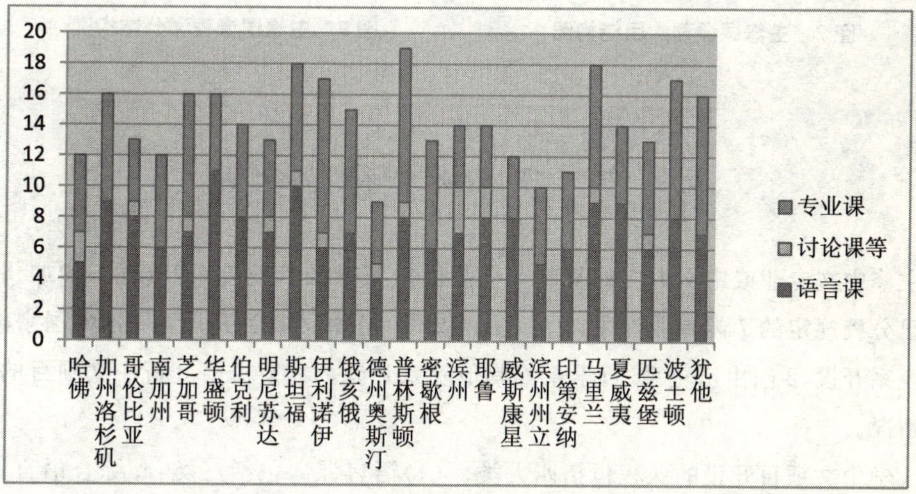

图 5　主修课课程数目结构一览表

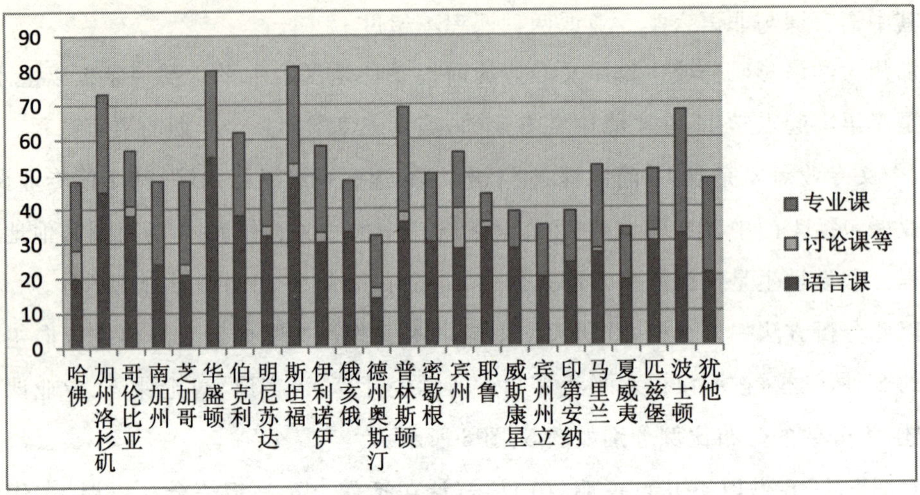

图 6 主修课课程学分数结构一览表

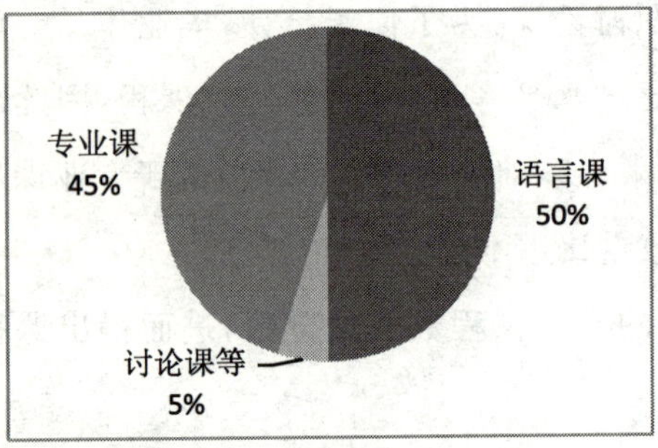

图 7 主修课课程数目结构图

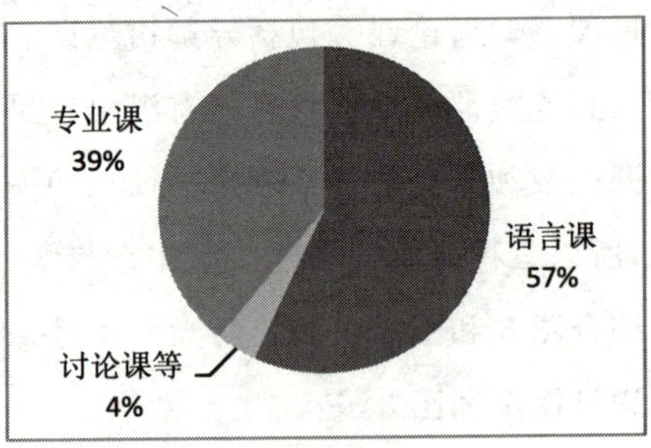

图 8 主修课课程学分结构图

五 中文项目课程微观分析

主修中文专业或中文方向的某些课程是由东亚系或其他院系开设的，如加州大学洛杉矶分校规定的 7 门专业课中，1 门（中国文学）由中文项目开设，4 门（中国宗教等）由东亚系开设，2 门由历史系、哲学系等其他院系开设。本节主要分析中文项目的课程设置情况。

大学中文项目开设的课程包括四大类。(1)语言课。包括三类：a. 综合语言课，如初级汉语、中级汉语、高级汉语；b. 专项语言技能课，如口语课、高级写作、高级阅读；c. 特定领域语言课，如商务汉语、媒体汉语、古代汉语等。(2)语言学与应用语言学课。

如汉语句法课、汉语作为第二语言教学课等。(3)文学文化课。如中国诗歌、当代社会等。(4)方言课。如广东话、闽南话等。

综合语言课是所有中文项目的核心与基础课程。几乎所有中文项目都开设一、二、三、四年级综合汉语课。由于一、二、三年级学习者众多,中文项目多采取流动性区段课时制,即在不同时间段开设同一内容的课程,学习者根据自己的需求选择一个适合的时段。一般来说,一年级班级最多,如 2014 年春季学期哥伦比亚大学一年级汉语课有 7 个时段,分布在上午 9:00 至晚上 6:00 的每个小时中,详见表 1。采取流动性区段课时制有利于避免与其他课程时间冲突,扩大学生自由选择空间。另外,由于不同时段有不同的授课教师,学生可以根据自己的喜好选择不同授课风格和不同教学方法的教师,利于学习效率最大化。

表 1 流动性区段制课时制

节次	时间
1	周一二三四　上午 8:50—9:55
2	周一二三四　上午 10:10—11:15
3	周一二三四　上午 11:40—12:45
4	周一二三四五　下午 1:10—2:00
5	周一二三四　下午 1:10—2:15
6	周一二三四　下午 4:10—5:15
7	周一二三四　下午 6:10—7:15

综合语言课的另一个特色是教学课程与班级多样化。大学学生入学时汉语水平不一、语言学习背景不一、学习强度习惯不一:有些高中学过,有些则是零起点水平;有些生于华裔家庭,口语水平接近母语者而书写与阅读水平接近零起点;有些习惯高强度的语言学习氛围,有些偏向轻松学习。针对学习者的不同背景与需求,中文项目采取了多样化的分班方式,区别华裔非华裔班、快班慢班等。30 所大学中,82%的中文项目在不同程度上区分了华裔非华裔班级,华裔学生数量与比例之多可见一斑;86%的中文项目以不同方式区别了快慢班。具体统计数据见表 2、表 3①。

① 本节统计数字来源于开设这些课程的 28 所大学的中文项目。

表 2 区分华裔非华裔班的数量及比例

<table>
<tr><th>是否分华裔非华裔班</th><th colspan="2">模式</th><th>数量</th><th colspan="3">比例</th></tr>
<tr><td rowspan="5">分班</td><td rowspan="4">不同教材</td><td>一、二、三、四年级</td><td>3</td><td>11%</td><td rowspan="4">71%</td><td rowspan="6">82%</td></tr>
<tr><td>一二三年级</td><td>6</td><td>21%</td></tr>
<tr><td>一二年级</td><td>6</td><td>21%</td></tr>
<tr><td>一三年级</td><td>4</td><td>14%</td></tr>
<tr><td colspan="2">不同进度</td><td>1</td><td>4%</td><td></td></tr>
<tr><td rowspan="2">不分班</td><td colspan="2">开设初级读写课、汉字课</td><td>3</td><td>11%</td><td>11%</td></tr>
<tr><td colspan="2">不作处理</td><td>5</td><td>18%</td><td>18%</td><td>18%</td></tr>
</table>

表 3 分快慢班的数量及比例

<table>
<tr><th>快慢班</th><th>模式</th><th>数量</th><th colspan="2">比例</th></tr>
<tr><td rowspan="2">快班</td><td>暑期快班</td><td>10</td><td>36%</td><td rowspan="2">54%</td></tr>
<tr><td>平时快班</td><td>5</td><td>18%</td></tr>
<tr><td>慢班</td><td>平时初级慢班</td><td>9</td><td colspan="2">32%</td></tr>
</table>

在综合语言课之外，为了有针对性地解决口语、阅读、写作、翻译中的问题，不少中文项目开设了专项语言技能课，如 25%的项目开设了高级阅读课，详见表 4。

表 4 专项语言技能课开设比例

<table>
<tr><th colspan="2">课程</th><th colspan="2">数量</th><th>比例</th></tr>
<tr><td colspan="2">高级阅读</td><td colspan="2">7</td><td>25%</td></tr>
<tr><td colspan="2">高级会话</td><td colspan="2">6</td><td>21%</td></tr>
<tr><td rowspan="2">高级写作</td><td>书面语体写作</td><td>2</td><td rowspan="2">3</td><td rowspan="2">11%</td></tr>
<tr><td>读和写</td><td>1</td></tr>
<tr><td colspan="2">英汉翻译</td><td colspan="2">1</td><td>4%</td></tr>
</table>

由于历史原因，美国大学中文项目传统上就设有古代汉语课，至今 82%的中文项目依然保留这一课程，可见古代汉语课的重要地位。此外，对学生未来语言应用有所帮助的新兴课程也不断出现。详见表 5。

表 5 特定领域语言课开设数量及比例

课程		数量		比例
古代汉语	一学期	8	23	82%
	一学年	12		
	两年	3		
媒体汉语	报纸、电视、电影 其中电影	18 13	18	64%
商务汉语	一学期	6	15	54%
	一学年	8		
	一年以上	1		

中文项目除了面对语言学习者开设汉字、语音、语法课等语言学课程之外，随着汉语第二语言教学专业需求扩大，面向培养教师的应用语言学课程也随之出现，至今已有32%的中文项目开设这方面课程。详见表 6。

表 6 语言学及应用语言学课程开设数量及比例

课程	数量	比例
汉语二语习得/教学	9	32%
汉语语言学	6	21%
汉字/书法	5	18%
汉语语法结构	5	18%
汉语史	4	14%
汉语语音	2	7%
其他(语用、语义、方言、东亚语言学)	4	14%

除了传统就开设的古代文学、中国文化课之外，随着中国经济发展、社会变迁，中文项目也增设了现代中国社会、文学、文化方面的课程。具体见表 7。

表 7 文学文化课课程开设数量及比例

课程	数量	比例
现当代文学	8	29%
中国诗词	4	14%
古代文学	3	11%

续表

课程	数量	比例
中国文化	3	11%
文学和文化中的话题	3	11%
中国社会	3	11%
翻译中的文学(literature in translation)	2	7%

有些中文项目所在地区华裔众多,针对他们学习普通话以及普通话母语者学习方言的需求,这些中文项目开设了相关课程;还有些中文项目利用现代技术手段,开设网络汉语课等。详见表8。这表明中文项目重视为社区服务、重视利用现代技术使自身课程体系不断发展完善。

表8 方言及其他课程开设数量及比例

课程	数量	比例
粤语、上海话、台湾话等	7	25%
对广东方言的汉语课	3	11%
初级网络汉语课	1	4%
1对1汉语	1	4%

六 课程设置的特点与取向

课程设置体现教育目标与教学理念,反映时代精神与社会需求,美国大学中文项目课程设置体现出如下特点:

第一,多样化、微型化。美国大学中文教育发展140年来,在不同时代产生了不同课程,从最开始的古代汉语、传统文学到今天的媒体汉语、商务汉语、汉语第二语言教学等课程逐步出现,在新课程出现的同时,还保留着历史传承下来的课程,这使得课程设置出现多样化①特点,当然有些新兴课程也引发了一些争议(周质平,2014)。另一方面,尽管学习者不断增长,大学中文项目语言课每个班级的学生人数一般不超过15人,有些课程选修人数较少,3人以上便可以成班开课,这样的微型课堂有助于照顾到每个学生的需求,保证教学质量。

① 有研究者认为这种多传统、多模式的教学课程设置"散乱现象"和"过分多样化倾向"不利于提升教学效果,见刘珣(1993)。姑且不论利弊,"多样化"是美国汉语教学课程设置的特点之一。

第二，综合化、整体化。每个中文项目的语言课程之间有自身的衔接体系，如华裔班综合汉语课与汉字课、阅读课配合；商务汉语、媒体汉语与三年级汉语水平对接，高级阅读、写作与四年级汉语水平相承；专业课也有内容承接之区分；主修课课程有自己的系统。这样，各门课程既照顾了语言习得的特点，又有机整合，有利于教师与学习者综合把握与选择课程。

第三，本土化、实用化。美国外语政策的实质与本质是实用化（肖舜良，2011），中文课程设置反映出教学本土化与实用化特点。比如，针对英语母语者开设英汉翻译课；一些中文项目直接为社区服务，开设方言课；一些项目看到汉语二语教学专业的发展前景，开设汉语二语教学课。中文课程一直与社会现实与社会需求息息相关，具有实用价值。

第四，个性化、个别化。很多中文项目针对学生的不同背景与不同需要，分班授课。如32%的中文项目在初级阶段开设了慢班课，这在国内不少中文教师多达数十数百人的高校尚且无法做到。此外，1对1汉语授课、针对广东话的普通话课、方言课等课程开设都充分体现了以人为本，注重个体需求的教育理念与原则。

七 启示

库玛（2013）提出知识与学习过程包括三个维度：事实领域、可争辩的真理领域、开放的探究领域。汉语课程也需要设置这三个维度的课程吗？若需要，如何配比三个维度的课程才能达到效度最大化？

美国教育部在《21世纪外语学习标准》中提出的5C目标[①]（1996）引导着当今美国语言教学的潮流。其中一项是语言教学应该确保社会关联，有助于当前与未来生活。语言课程设置如何实现这一教学目标？如何开发同地区社会协作实施的语言课程？

现代课程的特点之一是进行科学的课程整合（钟启泉，1989；李臣之等，2012）。汉语教学如何整合语言技能与语言能力教学的课程？如何设置跨学科的综合课程？

美国大学中文项目课程设置情况给我们提供了一个进行上述思考的样本。它所体现出来的文化多元化意识、注重学习实用化、促使学习机会最大化等现代教育理念以及尊重汉语二语习得特点与难点的汉语教学理念（冯胜利，2008）也促使我们进一步思索：如何构架汉语国际教育学科体系与课程体系（李泉，2009；孙德金，2014）？如何设置并处理好语言课、文化课、电脑辅助教学等课程之间的关系（周质平，2014）？什么样的课

① 5C目标指：沟通（Communication），即，运用语言交际、沟通；文化（Cultures），即理解、体认多元文化和习俗；贯连（Connections），即联系其他学科；比较（Comparisons），即比较母语与外国语言文化的异同；社区（Communities），即语言教学应该确保与社会关联。

程体系最能满足当前社会和学习者需要同时又能保证最高质量的教学效果?

参考文献

常宝儒 (1979) 美国汉语教学和汉语研究概况,《语言教学与研究》第1期。

崔颂人 (1994) 美国汉语教学的先驱——戈鲲化,《世界汉语教学》第3期。

冯胜利 (2008) 海外汉语教学与研究的新课题,《云南师范大学学报》(对外汉语教学与研究版)第1期。

库 玛 (2013)《超越教学法——语言教学的宏观策略》,陶健敏译,北京:北京大学出版社。

李臣之、郭晓明、和学新、张家军 (2012)《西方课程思潮研究》,北京:人民教育出版社。

李 泉 (2009) 关于构建国际汉语教育学科的构想,《世界汉语教学》第3期。

刘 珣 (1993) 美国基础汉语教学评介,《语言教学与研究》第1期。

美国教育部 (1996)《21世纪外语学习标准》,http://www.actfl.org/node/192 (2015-2-6)。

孙德金 (2014)《对外汉语教学课程论》,北京:商务印书馆。

肖舜良 (2011) 美国外语政策与美国汉语传播,《汉语国际传播研究》第2期。

徐超然 (2012) 美国汉语教学的历史、现状、问题和对策,黑龙江大学硕士学位论文。

徐 鸿 (2010) 美国中国研究之博士生教育现状——对2004—2009年博士论文的初步定量分析,张海惠主编《北美中国学——研究概述与文献资源》,北京:中华书局。

姚道中、姚张光天 (2010) 美国汉语教学历史回顾与现状,张海惠主编《北美中国学——研究概述与文献资源》,北京:中华书局。

印京华 (2005) 近五年美国汉语教学状况与发展趋势,《国外汉语教学动态与研究》第1期。

张西平 (2002) 明清时期的汉语教学概况——兼论汉语教学史的研究,《世界汉语教学》第1期。

钟启泉 (1989)《现代课程论》,上海:上海教育出版社。

周质平 (2014) 美国汉语教学的隐忧,《国外汉语教学动态》第1期。

朱政惠 (2009)《美国中国学研究》序言,刘招成著《美国中国学研究——以施坚雅模式社会科学化取向为中心的考察》,上海:上海人民出版社。

(孟艳华 北京 北京语言大学 meng_yanhua@hotmail.com)

新手与熟手汉语教师课堂体态语的特点及量化标准研究*

——基于高校初中级汉语会话课教师教学录像的量化对比分析

亓　华

提　要　汉语教师由新手转变为熟手，教师除了教学内容的熟练外，还在于辅助言语表达的体态语和副言语行为由拘谨、笨拙、紧张到大方、熟巧、自如地运用。本文借鉴中外教师非言语行为量化研究的方法，从国内外高校汉语教师课堂常用体态语的功能类型出发，编制出《国际汉语教师课堂体态语功能类型观察统计表》，以高校初中级汉语会话课新手和熟手教师为对象，对其体态语功能类型做量化对比分析，并参照中国小学教师体态语量化规范，初步对国际汉语教师的初中级汉语课堂体态语行为提出量化标准，以促使教师对非言语行为的自觉掌握和积极有效利用。

关键词　国际汉语教师　非言语行为　体态语　量化标准　对比分析

国际汉语教师的非言语行为，作为师生交流、表情达意、传递信息的重要手段，时时伴随辅佐乃至代替教师的言语行为，成为教师教学行为的有机组成部分。教师上课时自觉不自觉地运用了许多的非言语行为。然而，国内关于教师课堂非言语行为研究尚未引起足够的重视，在对教师课堂教学行为研究中，常常忽略非言语行为的因素，已出版的课堂教学理论著作几乎不涉及教师非言语行为。关于新手、熟手及优秀国际汉语教师的非言语行为的量化研究几近空白，这远不能满足国际汉语教学和教师培训的实际需求。本研究借鉴中外教师体态语量化研究的方法，以北京师范大学初级汉语会话课教师的课堂录像为材料，对新手和熟手教师体态语表现做量化对比分析。在此基础上，对承担高校初中级汉语课的教师的课堂体态语，提出量化标准和行为规范。目的是为国际汉语教师课堂教学和培训提供科学的指导规范。

一　《国际汉语教师课堂体态语功能类型观察统计表》编制

1969 年，美国精神病学专家埃克曼（P. Ekman）和弗里森（W. Friesen）把人的身体

* 本文得到教育部人文社会科学研究规划基金项目（编号 10YJA740075）的支持，特此致谢。

和脸部的连续动作按照各种非言语行为的起因、用法和代码情况分为五大类——象征性动作、说明性动作、情绪表露的动作、调节性动作和适应性动作。后来的研究者们尽管对五类命名不尽一致，但都遵循他们的划分（如马兰德罗等，1989；李振村，1993；毕继万，1999）。本研究借鉴埃克曼和弗里森对体态动作的分类，参考周鹏生（2006）编制的《教师课堂非言语行为观察表》，根据国内外高校汉语教学的实际情况和国际汉语教师课堂常用体态语的表现形式和功能类型，编制了《国际汉语教师课堂体态语功能类型观察统计表》，并结合汉语教师课堂体态语的具体表现，把国际汉语教师课堂体态语行为大体划分为以下七类：

指示性动作。"指示性"是"指令"和"示意"的合意，指教师在课堂教学中使用的、有固定含义的、能够为学生们理解的身体动作或姿态。如最常用的用手指指引学生看黑板，伸出手掌请学生回答问题，点头示意或肯定学生的回答等。指示性动作主要有指势、掌势和头势。

解说性动作。用于解释、说明或描述某些内容与事物的身体动作或姿态。这类动作在对外汉语教学中常常用到，如模拟人的高矮胖瘦的手势、模拟物体的长宽高等的手势、说明人的心情或运动的动作等。

表露性动作。指传递教师的情绪或情感倾向的面部表情或神态。由于面部表情与眼睛常常同时动作，而且表达的含义常常一致，所以就只记录目光语中的环视和注视。需要说明的是，教师笑的动作是和眼部动作紧密联系在一起的，我们不再分别记录，只在下面的功能类型上加以区分。当出现教师笑的动作（如微笑、大笑等）时，我们把表露性动作的功能记录为"直接表达情感态度"。

工具性动作。可以解释为凭借教学工具所发出的动作或表现出的姿态。工具性动作分为板书和操作两大类。

体适性动作。指教师为了适应某种心理、生理或者客观环境的需要，逐渐自发形成的身体习惯性的动作或姿态。如手撑讲桌、倚靠讲桌、手置胸前（单手或双手，经常表现为双手相握）、手持书本或抱书胸前等。

体调性动作。指教师在教学中出现的与教学内容无直接关系的动作或姿态。这些动作常常是内心情绪状态的短时间反应。课堂中的调节性动作可分为指向自身动作和指向物体动作。前者有触摸鼻子、搔耳朵、搔脖颈儿、拢头发等；后者有把玩粉笔、板擦或教具，推眼镜架，拉展衣服等。一般说来对教学有消极负效影响。

距离性动作。指教师在教学过程中身体位置的移动动作。它意味着师生空间距离的扩大和缩小。

国际汉语教师课堂体态语的功能类型同样划分为五大类：

辅佐修饰言语行为功能。指教师课堂体态语对言语有强调、辅助、补充等作用，以利于增强言语行为的表达效果。如请学生回答问题时，加上请的手势。

代替言语功能。指教师课堂体态语不伴随言语行为而起独立的传达信息的作用。最简单的如点头表示同意，摇头表示否定或不同意。

直接表达情感态度功能。指教师对某人或某事的情感态度，而这种情感态度是用语言难以精确表示的。比如非常赞赏学生的回答时，会心的微笑、欣赏的眼神以及激动夸张的表情，会给言语增色不少，会让学生深刻地感受到教师的这种情绪。

适应生理心理需要功能。为了适应教师自身长期养成的习惯或者缓解紧张情绪，有时为了消除身体某部位的不适感。例如有的教师紧张时就会拢头发、摸脖颈儿，讲问题时撸袖子、抱着书，有的教师想问题时会摸下巴、转笔等，多是些不自觉的下意识的行为动作。

调控组织言语教学功能。指教师运用非言语行为使学生集中注意力，调控言语教学，或运用其他非言语手段（如板书、教具、讲义、幻灯片、多媒体课件等）组织言语教学，按教学要求进行某种活动，使教学活动顺利开展。前者如有学生上课讲话、玩手机、照镜子不注意听讲时，教师用目光、手势、嘴部动作暗示或制止对方等；后者如课堂上教师板书的运用，水果蔬菜等教具的使用等。

教师体态语各表现形式与功能类型的主要对应关系是：教师指示性动作的主要功能是辅佐修饰言语行为、代替言语行为；解说性动作的主要功能是辅佐修饰言语行为；表露性动作的主要功能是辅佐修饰言语行为和代替言语行为，与直接表达情感态度的功能关系密切；工具性动作的主要功能是调控组织言语教学；体适性动作和体调性动作的主要功能是适应生理心理需要。一般来说，教师的指示性动作、解说性动作、表露性动作、工具性动作都是积极有效的体态语动作，而体适性动作和体调性动作则多为消极无效或负效体态动作。教师的课堂体态动作对教学效果产生直接影响，可以通过教学录像制定量表做一定程度上的量化统计分析，并对教师的课堂非言语行为提出规范要求。

二　熟手和新手汉语教师的课堂体态语特点描述与分析

高校汉语课堂作为中外师生跨文化交际的场所，师生言语交际和非言语交际行为构成了课堂教学的全貌，两者相辅相成，不可或缺。研究发现，教同一年级的新手教师和熟手教师在教学内容、方法、进度统一的前提下，其教学行为和效果差异很大，教师的非言语行为起到较大的影响作用。汉语教师由新手到熟手除了言语行为的熟巧外，其非言语行为(包括体态语和副言语等辅助言语行为)的熟练运用也是不可或缺的。本文选取北京师范大学102年级全体会话课教师(共10位)的同一次课(共2节)进行正式人工录像。根据教师的教学时间经历,把10位教师分为两组:其中5位工作在3年以上的熟手汉语教师分别命名为A1、A2、A3、A4、A5教师,5位新手教师分别命名为B1、B2、B3、B4、B5教师,5位新教师都是对外汉语教学和汉语国际教育专业研二实习生,年龄均在25岁左右。本节拟通过叙事描写的方法,描述10位教师课堂体态行为特点及对教学的影响效果。

2.1　熟手教师的课堂体态语特点分析

A1,女,44岁。上课时最大的特点是课堂体态语丰富,使用数量较多,其中表露性动作最多,目光语丰富,一直面带笑容,而且是发自内心的、自然爽朗开心的笑。在笑容或微笑中,很多的目光语里都含有难以用言语表达的感情,这些感情和态度无形中与学生会意默契,使课堂气氛轻松愉悦。教师的目光语里除了包含关注、疑问、激励、期待等常见情感之外,有时也包含有委婉否定、幽默提醒、亲切肯定、轻微批评等含义。教师丰富的情绪表露不仅加强了师生间情感的交流,拉近了师生间的距离,使课堂气氛和谐愉悦,而且能在不伤害学生自尊的前提下纠正学生的错误发音和不当言辞。如教师讲解"嘲笑"一词时出示了一个小丑的图片,并问学生"人们嘲笑小丑时会感到怎么样?",有学生回答说"幸福"。对于这个明显不当的答案,教师并没有立即生硬地否定,而是呵呵一笑,做了一个手掌向下挥的手势,纠正:"开心,不要说'幸福'!"学生一下就意会到自己用词不当,并愉快地接受了。再如,学生在做"老板与顾客"的表演时,出现了诸如"欢迎到我的饭店买衣服""老师,再见"之类的口误,教师在总结时先肯定大家的优点,然后就边哈哈大笑,边点出学生的口误,学生听了也跟着哈哈大笑,在愉快的笑声中接受了老师的指正。该教师课堂体态语的另外一个特点是指示性动作多。教师在课堂上提问很多,注重学生的信息接收和反馈,同时指示性手势也很多,指引学生看黑板、看PPT,有时在提问之外也用手掌指向学生等。该教师讲课时用了很多解说性动作帮助学生理解,如纠正声调以及解释"脑筋活""抓住""制作蛋糕"等词语时,用很形象的动作达到了事半功倍的效果。教师课上使用了投影仪,所以工具性动作也比较多。主要是操作动作:操作电脑和用鼠标代替手掌指示投影仪。体适性动作很少,只有两次,都是单臂撑桌。体调性动作出现次数多一些,主要是拢头发、推眼镜这两个动作出现较多。另外在插入U盘后玩弄U盘帽的动作持续出现了一段时间。A1上课状态放松,无紧张感。

A2,女,33岁。教师课堂体态语中,表露性动作所占比例较大,与学生目光交流得很充分，这是她课堂体态语运用里最突出的表现。她能在课堂上及时发现学生身体欠佳状况（如生病），目光语里包含鼓励、期待、批评、肯定等意味，教师在课堂上一直面带微笑。教师保持着纯真亲切的微笑，不带教师的架子和威严，是一种在心理上与学生平等的微笑。由于面对录像机的缘故，A2 略显紧张，表情稍不自然，但并未影响她目光语的充分表达。该教师的课堂提问，多面向集体提问，较少面向单个学生，指示性动作所占比例不高。在课堂教学中，教师在诸如声调纠正、列举事物时运用了体态语，但是数量较少。由于当天身体状况欠佳，该教师适应生理心理需要的体适性动作和体调性动作出现稍多，主要表现为双手撑桌、喝水、拢头发等。另外，教师出现了几个不合适的动作，如讲话时拿钢笔在空中指点，用钢笔在讲桌上敲打让学生安静，点学生到讲台上表演时，伸出手掌手心向上四指上下翻动，用来招呼学生"过来""前来"。

A3，女，40 岁。教师课堂上的表情坦率、亲切、稳重，目光温和但又不乏活力，不仅让学生感觉到跟她的距离很近，而且还带有暖意，舒服又精神。该教师有时故意做出各种夸张的表情姿态，加上发自内心的开朗的笑，极好地调动了学生上课的情绪。教师与学生的目光交流很充分，全班学生与教师目光交流的机会基本均衡，教师在与学生的对视中面带笑容，表露性动作很丰富。该教师的指示性手势很多，尤其是强调性手势很丰富，讲重点内容时，边放慢语速加大音量，边伴以手势强调，给学生以较为强烈的视觉冲击，便于学生学习记忆。该教师的体适性动作出现次数稍多，一个是学生在齐读词语或课文时，教师的一只脚在不停地打着节拍，另一个是边读课文边用手指在书上指引。体调性动作主要是拂弄头发。该教师上课有激情，课堂气氛热烈，教学效果好。

A4，女，39 岁。她给人的总体印象就是优雅、温柔，目光和表情亲切，眼里含笑注视学生，引导着学生不自觉地跟随她的思路，加入她的话题讨论，上课不急不徐、如行云流水，环环相扣。该教师解说性动作很丰富，遇到可以用体态语解释的词语时，如"砍价""行李""撒娇"等词，边说边做动作，尤其是在讲"撒娇"时，拉着一女生的胳膊做示范，令班上学生哄堂大笑，在笑声中领会了词语的意思。该教师也运用了很多指示性的手势，如指引学生看黑板、讲话时伴随强调手势，以及请学生回答问题等。教师的体调性动作主要是摸鼻子、擤鼻涕，但总体来看，所占比例不大。该教师上课熟练自如、体态语丰富、能随心所欲。

A5，女，36 岁。她表情亲切自然，既让学生感到如同跟好朋友在一起的轻松，说到开心处全班都开怀大笑，也让学生在学习知识时有一种如沐春风的感觉，学生想说就说，没有太多顾虑。她注视学生时，目光中充满了好奇有趣的意味，还有很多只能意会的含义，无形中与学生在达成了一种沟通理解的默契。课堂提问时，除了开心的笑之外，该教师一直都微笑地注视学生，表情里含有期待、鼓励、领会、肯定等多种含义。该教师提问很多，常使用标准的单掌提问请答的指示性手势，显示出尊重学生的职业素质。教师的解说性动作也夸张有趣，能让学生在笑声中记住那一幕，明白词语或句子的含义，教师与学生关系融洽，课堂上笑声不断。教师的体调性动作中，笑时捂嘴出现的次数稍多一点，这种笑的姿态在中国高校女教师中时常会见到。亚洲学生大都表示理解，但欧美学生会认为教师害羞、不自信。

2.2　新手教师的课堂体态语特点分析

女教师 B1 的表露性动作最有特点，神态有个人魅力，能吸引学生注意。听她的课不觉得累。她的目光和神态都很平和，用静水深流来比喻较贴切。她的笑容不多，但笑起来很优雅。当学生犯了错误时，她的目光在平静中透出一丝严厉。在解释一些新词，如“透过来、压、罩、盘、滴、泡”时，能运用手势动作形象直观地加以说明。如解释词语“盘腿”时，教师就把双臂上下叠压在一起来表示瑜伽中的盘腿动作。该教师在课堂上使用了投影仪和电子教鞭，教鞭解除了电脑操作对教师行动的限制，替换了教师的指势和掌势的指引动作，在讲台下也能自如地用电子教鞭的红光指示学生看投影仪屏幕上的相关教学内容。教师手中的电子教鞭，成为教师手的延伸，该教师的工具性动作做得很好，能让自己自由地离开讲台，与学生互动交流。该教师的提问也有特点，很少采用标准的用右手手掌指向学生的做法，而是直接点名，注视一下学生，然后再指示看投影仪屏幕上学生要回答的问题。这与她手中握有电子教鞭，需指点学生看句型、不方便指向学生有关，同时也跟电子教鞭代替了教师的掌势语有关。教师的课堂指示性动作所占比例不高，用教鞭指示学生看 PPT 较多，借助多媒体教学工具在新手教师中较为普遍。该教师的问题是体调性动作稍多，教师的一绺刘海正处于挂在耳上似掉未掉的状态，致使课上频繁撩刘海。除此之外，还有摸鼻子，摸耳朵，以及在课堂上下意识地重新扎头发等动作。

女教师 B2 的讲课风格是轻快干脆、节奏紧凑。她的目光明快、清澈，传递的信息让学生容易读懂，不会感到有任何压力。提问多，与学生的目光交流多。该教师在上课前就已经在黑板上写好了本次课所有的板书内容，讲课时运用手部的指引动作较多，能让学生很快地找到中心内容。B2 在提问学生时，也采取了标准的教师课堂提问手势语，即把右手手掌伸出请学生回答。教师没有使用投影仪，因课前就写好了板书，所以对板书的利用较好，课上只有几次补充板书的动作。该教师在课堂上自始至终基本都是采用双手抱胸的体适性动作。此动作带有拒绝别人、自我保护的意味，反映了研究生教师上课内心紧张，拘泥放不开的心理状态。此外，解说性动作使用较少，讲课生动直观性不足也是该教师的上课不大方自然的实际情况。

女教师B3的课堂体态语有三大特色。一是体适性动作一个都没有，体调性动作也很少，这对于一位新手教师来说实属难得。二是表露性动作非常突出，笑容纯净、有亲和力。提问时注重对学生的注视和对全班的环视。三是提问较多，指向学生的手势很标准。上课的状态很放松，课堂动作也很自然，没有紧张或拘束之感。该教师的不足之处是，一是目光语有时使用不恰当，常常不看学生。如提问时手掌指向学生A后，没等A回答，教师却立即把目光投向了学生B，透露出教师内心的紧张和焦虑。再如，教师在讲课时以某学生为例，把手掌指向了该学生，但眼睛却投向了别处。二是解释说明性动作较少，这是新手教师普遍存在的问题。

女教师B4教态自然，非常注重与学生的目光交流和目光的平均分配，与学生的目光对视次数很多，目光平和、稳定，带有笑意，给学生的感觉很亲切，没有太大的压力。该教师的提问量很大，学生回答问题的机会均等，提问时的掌势动作标准，注意发挥指势和掌势的指引作用。与教学内容无关的适应性和调节性动作都很少，这很难得。由于是新手实习教师，面对录像机时稍显拘谨，表情不太自然，讲课体态动作少，放不开。

B5是唯一的男教师，说话不紧不慢，神态表情给人的感觉是踏实、没有老师的架子，很注意目光语的运用，在提问前对全班环视一圈然后再提问单个学生，在对学生的注视中，含有期待、赞扬等意味，还注意运用头部的动作加以强调。该教师注意运用掌势的指引作用，引导学生看黑板和投影仪的屏幕，在讲话时也有一些伴随动作加以强调。存在的不足是读课文时用手指指着上面的字，边读边移动手指。这一指示语虽可用来消除录像带来的紧张局促感，也在下意识地把儿时指点读书的习惯动作带了出来，作为血气方刚的男教师，却给外国学生留下了稚气不成熟，甚至是有阅读障碍的印象。

三　初级会话课教师体态语功能类型量化分析

本节依据教师课堂体态语行为转写规则，分类把体态语数据录入《国际汉语教师课堂体态语功能类型观察统计表》，试图量化统计出熟手和新手汉语教师课堂体态语的表现形式和各功能类型的分配比例，并根据统计结果，归纳分析两类教师课堂体态语行为的特点和不足，每位教师的教学体态行为量化统计表同表1。

表 1　A1 课堂体态语功能类型量化统计

功能类型	指示性动作 152,36%			解说性动作 53, 12.5%	表露性动作 128,30%		工具性动作 53,12.5%		体适性动作 2,0.47%			体调性动作 31,7.3%		距离性动作 6,1.4%	
	指势	掌势	头势		注视	环视	板书	操作	撑桌	手置胸前	其他	指向自身	指向物体	离远	离近
辅佐修饰言语	57	82	6	53	52	48	3								
代替言语	2	3	2		1										
直接表达情感态度					16	11									
适应生理心理需要											2	24	7		
调控组织课堂								50						3	3
总计	425														

（注：表中所填为符合某种功能的汉语教师课堂体态语表现形式出现的次数。）

表 1 是 A_1 课堂体态语行为量化统计表，篇幅所限，不再一一列举。依据《国际汉语教师课堂体态语功能类型观察统计表》七种体态动作的划分，5 位熟手汉语教师课堂体态语平均次数为 424 次，各类体态语行为比例分配平均值详见表 2。

表 2　5 位熟手汉语教师课堂体态语功能类型平均比例分布

指示性动作	解说性动作	表露性动作	工具性动作	体适性动作	体调性动作	距离性动作
454,21.4%	403,19%	627,29.6%	309,14.6%	10,0.45%	288,13.6%	38,1.8%
辅佐修饰言语行为	代替言语行为	直接表达情感态度	调控组织教学	适应生理心理需要	5 位熟手教师动作总数	平均动作次数
1374,64.8%	76,3.6%	161,7.6%	305,14.4%	204,9.6%	2120	424

由表 2 可知，熟手汉语教师在课堂教学中体态语总次数约为 400 次以上，其中用于指示性动作辅佐修饰言语的比例较高，教师说话时常常伴随着体态语，有时是辅助说明事物，有时是指示性地指引，有时则是对学生的注视或环视；熟手汉语教师有时还能直接用体态语代替言语行为。如学生不知该怎么回答问题时给学生以提示，用一个体态行为约定俗成地表示一个固定的指示性动作，用画图、动作示范解释词语等；对于表露性动作，熟手汉语教师目光语十分丰富，除了前面提到的对学生的注视或环视外，还常常用目光眼神来传达用语言难以表示的感情，如会心的微笑、含蓄的赞扬、善意的提醒、委婉的否定、热情的期待、恍然大悟地明白等，这也是熟手教师练就的能力之一。此外，熟手汉语教师体适性动作很少，体调性动作只是一些拂头发、撩刘海、摸脸颊之类的小动作，并没有形成习惯，成为体适性动作习惯。由于是新授课，5 位熟手教师都使用

PPT课件，上课基本都站在操作台后面，因而距离性动作极少，只占1.8%，与学生的体距几乎没有改变。

表3 5位新手汉语教师课堂体态语功能类型平均比例分布

指示性动作	解说性动作	表露性动作	工具性动作	体适性动作	体调性动作	距离性动作
469,28.7%	100,6.1%	639,39.1%	144,8.8%	97,5.9%	127,7.8%	57,3.5%
辅佐修饰言语行为	代替言语行为	直接表达情感态度	调控组织教学	适应生理心理需要	5位新手教师动作总次数	平均动作次数
1098,67.2%	81,5%	138,8.5%	102,6.2%	213,13.1%	1635	327

与5位熟手汉语教师相比，5位新手教师的平均动作次数较低，总量为327次。用指示性动作支持修饰言语行为的比例相对高些，但平均数低于熟手教师组，指示性动作略高于熟手教师，说明新手教师在运用指示性动作提问、指引、强调等方面并不弱。但解说性动作仅为6.1%，这明显低于熟手教师，说明新手教师上课较拘谨，放不开手脚，在解释事物辅助教学方面，没能充分发挥出体态语的作用，这无疑会降低课堂教学效率。有时一个动作就能很恰当地解释一个词语，达到事半功倍的效果，但如果仅仅靠语言说明的话，可能需要花更多时间才能让学生明白，这也是新手教师与熟手教师差距最大的地方。另一大区别是新手教师的体适性动作比例远高于熟手教师。新手教师在课堂之上常常出现调节心理和生理需要的体适性动作，这与新手教师缺乏教学经验、紧张焦虑，尚不能从容驾驭课堂有关。难得的是，有的新手教师没有体调性和适应性动作，这就使得在总数量上新手教师的体调性动作低于熟手教师。5位新手教师只有1位不使用PPT课件，但基本都站在操作台和讲桌后面，因而距离性动作很少，只占3.5%。

研究发现，尽管新手教师因教学经验不足出现这样或那样的问题，但总体来看，新手教师却很受学生欢迎，其教学评估甚至高于熟手教师。从教师的非言语行为中可以分析出一些原因。(1)新手教师在某些积极体态语的运用上超过熟手教师。新手教师的表露性动作和表达难以用语言表达感情的功能所占的比例都很高，新手教师也比较注意运用目光表情达意和与学生交流，二者的比例都超过了熟手教师。(2)专业课程训练对新手教师的教学实践发挥了有效的作用。通过访谈了解到，这届研究生都选修过《对外汉语课堂教学行为的理论与实践》(卢华岩，2011)课程，受到过类似美国明德学院和普林斯顿大学的汉语教学规范训练。这表明新手教师虽然缺乏教学经验，但却经过正规的教学法课程训练，在完成体态语动作规范方面，比非专业的外聘熟手教师更具专业性和自觉性。(3)新手教师教学热情和积极性较高，对教学的感情投入相对多些，对外国学生的关注度也较高，因此，在获得学生的好感和教学评估得分方面，并不低于熟手或专家型教师，尤其是那些朝气蓬勃、充满激情、课堂气氛效果好的新手教师，他们在教学评估得分上甚至会超过熟手或专家型教师。这也说明，国际汉语教学是师生智力因素和非智力情感因素共同参与互动的结果，教师对学生的关注度和师生间的情感沟通联系，对学生的情绪情感、心理作用和汉语学习心理影响很大。

四 国内高校初中级汉语课教师体态语行为量化标准

在中国教育教学领域，最早对教师非言语行为提出量化标准的是周鹏生(2006)，他通过对国内小学教师 20 节新授课的观察，计算出不同教师各种体态语功能类型所占平均比例，详见表 4。表 4 中"象征性"和"说明性"动作相当于表 1 中的"指示性"和"解说性"动作。

表 4 20 节小学新授课中不同教师的体态语功能类型平均比例分布

象征性动作	说明性动作	表露性动作	工具性动作	适应性动作	调节性动作	距离性动作
35.2%	2.7%	11.7%	11.3%	19.6%	4.6%	14.9%
辅佐修饰言语行为	代替言语行为	直接表达情感态度	调控组织教学	适应生理心理需要		平均动作次数
51.4%	15.1%	2.8%	16.9%	13.8%		348 次

从表 4 可知，国内高校初中级汉语课堂教师的体态语与国内小学教师的课堂体态语相比，有同有异。两者在"指示性动作""工具性动作""体适性动作"，以及"辅佐修饰言语行为"和"调控组织教学"功能方面非常接近。而在"解说性动作"和"表露性动作"表达难以用语言表示的感情和态度功能上，国内高校初级汉语课堂教师明显高于国内小学教师。在"距离性动作"和"代替言语行为"功能上，则明显低于后者。究其原因：(1)主要在于教学对象和教学科目的不同。面对初中级水平的外国留学生，国际汉语教师需要用大量的肢体语言解说生词课文，还要时时与学生交际互动，问答反馈，表扬肯定，所以表露性动作运用较多。(2)同样由于学生汉语水平所限，教师新授课多借助多媒体课件，因此"距离性动作"很少。(3)教师的体态动作多用来辅助或强化语言表达，而很少"代替言语行为"。

通过对比分析发现两者的不足是：(1)高校汉语教师应该尽量摆脱多媒体操作台的控制，适当增加与学生空间距离上的移动次数，拉近与学生的距离。(2)国内小学教师"距离性动作"比例适当，"解说(说明)性动作"和"表露性动作"比例相对偏少，应该适当增加"解说性动作"和"表露性动作"，以增强与学生的情感联系，自觉运用体态语来辅助教学。

鉴于以上的量化统计和教学中教师体态语使用无规范的现状，研究认为，国际汉语教育学科应本着积极有效、适度得体、以学生为本、师生共情共意的原则，树立教师行业行为标准和规范，制定一套教师课堂体态语使用的基本规则标准：即国际汉语教师基础汉语教学阶段体态语的总次数可在350—450次，其中用指示性动作辅佐修饰言语的比例应在25%—30%；代替言语行为功能可在10%左右；表露性动作和直接表达情感态度功能所占的比例可在20%—30%；解说性动作可在15%—25%，调控组织教学的工具性动作在10%左右；体适性和体调性动作越少越好，可控制在5%以下；距离性动作为10%左右。

本文旨在通过叙事和量化研究，理清10位高校汉语教师课堂体态行为对教学的影响效果，合理分配七种体态语的使用比例，以促使国际汉语教师对非言语行为的自觉掌握和积极有效地运用，并首次对国际汉语教师基础汉语教学阶段的课堂体态语提出行为量化标准和行为规范。

参考文献

毕继万（1999）《跨文化非语言交际》，北京：外语教学与研究出版社。

李振村、庄锦英（1993）《教师体态语言艺术》，济南：山东教育出版社。

卢华岩（2011）《对外汉语课堂教学行为的理论与实践》，北京：北京大学出版社。

马兰德罗等（1991）《非言语交流》，孟小平等译，北京：北京语言学院出版社。

周鹏生（2006）《教师非言语行为研究简论》，北京：民族出版社。

Ekman. Paul & Friesen. V. Wallace (1969) The repertoire of nonverbal behavior categories, origins, usage and coding. *Semiotica*, 1:49－98.

Ekman. Paul, Sorenson. E. R & Friesen. V. Wallace (1969) Pan-curtural elements in facial displays of emotion, *Science*, 164:86－88.

（亓华　北京　北京师范大学汉语文化学院　qihua885@163.com）

国内对外汉语教师认知研究：回顾、现状与展望

陶健敏

提 要 本文是对10余年来国内对外汉语教师认知研究发展所做的阶段性总结：分两个阶段回顾其发展历程，并从研究方法和研究内容两方面对该研究现状进行概述。在此基础上，分析当前研究中的主要不足，并对国内对外汉语教师认知研究的未来发展方向提出建设性意见。认为这将有助于进一步强化教师认知研究之于对外汉语教师教育重要性的意识，促进对外汉语教师教育与世界二语教师教育的对话与接轨。

关键词 国内对外汉语教师 教师认知研究 教师教育

一 引言

"教师认知"指的是教师所知、所信和所想等在教学中不宜观察到的教师认识过程和结构（Borg，2006：1）。20世纪90年代以来，教师认知研究已发展成为世界二语教师教育研究的重要领域①。主要涉及职前/在职二语教师的实践性知识研究、教学决策研究、教师认知与课堂教学实践的关系研究，以及反映教师的教学理念、态度和假设的信念研究，逐步形成了理论多元、方法兼容、学科跨界的研究特色。在当前教育国际化背景下，世界二语教师认知研究正经历着重要的社会文化转向（Sociocultural Turn），将对其研究范畴、模式和方法产生更为深远的影响（Johnson，2006；Cross，2010；Borg，2012）。

汉语国际教育的发展凸显了教师作为"三教"问题核心的重要性与复杂性。近年来，国内对外汉语教师研究也出现了由强调教师素质和培训向重视教师认知研究的转向。将研究视角深入到对外汉语教师的教学意识、知识结构与教学信念之中，积极揭示他们认知和思维过程的规律，丰富了汉语国际教师教育的研究。但是，无论是在研究的

---

① Simon Borg（2011：217－218）曾调查了包括Applied Linguistics，Modern Language Journal，System，TESOL Quarterly，Language Teaching Research，Foreign language Annals在内的六种重要期刊在2005—2009年间所发表的有关语言教师教育的论文，共计93篇，发现"教师认知"成为其中最大的单一研究主题。

系统性还是研究的深度与广度上,国内对外汉语教师认知研究与世界二语教师认知研究之间都存在着不小的差距。就这一领域的现有成果进行系统评述,有助于我们进一步提升教师认知研究之于教师教育重要性的意识,明确对外汉语教师认知研究的重心与方向,加强对外汉语教师教育与世界二语教师教育的对话与接轨,同时也将为汉语国际教师教育的发展提供良好的理论与实证支撑。

二 国内对外汉语教师认知研究的发展回顾

长期以来,国内对外汉语教学界重点围绕语言本体、汉语作为第二语言的习得,以及教学理论开展研究,并针对学科定位与建构、汉字教学等问题进行了广泛讨论(崔永华,2005、2008)。教师培养与发展的话题虽偶有涉及,但并非研究的热点,更未曾就教师认知问题进行过系统而深入的专题研讨。随着在教师素质范畴中有关教师知识结构与教学意识的探讨日渐增多,围绕汉语教师教学的行动反思、教学心理与信念等方面的认知研究成果正在不断涌现,这不仅丰富了我们对汉语教师内隐的认知世界的了解,也在一定程度上推动着汉语国际教师教育理念与模式的变革。同时,当代汉语国际教育的特定语境与发展要求,必然会在海内外汉语教师的教育发展中注入一些特殊元素,在此语境下进行汉语教师的认知研究无疑更具现实意义。我们回顾国内对外汉语教师认知研究的发展,将之分为两个阶段。

2.1 第一阶段(20世纪80年代至2007年):教师认知研究意识的萌发与初探

20世纪80年代以来,通过强化教师培训,提高对外汉语教师素质,成为了对外汉语教师教育的中心任务(吕必松,1987、1989;刘晓雨,1999;张和生,2006)。这些探讨将教师问题视为当时对外汉语教学健康发展的瓶颈,具有积极的意义;但也流露出将教师简单视为知识和技能传输者的偏见,反映出传统教学行为主义支配下固化和惯性的思维方式。众多研究热衷于探讨“教师做什么”,而很少会将思路延伸至“教师为什么这么做”,尚未认识到教师认知过程才是决定教学行为的最终因素(Devon,1996)。这一时期,对外汉语教师认知研究几为空白,不过在这些建议意见型的研讨中,逐渐浮现出针对教师知识结构、教学观念以及精神素质的初步探讨。吕必松(1987、1989)较早地从端正教师思想意识和学科意识方面呼吁加强对外汉语教师队伍建设,并论述了教师所应具有的专业知识和文化知识。而较早涉及以人格素质和心理素质为主的对外汉语教师精神素质研究,则是源自对学生心目中的期望值研究。戴桂英(1992)初步论述了教师树立“终身学习”观念、提高精神素质、坚持自我修养的必要性。刘珣(1996)也提出了应以学员兴趣为导向的教师培训理念。此外,毕继万、张占一(1991)所提出的教师“跨文化意识”理念也获得了对外汉语教学界的重视。不少围绕教师心理素质、知识结构以及跨文化意识的文献陆续发表在国内各类学术期刊上(肖祥忠,1997;李红,1998;高立平,2002;周健,2004;陈绂,2005;陆俭明,2006)。同时,一些研究开始探讨教师行动/行为,将之定性为一种系统的反思性探究活动,主张教师针对自身教学中的问题,亲自制订、参与并展开调查与研究。总体而言,这些研究大都停留在思辨式的探讨中,是在缺乏与国际上日趋成熟的教师认知研究对话的背景下,对对外汉语教师心理世界所做的初步、自主性探索。它们虽然拓展了对外汉语教师研究的视域,一定程度上触及了对外汉语教师的内隐思维,但是学界尚未意识到认知作为教师行为背后的驱动力的意义和价值。

在汉语国际推广的背景下,一些学者开始借鉴西方二语教师认知研究的某些具体成果,针对教师的语言习得理念,教师对于课堂活动的看法以及教师的自我教学效能感进行了初步实证研究(陶健敏,2005;丁安琪,2006;徐彩华、程伟民,2007)。以探究教师心理为目标的专题性研究开始推动教师研究内容的多元化,“教师信念/理念”成为了教师研究的关键词之一。它们逐渐形成了对外汉语教师认知研究的基础领域,将以往探讨教师意识、思想等较为模糊和初浅的教师心理研究导向了专业的教师认知研究方向;此外,它们大多以具体问题为导向,开展实证性研究,这为在对外汉语教师研究中提供科学规范的研究方法做出了有效尝试。2007 年,由国家汉语国际推广领导小组办公室制定的《国际汉语教师标准》对教师应具备的知识技能以及教学反思意识做了清晰的界定,特别是在“教师综合素质”模块中明确了教师应针对自身教学实践和效果进行主动分析与反思,强化自我发展意识,培养良好的心理素质。这一纲领性的表述,为开展对外汉语教师认知研究的重要性和必要性做出了有力的注解。

2.2 第二阶段(2008 年至今):教师认知理论的述介与应用

2008 年是国内对外汉语教师认知研究发展的一个分水岭。《世界汉语教学》在该年第 3 期上发表了孙德坤的《教师认知研究与教师发展》一文,这是学界第一篇综述西方关于教师认知研究与教师发展状况,探讨教师认知研究在汉语国际推广中的意义的文章,标志着对外汉语教学界开始从“教师认知”研究范畴出发,迈出了在理论指引下,系统探索教师心理的第一步。自此,对外汉语教师认知研究进入了一个崭新阶段。在研究类别上,理论研究和应用研究齐头并进。就研究数量而言,国内学术刊物所发表的对外汉语教师认知研究的论文数量较之以往有了明显增长。而从研究内容来看,基本覆盖了教师认知研究的主要方面:既有认知理论的阐述,也包括了汉语教师知识结构研究；具体场景中教师教学动机、教学效能感等影响教学决策的研究；以及教师针对特定语言教学要素所持有的教学信念的研究。其中还包括了第一阶段未曾涉及的内容，如在汉语国际教育的发展背景下，考察汉语教师在多元文化和教学环境中所形成的教学适应能力、文化适应策略，以及自身的角色定位，体现出汉语教师认知发展受复杂的社会文化因素影响的认识。同时研究对象也更为广泛，既包括了在职教育阶段的国际汉语教师和高校对外汉语教师，也涵盖了处于职前教育阶段的汉语教师志愿者。在研究方法上，这一阶段既有逻辑式、经验型的文献类研究，也有基于第一手资料来源、手段趋向科学化的实证研究；特别是契合教师认知研究性质的"叙事探究"(narrative inquiry)开始受到关注。

近年来，以汉语教师为主题的一批研究得到了包括教育部人文社会科学重大项目的立项支持。而在此阶段，国内所举办的一些颇有影响力的学术活动也纷纷将研讨主题聚焦于国际汉语教师教育师资的培养与发展上，如 2012 年的"第十一届国际汉语教学研讨会"就将会议主题确立为"创新与发展：国际汉语教师培养培训"；2013 年的"第十一届国际汉语教学学术研讨会"也以"汉语国际教育教学师资"为会议主题。在一些规模虽小但学术氛围浓厚的会议上，"汉语教师教育与教师发展研究"也频频出现在研讨议题中。一些与汉语教师认知相关的教师知识、能力与教学信念等研究成果引起了广泛的关注。自 2008 年以来，国内对外汉语教师认知研究有了长足的发展，其研究队伍日益壮大，促进了研究领域和层次的拓宽与深入；而研究水平也在稳步提升，开始对汉语教师教育产生积极的影响。

三　国内对外汉语教师认知研究的现状

3.1　研究方法

根据对论文研究方法的分类统计，国内对外汉语教师认知研究在第一阶段主要以思辨性、非实证研究为主；而近 10 年来，文献性研究和实证研究均得到了应有的重视。其中，实证研究量也从第一阶段约 15%跃升到第二阶段的 80%左右，这表明以量化为主的实证研究方法已成为国内对外汉语教师认知研究的常用手段。其中，以理论引导(theory-led)的实验研究范式，因其契合认知研究的特性，正日益受到重视(陶健敏，2005；江新、郝丽霞，2010；郭胜春，2012；孙德坤，2014)。它主要以个案研究的方式呈现，即在特定理论指引下，针对单一教师或群体的认知行为进行深入而具体的研究，以了解问题的成因或表现，进而提出适当的辅导性策略。这类个案研究往往重视前期语料搜集与方法，面对面访谈、课堂观察与录像、研究者的研究日志以及教师教案、学生作业样本等均被视为有效参考；并针对性地运用问卷调查、自传性调查，并结合评定量表、统计数据进行处理。此外，叙事探究近来也正悄然兴起，孙德金(2010)结合教学名师口述史研究，较早地介绍了叙事研究方法的背景、哲学基础、特点和性质，认为教育叙事研究将有效地促进对外汉语教师发展。吴勇毅等(2012)则首次采用叙事手段，“叙述”一名新手教师发展为优秀教师的“成长史”，以此折射出教师认知构建的真实轨迹。

3.2 研究内容

3.2.1 认知理论与汉语教师教育

从 2008 年开始，国内学者结合汉语教师的教育和发展，陆续发表了一些教师认知理论的综述性文章，体现出以教师认知研究为中心的对外汉语教师教育的学科发展意识。孙德坤(2008)在学界首次述介了教师认知研究的缘起，明确了教师认知研究的定义和主要议题；并从教育哲学的高度肯定了教师自身发展的必要性与合法性，倡导以自我内省为过程的个人反思，鼓励自主开展行动研究或探索。吴勇毅等(2012)也在汉语作为第二语言/外语教师的研究中明确了认知研究的意义，主张加强“实然”性的教师认知构建研究，追寻教师成长轨迹，探究其发展规律，认为这将有利于改进当前以“应然”为主的教师培训模式。陶健敏(2013)则通过解读汉语国际教师教育“本土化”内涵，强调了教师认知研究对于汉语国际教师教育发展的意义，提出了以教师个体与环境为基础，建构汉语教师认知研究框架的设想。

3.2.2 汉语教师知识研究

教师知识是教师认知研究的重要内容，也是教师专业化发展的根本保障。近来一些学者注意到“教师实际上知道什么、在课堂上运用了什么”往往在教师教学活动中发挥着更为关键的作用，考察实践性知识有助于指导教师课堂教学。张洁(2007:69—70)认为实践性知识不同于理论性知识，它是教师在教学实践和反思中形成并运用的知识，具有隐性、缄默性、情景性、情感性等特点。江新、郝丽霞(2010,2011)综述了教师实践性知识的特点和发展过程，探索了若干对外汉语教师的具体实践性知识；并编制了实践性知识的分析框架，着重考察了新手和熟手对外汉语教师实践性知识的异同。这些研究将视角深入到教师在教学实践中使用或表现出来的教学认识，从教师内隐的认知世界丰富了学界对于教师知识的了解。在此基础上，一些研究还强调教师知识的个人性、专属性，引入了“个人实践知识”概念(张洁，2007:70；孙德坤，2008:77)，主张以个案研究探讨包括“自己做学生的经历”在内的、出自个人经验的全部。其中，孙德坤(2014)对两名国际汉语教师个人实践性知识开展的个案研究颇具代表性，它不仅在视角选取和方法运用上标志着汉语教师实践性知识研究的深化,而且还表明相关研究对于师资教育和培训具有积极的参考意义。

3.2.3 汉语教师教学决策研究

国内对外汉语“教师决策研究”重视分析影响教师课堂决策制定的多种因素,而对于动态持续的决策过程性研究较少涉及。丁安琪(2006)以实证方式探讨了教师内在认知对于课堂教学活动的影响作用。教师的自我教学效能感是研究的另一热点,它是教师对于自身教学能力的一种信念和评价,反映了教师对自身能否成功影响学生,完成教学任务的自我信念和体验。徐彩华、程伟民(2007)以及徐彩华(2009)考察了汉语教师自我教学效能感的主要来源,认为语言教学的自我评价和对教学的情感体验有助于减少教师的课堂教学焦虑;教师的亲和力、感染力、耐心等个性特征则有助于建立积极的课堂教学体验。对外汉语教师的教学动机也是影响教师课堂决策的一个因素。原一川等人(2011)针对韩、泰两国汉语教师开展教学动机实证研究,发现并非所有教师对所从事的汉语教学工作和事业都有着相同的期盼;汉语教学工作和奖励的差异均能成为可识别的动机因子。近年来,以降低学生课堂学习焦虑为核心的教师反馈语研究也被纳入教师隐性知识的范畴,成为教师课堂决策的一部分(亓华、杜朝晖,2007;刘弘、王冰,2013)。

3.2.4 汉语教师信念研究

教师内隐的信念系统反映了教师对于教学及其相关因素的态度、假设与价值观,它与教师教学实践、教师知识以及学生的学习结果密切相关,对教师的实践行为和专业发展影响深远(Pajares,1992:327)。国内汉语教师信念研究始于有关教师教学意识的探讨,主要围绕教师文化自觉中所形成的价值判断而展开,不过多流于宽泛的观点陈述。陶健敏(2005)较早以实证研究方法,分析了“国际汉语教师中国志愿者计划”中志愿者们的语言习得理念的变化,并与有经验的对外汉语教师的二语习得理念进行异同比较。其后的研究主要围绕教师语法教学信念,针对职前与在职教师(汲传波、刘芳芳,2012),教师与学生(吴勇毅,2012)做了实证分析对比,发现他们均持有交际语法教学和传统语法教学理念,个体差异在语法教学信念上并不存在显著差异。此外,也有学者基于个案研究考察了对外汉语教师信念与教学行为的关系(郭胜春,2012)。

3.2.5 汉语教师认知与环境

不少国内学者曾结合亲身教学实践,对海外语言教学环境的多样性与复杂性做了丰富的介绍。一些学者意识到教师主体在成长与发展中与多元环境之间保持着历时和共时的密切触碰,环境对于他们自身认知和行为的塑造与发展起着极为关键的作用。近来,汉语国际教育环境对于汉语教师文化认知和跨文化适应的影响是研究的热点。

孙德坤(2008)结合具体个案,从社会大环境以及教学小环境两方面探讨了环境对于教师认知的影响。汉语教师的跨文化适应性表现为社会文化适应和心理适应,主要涉及情感、行为和认知等方面。吕俞辉、汝淑媛(2012)在一个较大样本调查中,发现半数以上的教师存在着语言障碍、工作任务繁重、对教学对象缺乏了解等问题,他们建议以文化融合的态度来完成跨文化适应。其他研究则注重分析汉语教师与志愿者在特定环境不适应状态下所表现出的一些心理问题和成因,并针对性地提出了应对策略和建议(江傲霜、吴应辉,2012;孙琴、李艳,2012)。

四 国内对外汉语教师认知研究的不足

4.1 理论指引不足,研究内容缺乏相互关联

在理论研究上,国内对外汉语教师认知研究进展乏力,参与宏观理论建构研究的意识不强,基本上满足于理论的重复性引介和消化吸收。另一方面,现有研究成果大都源自具体的微观课题,热衷于在对外汉语教师身上,验证所接触到的理论研究成果的价值,带有一定的功利性、盲目性。此外,研究基本处于各自为战的松散状态,难以反映汉语教师认知研究的全貌,尚未思考如何结合对外汉语教师及其教育的实际,建构相应的汉语教师认知研究框架,进而形成自成一体、重点突出的理论体系。而对于教师认知和教学成果之间的关系,教师认知的评价体系等具有共性的前沿课题,也缺乏研究的担当。研究的系统性不足,缺乏对自身特点的理论关注,一定程度上影响了我们在世界二语教师认知研究中应有的地位和作用。

4.2 应用于汉语教师认知研究的质性分析方法有限

当前的研究主要以访谈、问卷和课堂观察为基础进行材料搜集,并加以数据量化统计,形成了较为固化的研究范式;很少针对性地使用诸如“焦点小组”(Focus Group)、“有声思考”(Think Aloud)、“口头反思性日志”(Oral Reflective Journals)以及“刺激性(有提示)回忆”(Stimulated Recall)等其他一些教师认知研究中成熟而有效的方式(Barnard & Burns,2012)。甚至对于这些研究方法的优劣评判及可应用性,学界也鲜有探讨和共识。已有的研究似乎还停留在以研究者为主导的早期发展阶段,存在干扰被试者思考的可能性,进而影响对真实思维历程的搜集,研究成果容易流于理性化(rationality)。另外,现有的多数研究还属于静态共时的范畴,极少利用“叙事探究”的方式,从丰富的“生活世界”中对教师认知构建轨迹加以动态刻画,从教师“成长史”的角度

更准确地反映教师复杂的内在心理过程。

4.3 国内对外汉语教师认知研究的学科定位不够清晰,学术性研究的合力尚未形成

对外汉语教师认知研究应是一门多学科、跨学科性研究领域的学科建设,一个在对外汉语教学中极具理论探索和实践应用的研究领域。不过,国内的研究大致仍停留在国际二语教师认知研究的初阶;其潜在的研究价值与影响尚未得到学界的高度关注,对这一学科的属性认识滞后于该学科的现实发展。学界若不能敏锐地把握研究的发展动态,准确定位学科,将影响到该学科的建设与发展。另一方面,近30年来的汉语教师培养与发展研究虽然成果丰硕,但是以汉语教师认知为研究内核的成果却较少出现在重要的学术刊物上①。并且,迄今学界也未见具有影响力的专著文集问世,几乎没有召开过相关的专题学术会议,这显然不利于研究成果的交流。

五 国内对外汉语教师认知研究的前景展望

5.1 从跨学科合作拓展中获取新的研究视角

目前,对外汉语教师认知研究已与语言学、认知心理学、教育心理学等学科进行交叉融合,今后将在熟悉自身所依赖的教育哲学背景基础上,进一步加强与教育社会学、人类学等社会科学的联系,敏锐地捕捉到诸如"社会文化理论""后方法理论"所带来的教师认知研究的新动向,将有助于借鉴吸收各学科中有价值的成分,进一步扩大研究视角;其理论研究也将有所突破、创新和发展,为汉语国际教师教育开创具有自身特色的研究领域。

5.2 重视研究方法,加强跨学界的交流

今后的研究将更着眼于研究范式和方法的科学性,这就要求在不同的方法论取向下,合理地结合量化与质化的研究方法。应更为重视质化的数据搜集策略与方式,重视叙事探究的手段,灵活运用基于自我报告、口头评价、观察和反思性写作而生成的具体研究方法。在结合量化手段时,应重视通过各种方法而得出的数据价值。在质的纵向

---

① 笔者就核心期刊《世界汉语教学》与《语言教学与研究》进行统计发现:在2005—2013年期间,其所刊载的对外汉语教学与研究的论文共410余篇,而涉及汉语教师认知研究的论文为15篇,仅占总数的3.6%。

描述与量的横断研究中，去表征、分析并解释教师的内在认知心理过程。值得注意的是，对外汉语教师认知研究与国内英/外语教师的认知研究基本处于同步发展的进程中，两者间应在研究理论与方法上主动加强沟通，相互借鉴，才能更好地融入国际二语教师教育研究。

5.3　建构对外汉语教师认知研究框架，凸显汉语国际教育特点

系统性是语言教师认知作用的主要特点，构建语言教师认知研究的系统框架，将有助于避免出现过多的孤立性研究；重点突出教师认知研究的主要领域，明晰相互间的作用，合理引导研究方向(Borg，2006：272－284)。对外汉语教师认知研究应在起步阶段格外注重自身体系的建构，明确汉语国际教育发展特定阶段所应侧重的研究领域和界限，以便更好地凸显自身特点。我们认为，在深入研究教师在汉语听说、语法、阅读和写作等教学中的认知过程，以及丰富教师情感认知研究的同时，今后应侧重三个方面的研究：一是从语言教师认知研究的实践性出发，更好地了解教师及其具体的教学行为，加强诸如教师对于学生、教学评价和自身发展等内隐知识的研究；二是基于汉语国际教育，从国内教师海外教学"当地化"与海外教师"本土化"出发，集中力量研究教师的教学主体性及其对环境多元性的认知，以及外部环境对于教师认知发展的影响。此外，在教师个人认知研究深化的同时，也应重视基于特定环境的汉语国际教师集体认知或教师文化，这对于青年教师的发展尤为重要。在这些研究的基础上，进而思考它们应用于汉语国际教师教育课程改革的可行性。

国内对外汉语教师认知研究 10 余年来的发展，正不断验证、丰富着二语教师认知研究的理论与实践，它为对外汉语教师教育开启了一扇通向教师内隐的心理认知活动的大门，为"后方法时代"教师成为"反思型实践者"乃至"转换型知识分子"提供了现实可能。我们有理由相信，适时地回顾、评判已有的努力，积极调整和确定今后的方向，汉语教师认知研究必将在正确的轨道上努力赶上国际二语教师教育发展的先进水平，在汉语国际教育时代开创出成果丰硕的新局面。

参考文献

毕继万、张占一（1991）跨文化意识与外语教学，《天津师范大学学报》(哲学社会科学版)第 5 期。

崔希亮（2010）汉语国际教育"三教"问题的核心与基础，《世界汉语教学》第 1 期。

崔永华（2005）二十年来对外汉语教学研究热点回顾，《语言文字应用》第 1 期。

崔永华（2008）对外汉语教学学科 30 年学术研究回顾，北京市社会科学界联合会主编《2008 学术前沿论坛·科学发展：社会秩序与价值建构——纪念改革开放 30 年论文集》(上卷)，北京：北京师

范大学出版社。
陈 绂（2005）谈对外汉语教学硕士研究生的知识结构,《语言文字应用》第S1期。
戴桂英（1992）学生心目中的期望值与对外汉语教师的素质,《汉语学习》第3期。
丁安琪（2006）专职对外汉语教师对课堂活动看法的调查,《语言教学与研究》第6期。
杜朝晖、亓 华（2007）中级汉语会话课堂教师反馈研究,《语言文字应用》第1期。
高立平（2002）对外汉语教学中的文化意识,《南京社会科学》第2期。
国家汉语国际推广领导小组办公室（2007）《国际汉语教师标准》,北京:外语教学与研究出版社。
郭胜春（2012）高校对外汉语教师教学信念与教学行为个案研究,《高等函授学报》(哲学社会科学版)第5期。
汲传波、刘芳芳（2012）教师认知视角下的职前汉语教师语法教学信念研究,《语言教学与研究》第6期。
江傲霜、吴应辉（2012）泰国汉语教师志愿者教学适应能力探析,《华文教学与研究》第6期。
江 新、郝丽霞（2010）对外汉语教师实践性知识的个案研究,《世界汉语教学》第3期。
江 新、郝丽霞（2011）新手和熟手对外汉语教师实践性知识的研究,《语言教学与研究》第2期。
李 红（1998）试论对外汉语教学中的跨文化交际意识,《陕西师范大学学报》(哲学社会科学版)第S1期。
刘 弘、王 冰（2013）对外汉语教师课堂积极反馈语研究,《语言教学与研究》第3期。
刘晓雨（1999）对对外汉语教师业务培训的思考,《北京大学学报》(哲学社会科学版)第4期。
刘 珣（1996）关于汉语教师培训的几个问题,《世界汉语教学》第2期。
陆俭明（2006）汉语教员应有的意识,《世界汉语教学》第1期。
吕必松（1987）对外汉语教学的紧迫任务,《世界汉语教学》预刊第1期。
吕必松（1989）关于对外汉语教师业务素质的几个问题,《世界汉语教学》第1期。
吕俞辉,汝淑媛（2012）对外汉语教师海外工作跨文化适应研究,《云南师范大学学报》(对外汉语教学与研究版)第1期。
亓 华、杜朝晖（2008）中级汉语会话课堂提问类型研究,《云南师范大学学报》(对外汉语教学与研究版)第6期。
孙德金（2010）教育叙事研究与对外汉语教师发展,《世界汉语教学》第3期。
孙德坤（2008）教师认知研究与教师发展,《世界汉语教学》第3期。
孙德坤（2014）国际汉语教师个人实践性知识个案研究,《世界汉语教学》第1期。
孙 琴、李 艳（2012）国际汉语教师跨文化适应策略分析——以国家公派到南非的教师为例,《云南师范大学学报》(对外汉语教学与研究版)第1期。
陶健敏（2005）"国际汉语教师中国志愿者计划"志愿者语言习得理念纵深式个案调查,《暨南大学华文学院学报》第4期。
陶健敏（2013）教师认知研究与"本土化"趋势下的汉语国际教师教育,曹顺庆主编《第十一届国际汉语教学学术研讨会论文集》,成都:巴蜀书社。
吴勇毅（2012）教师与学生汉语语法教学观念的对比研究,第四届中青会会议论文。
吴勇毅、凌雯怡（2012）教师认知构建与汉语教师的职业发展,世界汉语教学学会秘书处《第十一届国际汉语教学研讨会论文集》,北京:高等教育出版社。
肖祥忠（1997）对外汉语教师知识结构的合理化浅谈,《教育评论》第2期。
徐彩华、程伟民（2007）对外汉语教师自我教学效能感研究初探,《汉语学习》第2期。
徐彩华（2009）对外汉语教师教学效能感的特点,《语言教学与研究》第3期。

原一川、吴建西、李 鹏、尚 云、袁红红、原 源（2011）海外本土化汉语教师的教学动机实证研究，《云南师范大学学报》(对外汉语教学与研究版)第2期。

张和生（2006）对外汉语教师素质与培训研究的回顾与展望,《北京师范大学学报》(社会科学版)第3期。

张 洁（2007）对外汉语教师的知识结构与能力结构研究,北京语言大学博士学位论文。

周 健（2004）论汉语教学中的文化教学及教师的双文化意识,《语言与翻译》第1期。

Barnard & Burns (eds.) (2012) Researching Language Teacher Cognition and Practice: International Case Studies. Bristol, England: Multilingual Matters.

Borg, Simon (2006) *Teacher Cognition and Language Education: Research and Practice*. London: Continuum.

Borg, Simon (2011) Language teacher education, In James Simpson (ed.), *The Routledge Handbook of Applied Linguistics*, 217—218. Oxford, England: Routledge.

Borg, Simon (2012) Current approaches to language teacher cognition research: A methodological analysis. In R. Barnard & A. Burns (eds.), *Researching Language Teacher Cognition and Practice: International case studies*, 11—29. Bristol, England: Multilingual Matters.

Devon, Woods (1996) *Teacher Cognition in Language Teaching: Beliefs, Decision-Making and Classroom Practice*. London: Cambridge University Press.

Johnson, Karen (2006) The Sociocultural Turn and Its Challenges for Second Language Teacher Education. *TESOL Quarterly*, 40(1), 235—257.

Pajares, Frank (1992) Teachers' beliefs and educational research: Clearing up a messy construct. *Review of Educational Research*, 62(3), 307—332.

Roger, Barnard & Anne Burns (2012) *Researching Language Teacher Cognition and Practice: International Case Studies*. Bristol: Channel View Publications.

Cross, Russell (2010) Language teaching as sociocultural activity: Rethinking language teacher practice. *The Modern Language Journal*, 94(3), 434—452.

（陶健敏 上海 华东师范大学对外汉语学院 jmtao@hanyu.ecnu.edu.cn）

后方法视野下汉语视听说教材练习设置与练习模式研究*

张 璐

提 要 本文通过对现有8套汉语视听说教材练习的统计分析，指出目前视听说教材练习设置存在几个方面的问题：练习层次编排不清晰；交际型练习所占比例过低；练习技能设置不符合汉语视听说课型特点；激活或培养学生情感认知、文化意识的练习不足，题型单一等。在此基础上，以《家有儿女》一课练习为例，对现行汉语视听说练习进行了改进设计，提出了汉语视听说练习"六层次"模式。最后指出，后方法时代的汉语教师应当具备这样的意识：结合课型和教材分析，自我决策出适合具体教学环境、能服务于教学目标并满足学生需求的自己的教学方法。

关键词 后方法 汉语视听说教材 练习设置 练习模式

一 引言

围绕着对外汉语教材的练习设计和编写，吕必松(1993)，赵金铭(1997)，杨惠元(1997)，李邵林(2001、2003)，周健、唐玲(2004)，刘颂浩(2009)，李泉(2012)，田艳、陈磊(2014)等学者都做了比较深入的探讨。但专门针对汉语视听说教材(课)练习的研究仍不多，只有冯静(2012)、田若哲(2014)两篇硕士论文，其余都散见于对整本教材的分析中，如张南(2009)、孟祥晖(2012)、李源(2013)等。但是这些研究都存在不足：主要是围绕两三本汉语视听说教材的练习设置进行考察和统计，样本不够丰富，而且教材类型也不一致。

另外，张南(2009)、田若哲(2014)通过电话或现场访谈、邮件咨询和调查问卷等方式对国内一些高校的汉语视听说任课教师及学生做了调查。结果发现，当前任课教师

* 本文是中国人民大学科学研究基金(中央高校基本科研业务费专项资金资助)项目(项目批准号14XNJ024)阶段性成果。先后在"后方法理论视野下的对外汉语教学研究"第11届对外汉语国际学术研讨会和《世界汉语教学》青年学者论坛(第二届)上宣读。在此特别感谢北京语言大学孙德金教授，他作为第二届青年学者论坛点评人，对本文提出了很多宝贵的意见，此次也是吸取他的建议而修改发表。

和学生对现有视听说教材的满意程度均不高①。而笔者多年担任汉语视听说课教学工作，也切身感受到现有视听说教材的练习模式在激发学生兴趣、培养学生综合表达能力和自主学习上存在短板。因此，本文尝试以后方法理论视角，结合现有教材练习设置分析，寻找体现视听说课特点的练习模式新思路。

二 现行汉语视听说教材练习编写考察

2.1 教材的考察范围

本文选取了8套2000年后出版的汉语视听说教材为分析对象：李菊先、王树峰编著《秦淮人家——中高级汉语视听说教程》(简称《秦淮人家》，北京语言大学出版社，2003)，刘月华、刘宪民、李金玉编著《中高级汉语视听说教程：走进中国百姓生活》(简称《百姓生活》，世界图书出版公司，2006)，常庆丰、邹胜瑛、宋业瑾编著《中高级汉语视听说教程——中国城市名片》(商务篇)(简称《城市名片》，北京大学出版社，2005)，刘月华、李金玉、刘宪民、葛良彦编著《初中级汉语视听说教程——中国百姓身边的故事》(简称《身边的故事》，世界图书出版公司，2008)，刘立新、邓方编著《汉语视听说教程——家有儿女》(简称《家有儿女》，世界图书出版公司，2009、2010)，王晓凌主编《快乐中国人：中高级汉语视听说教程》(简称《快乐中国人》，北京大学出版社，2010)，丁安琪、张学增、刘懿萱编著《汉语视听说系列教材——中国电影欣赏》(简称《女人的天空》，北京语言大学出版社，2010)，赵昀辉、刘晓雨编著《汉语视听说系列教材——看电影学汉语》(简称《看电影》，世界图书出版公司，2010、2011)。之所以选择这8套教材，是因为：(1)都是直接署名“视听说”的汉语教材，而非多媒体化的综合汉语或精读、口语类教材。《中国人的故事——中级汉语精视精读》(华雨汉风工作室编著，北京语言大学出版社，2009)之类的教材未在考察范围。(2)教材都是直接选用现成的影视作品或电视系列短片编成，类型一致，并且语言面貌和语言场景都更鲜活、真实、自然。汉语视听说教材中还有一种类型，是专门为外国人学汉语拍摄汉语教学片，之后或同步出版教材，如中央电视台播出的《你好 北京》(黄政澄主编，北京语言大学出版社，1990、2008)等，以及没

---

① 张南(2009)调查结果，32位教师和26名学生对现有教材中练习编排的满意程度分别只有47%和40%；田若哲(2014)调查显示，3位任课教师对现有视听说教材的练习编写模式并不满意，分别在练习的层次性、针对性、丰富性、课型的匹配度等问题上提出意见；30名学生的问卷调查平均满意度为62.5%，但在练习与现实生活的相关度、交际能力的培养、视听说能力的提高等方面只为48%。

有在电视台播放的《中国全景》(吕必松主编,语文出版社,2002)等,也未在本文考察之列。

2.2　现行汉语视听说教材的练习设置

王飙(2009)曾根据视频文本出现的位置将影视视听教材的编排模式分为两类。一类是"听力教材编法",这些教材是把视频文本放在每课或全书的最后,有的甚至根本不出现文本。另一类是"精读教材的编法",在此类教材中视频文本被处理为主课文,学生课前能预习。下面,我们将上文8套教材也分为这两大类型,考察其练习设置情况,具体情况列表如下(其中"练习分类"按原教材编写设定)。

表1　"听力教材编法"视听说教材练习设置情况

	分类	题型	总题型	比例
快乐中国人(1)	情节理解练习	边听边回答问题;听完以后填空;判断句子内容正误;选择正确答案。	9	39.30%
	语言点练习	填出句子中缺少的词或短语;用所给词语或句式完成对话;用本课学过的词或短语改说句子。		
	表达练习	复述故事内容(复述、分组表演、续编);交际练习(成段表达)。		
女人的天空	视听说练习	看第一遍,做练习:判断对错。	12	22.30%
		看第二遍,做练习:选择与画线部分意思最接近的词语;回答问题。		
		看第三遍,做练习:填台词;表达练习(成段表达);模拟表演;配音;讨论;辩论。		
	综合练习	把所给词语放在合适的位置;选择正确答案;选择合适的词语填空;用所给词语完成句子。		
秦淮人家(上)	课堂视听练习	初步视听理解:根据剧情内容,回答问题;根据剧情内容,选择正确答案。	13	42.20%
		分场景视听说训练:根据剧情内容,回答问题(用到提示词语);选择正确答案;复述场景;模仿对话。		
		进一步视听说训练:完整复述故事;描述场景;配音练习;看画面说出画外音;话题讨论。		
	课后练习	解释加点的词语;选词填空;用所给词语完成句子;在句中加入指定的短语;用所给短语拓展句子。		

续表

	分类	题型	总题型	比例
城市名片	语言类练习	选择适当词语填空;用指定词语完成句子。	8	29.50%
	听说训练	初步视听理解:完整地看一遍录像,说说你看到了什么。		
		先视听一遍,然后回答问题;根据录像内容判断正误。		
		再视听一遍,边听边填空;看录像,跟读录音文本中画线的部分;用所给提示词语复述录音文本中画线的部分。		
		大家谈(讨论)。		

表2 "精读教材编法"视听说教材练习设置情况

	分类	题型	总题型	比例
身边的故事(上)	课文理解	根据故事情节,选择适当的答案;判断正误;先听故事叙述,后复述故事;回答问题。	12	30.60%
	词语使用	选择题;读例句,按照例句用提供的词语造句;用所给词语改说/改写句子;选择适当的词语,替换句中画线部分;用所给词语回答问题;用所给词语完成句子;角色扮演(用提示词语)。		
	课堂讨论			
	挑战自我①	做社会调查,做课堂汇报。		
百姓生活(上)	口语练习	回答问题;角色扮演(用提示词语);讨论(关于剧情、人物等);叙述或复述(用提示词语)。	13	24.10%
	书写练习	改写句子;用所给词语完成句子;用所给词语填空;填空(无给定词语);选择题;作文;用所给词语写一段话;写报告。		
	文化方面的讨论②	讨论。		

① 这个题型不是所有课都出现,只出现在第一课,原题型名称为"Challenge yourself to learn more about China"。

② 《百姓生活》是分片段教学,一课四个片段,这个题型在教材中只出现在每课第四片段的练习中。

续表

	分类	题型	总题型	比例
看电影(2)	视听练习①	看一看,说一说(回答问题);读一读,练一练:填台词;读台词,根据提示词语回答问题;讨论;表演;描述情景;复述台词;游戏;编剧本。	18	46.40%
	泛视听练习	请看电影片段,讨论和回答下面的问题。		
	拓展阅读	阅读文章、歌词、台词。		
	语言练习	写出反义词;写出搭配的词语;解释词语意思;词语连线;选词填空;用指定的词语完成句子或对话;模仿例句造句。		
家有儿女(2)	无分类	根据剧情内容,判断对错/回答问题/填空/选择正确答案;看视频,填台词;看视频,根据提示写/说出台词;给图片找出/写出对应的台词;判断台词是谁说的;将相关台词连线;将台词/图片排序;用剧中的说法替换画线部分;选词填空;词语联想;词语连线;解释词语/区别词语意义/找出意思相符的词语/说明画线部分的意思;选择符合意思的选项;用提示词语完成对话;用所给词语改说句子;成段表达;复述;模拟对话;讨论;延伸练习。	30	32.40%

可以看出,听力教材编法的视听说教材练习设置比较统一,主要分为"视听说训练"和"语言点训练",且"视听说训练"往往分层次、分步骤训练。其中《秦淮人家》更按照练习时间分配,将视听说训练集中安排在课堂进行,语言点训练放在课后。而精读教材编法的视听说教材练习设置则种类多样,但基本可分为视听说训练、语言点训练、拓展训练三类,只是视听说训练没做层次划分。这里《家有儿女》是另类,它的题型虽然最为丰富,达30种形式,但编者对练习没做任何层次区分。

另外,听力教材编法的视听说教材练习题型比较固定,只出现1次的题型基本都在1—2种,而精读教材编法的视听说教材练习题型相对较为多变,但只出现1次的题型较多,如《家有儿女》中只出现1次的题型多达7种。虽然《家有儿女》是题型最丰富的教材,但是就练习占全书比例而言,《看电影》和《秦淮人家》都占到40%以上。

① 该教材并无此分类名称,笔者是按照该教材的具体练习形式,参考其他教材练习分类而进行标注。

2.3 现行汉语视听说教材的练习目的

杨寄洲(2003)主张练习的编写要遵循“理解—模仿—记忆—应用”的学习规律,做到层次分明。他把练习分为了理解型练习、模仿记忆型练习、开发智力型练习和交际型练习四类①。本文也根据杨寄洲(2003)的练习分类对这8套教材进行分析,具体如表所示。

表3 现行汉语视听说教材练习目的的设置考察

	理解型	模仿记忆型	智力开发型	交际型
快乐中国人(1)	判断句子内容正误;选择正确答案;听完后填空。	填出句中缺少的词或短语(台词);用本课学过的词或短语改说句子。	边听边回答问题;用所给词语或句式完成对话②。	复述故事内容(复述、分组表演、续编);交际练习(成段表达)。
女人的天空	判断对错;选择与画线部分意思最接近的词语;把所给词语放在合适的位置;选择正确答案;选择合适词语填空。	填台词。	用所给词语完成句子。	模拟表演;表达练习(成段表达);配音;讨论;辩论。
秦淮人家(上)	根据剧情选择正确答案;解释加点词语;选词填空;在句中加入指定短语。	模仿剧中人物对话;用所给短语拓展句子。	根据剧情内容,回答问题;用所给词语完成句子。	复述;描述场景;配音练习;说画外音;话题讨论。
城市名片	根据录像内容判断正误;选择适当词语填空。	视听一遍,边听边填空;看录像,跟读录音文本中画线部分。	完整看一遍录像,说说你看到了什么;根据剧情内容回答问题;用指定词语完成句子。	用所给提示词语复述录音文本中画线部分;大家谈。

① 理解型练习的目的是让学生对课文所讲的语法点、词语的意义能够通过有关练习项目获得理性的认知,从而加深理解,如选词填空、组句、连句成段等;模仿记忆型的练习是一种机械性的练习,是在理解基础上进行的一种以训练熟巧为目标的练习,如替换练习、模仿造句等;智力开发型练习是一种培养学生联想能力和创造能力的练习,使学生对学过的语法和词语能举一反三,逐步学会用汉语思维,用汉语表达,如完成句子、造句、说出某个句子的使用语境等;交际型练习是一种活用练习,侧重于表达能力的培养,使学生实现自己的交际愿望,表达自己的思想和感情,如完成会话等(杨寄洲,2003)。

② 杨寄洲(2003)将“完成会话”归为交际型练习,但结合汉语视听说教学情况,现行教材中的“完成对话”都是给出指定词语或句式完成对话,形式和“完成句子”非常近似,所以本文将用所给词语完成对话也归到“智力开发型练习”。

续表

	理解型	模仿记忆型	智力开发型	交际型
身边的故事（上）	根据故事情节选择适当的答案；根据课文判断句子意思正误；选择题。	读例句，按照例句用提供的词语造句；选择适当词语，替换句中画线成分；改写句子。	根据剧情内容回答问题；用所给词语完成对话。	听故事，复述；角色扮演；课堂讨论；挑战自己（社会调查）。
百姓生活（上）	用所给词语填空；填空；选择题。	用所给词语改写句子/画线部分。	根据剧情内容回答问题；用所给词语完成句子/对话。	角色扮演（用提示词语）；讨论（关于剧情、人物等）；叙述或复述（用提示词语）；文化讨论；作文；用所给词语写一段对话；调查报告。
看电影（2）	写出反义词；写出搭配的词语；选词填空；解释词语意思；词语连线。	填台词；模仿例句造句。	看一看，说一说（回答问题）；根据提示词语回答问题；用指定词语完成句子或对话；解释词语并造句。	讨论；表演；描述场景；复述台词；扩展阅读；编剧本；游戏。
家有儿女（2）	根据剧情内容，判断对错/填空/选择正确答案；给图片找出/写出对应的台词；判断台词是谁说的；将相关台词连线；将台词/图片排序；看视频，根据提示写/说出台词；选词填空；词语连线；解释词语/区别词语意义/找出意思相符的词语/说明画线部分的意思；选择符合意思的选项。	看视频，填台词；用剧中的说法替换画线部分；用所给词语改说句子。	根据剧情内容回答问题；用提示词语完成对话；词语联想。	成段表达；模拟对话；复述；讨论；延伸练习。

进一步对各教材练习的题量（按小题计算，其中填空题按空计算）进行分析，发现练习目的最多的仍是理解型（39%），其次是智力开发型（27%）和模仿记忆型（23%），交际型的最少（11%）。具体到各本教材，统计结果见图1。

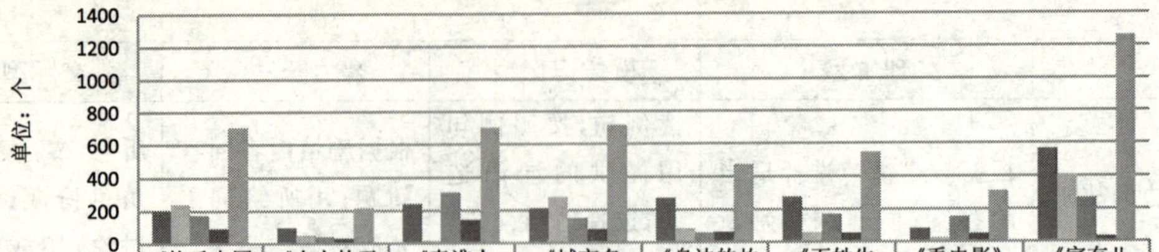

	《快乐中国人》（1）	《女人的天空》	《秦淮人家》（上）	《城市名片》	《身边的故事》（上）	《百姓生活》（上）	《看电影》（2）	《家有儿女》（2）
■理解型	205	94	241	209	271	275	79	566
■模仿记忆型	237	47	15	280	86	54	27	403
■智力开发型	173	43	306	147	57	167	152	265
■交际型	93	30	141	83	60	52	48	31
■总题量	708	214	703	719	474	548	306	1265

图 1 现行汉语视听说教材练习目的统计结果

2.4 现行汉语视听说教材练习的训练技能

虽然比较公认的是，汉语视听说课所训练的技能以听力理解和口语表达为主，但是现行教材的练习设置往往听说读写兼顾，只是比例不同。本文 8 套教材的练习设置以训练视听、口语、书写技能为主①，其中视听技能题为 1 718 个，占总题量的 35%，口语技能题为 1 411 个（29%），书写技能题为 1 808 个（36%）。具体各本教材，详见图 2。

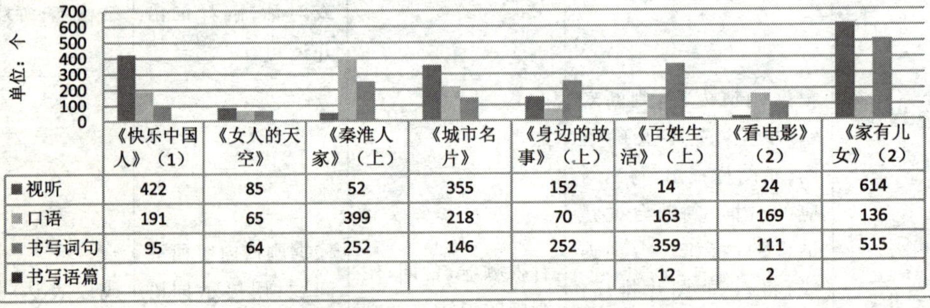

	《快乐中国人》（1）	《女人的天空》	《秦淮人家》（上）	《城市名片》	《身边的故事》（上）	《百姓生活》（上）	《看电影》（2）	《家有儿女》（2）
■视听	422	85	52	355	152	14	24	614
■口语	191	65	399	218	70	163	169	136
■书写词句	95	64	252	146	252	359	111	515
■书写语篇						12	2	

图 2 现行汉语视听说教材练习技能统计结果

可以看出听力教材编法的视听说教材练习技能是以视听和口语为主，而精读教材编法的视听说教材书写技能的练习则超过其他技能或与其他技能持平，也比前一类教材的书写技能练习显著增多。由此可见，即使编者在练习的题型上尽量求变，题量力求

① 这里的口语技能也不是纯粹的单技能，在视听说课程上，口语表达的练习多半是由视听带说，比如看录像回答问题、场景描述、配音练习等，即便是讨论题也往往是在视频材料基础上再延伸出去的。这里做区分，只是着眼于练习的侧重点。现行汉语视听说教材练习基本未训练一般意义上的阅读技能，即文章的阅读理解技能。仅《看电影》一套教材中出现了阅读文章的练习，但终极练习形式仍是训练口语技能。因此，未把阅读技能列入其中。

丰富，但编写理念明显影响了视听说教材的练习编写模式，这容易导致汉语视听说课堂教学特别是课堂训练的同质化。

2.5 现有汉语视听说教材练习编排存在的问题

第一，从练习编排的层次性上看，除《秦淮人家》一套教材外，其余现有教材的练习层次还不够清晰。虽然一些教材在体例上已区分了练习类型，但没有完整的“课前”“课中”“课后”的引导、标注；有些教材虽然对视频材料做了片段式划分，但练习却没有针对性地区分出初步“泛视听一说”、分步“精视听一说”等阶段性训练。罗庆铭(1996)就提到汉语视听说课堂练习应该遵循“综合训练，交叉进行”“层层递进，螺旋上升”“精泛结合，各个击破”的教学原则。刘颂浩(2009)也指出练习应“编排有序，彼此配合”，还指出练习设计应考虑“减负降压”，意思是，好的练习要能减轻教师的工作压力和备课负担，但目前有的教材练习编排无形中增加了授课老师的负担。

第二，从练习目的的设置上看，虽然提高学生认知理解能力是视听说课的主要教学目标之一，但是培养语言活用能力的“交际型练习”所占比例还是偏少，而发展联想能力和创造能力的“智力开发型练习”则多半侧重于语言点的训练而非口语技能。刘颂浩(2009)在评述练习目的的类型时，还指出“复习强化、归纳总结、拓展提高”这三种应是不同的语言项目都需要具备并且高度重视的类型。从这个角度观察，现行视听说教材的练习也集中在复习强化和归纳总结类型上，拓展提高类型不足。另外，罗庆铭(1996)对视听说课的教学目标还做了层次上的说明：第一层次为看懂主要情节，听懂大致内容，进行简单的回答和复述；第二层次为看懂情节，听懂关键词语、语法和功能点，进行概括和描写；第三层次为运用一定的语言技巧阐明观点，进行综合讨论。从这方面看，现行视听说教材的练习也主要停留在第一、二层次的训练上。

第三，从练习技能的教学目标上看，现有教材的练习编排模式并没有很好地体现出视听说课视、听、说三项技能合而为一的课型特点①，尤其对训练听、说技能的分配不均。有的教材明显侧重于视听，有的则侧重说，而还有一些教材重点则在语言点的书写训练上。对于视、听、说三者的关系，不少学者(于康，1988；葛中华，1991；罗庆铭，1996；吴丽君，1996；赵立江，1997等)都做过论述，大家都一致认为说是主要的教学目的，分

① 关于汉语视听说课课型性质，学界其实未达成充分的共识。有的学者认为是一门综合(或多种)语言技能课，如冯惟钢(1995)，罗庆铭(1996)，吴丽君(1996)，陈晓桦(2000)，张璐、彭艳丽(2013)；也有学者认为是一门具有综合性特点的专项技能课，如唐荔(1997)，安站峰、杨文革(2001)，郝红艳(2004)；还有学者认为是与口语课大致相同的性质，是一门独立的言语技能课，如于康(1988)。而就教材编写而言，还有的教材将汉语视听说课视为多媒体化的精读课，如《中国人的故事——中级汉语精视精读》(余宁主编，北京语言大学出版社，2008、2009)。虽然课型性质仍有争议，但对汉语视听说课训练的语言技能包括视、听、说三方面，已是共识。

歧在于视、听仅是教学手段或也是教学目的。本文认为视、听、说三者都是目的，其中听、说是主要教学目的，而视、听同时还兼为教学手段，只是针对不同层次教学对象时，初级可以视、听为主，说为辅，中高级则以说为重。因此，汉语视听说教材听、说技能的练习不应偏差过大，要逐渐提高说的比例，而减少书写技能练习的数量，建议以 4∶5∶1 或 3∶5∶2 比例设置。

第四，激活或培养学生情感认知、文化意识的练习不足，题型比较单一。冯惟钢(1995)就曾指出汉语视听说课“学习者在文化方面，还应该初步了解中国的社会风貌、地理人文、风土人情和文化艺术等，并培养一定的欣赏中国影视作品的能力”。骆健飞(2011)也在情感方面对汉语视听说课的教学目标做了描述，“加深对中国风土人情和民俗文化的理解、对中国社会生活的认知和感受；对带有中国文化色彩的内容产生好奇和疑问；学会视频人物的语言风格，了解人物性格，对部分情节、人物进行评价，对展现的中国社会生活和特色文化进行评价”。这方面只有《秦淮人家》《身边的故事》和《百姓生活》做得较好，有专门针对情感、文化方面的练习，但形式限于讨论题，偶有社会调查形式。而其他教材讨论题型或以围绕视听理解展开，或基本缺乏这方面的考虑。如以练习题型和题量最多的《家有儿女》为例，虽然教材有“文化点滴”版块用来普及中国社会风貌、风土人情和历史文化知识，但就练习来说，整个第 2 册中只有 1 题涉及文化，即第 8 单元第 5 课的“谈谈你对中国功夫的了解或印象”。

总体而言，这些问题的产生往往受编者已有教学理论和教材编写理念的影响，而解决现有教材编写的不足，当前可行之策还应在教师本身。

三 后方法视野下汉语视听说课练习模式的探讨

3.1 后方法时代评述

20 世纪，特别是 70 年代，人们创造了很多流派语言教学方法，除了传统的语法翻译法、直接法、视听法、听说法、认知法、自然教学法以外，常提到的还有全身反应法、社团学习法、沉浸法、交际型教学、折中教学法、任务型教学法、合作语言学习法、协商学习法等(崔永华，2008)。但后来人们意识到，这些教学方法其实各有所长，也各有所限。于是，就有学者(Stern，1983、1992；Kumaravadivelu，1994、2001、2003、2006、2012；Bell，2003、2007 等)提出了“后方法时代”，认为试图以普适性的方法来指导复杂多变的语言教学实践是难以有效的，而且也无法满足和适应语言教学的不同需求。主张语言教学不应该拘泥于某一种固定的教学方法，而是“能够根据特定教学环境、以课堂为导向，不断生成创新性的教学策略”(Kumaravadivelu,2003)。其中代表者 Kumaravadivelu 在 2003 年和 2006 年的著作中对教师、学习者和教师教育者的身份重新进行定义,并创建了三大参数和十条宏观教学策略的框架。国内学者武和平、张维民(2011)对后方法的理论思想和方法策略进行了归纳整理,本文将他们的观点再次进行概括:(1)整体语言、意义优先的语言观。打破传统的“语音—词汇—句子—语篇”这一由低级到高级语言单位的教学顺序,而是要求首先在语篇层面整体呈现语言的全貌,突出语言的完整性、自然性和真实性,并采取“意义优先、聚焦形式”的教学原则,在以意义和交际为中心的基础上,将学习者的注意力引向语境中出现的语法形式。(2)回归生活、实践体验的语言教学观。通过呈现真实的语言材料,把学生置于一种与现实生活世界相似的语言学习环境,不把外语学习看成是一个孤立于学习者对生活世界和生命体验之外的活动,而是倡导对学生现实生活、科学认知、情感体验和价值诉求的关照。主张让学生在完成任务中、在探究过程中、在认知和情感体验中提高语言技能和交际能力,强调在做中学、在用中学。(3)互动协商、合作探究的语言学习观。认为师生、生生互动能有效给学习者提供更多的可理解性语言输入和输出,并凸显所学语言形式特征,促进学习者之间的意义协商,而不断调整的话语又及时充当类似于“脚手架”的中介作用,最终促进学生目的语语言和文化的习得和内化。(4)赋权增能、自主决策的语言教师观。让教师利用个人的专业知识自主决策或选择适合本地教学情境的外语教学策略和方法,由“被动接受方法”到“主动选择方法”。在这一过程中,教师充当研究者、实践者和教学决策者等多重角色,其本身的专业能力和素养也得到提升。

3.2 后方法视野下的视听说课型特点分析

与其他课型相比,视听说课在语言材料和语言学习环境上具有显著的自身特点:

第一,贴近自然的语言材料。视听说教材多取材于以现实生活为原始素材的影视作品,弥补了不少对外汉语教材在语言材料上不真实、不自然、不地道的缺陷。学习者从中容易学习到生动且实用的表达,也容易动用个人直接经验去认知语言形式和意义,由此整个学习过程也能感到有意义。

第二,真实自然的语言学习环境。视听说课程的一大特色就是由多媒体现代化教学手段提供了一个让学生置身于与现实生活世界相似中的语言学习环境,视听说课的语言输入不仅是声音和文字,还有活动的图像,这些直接作用于人体多感官,各种信息在大脑中综合,利于学习者在无意识中自然吸收目的语。当在课外环境中遇到相似场景时,学习者也自然地有使用汉语实践的愿望和行为。同时这种真实的学习环境也能使学习者直观地了解目的国现实社会生活的方方面面,更有助于理解目的国的社会文化价值。

这些特点都很好地体现出后方法时代的语言观和语言教学观。相应地,汉语视听说课的教师和学生(特别是教师)也应体现后方法时代的教师观、语言学习观。教师可以在了解各种不同的教学方法及其适用性的基础上,在视听说课堂教学中根据所选的教学材料、面对的教学对象、具体的教学条件和教师自身特点,选择、运用合适的教学方法,采取多种教学组织形式,鼓励和推动学生交互、交际,在完成任务中、在探究过程中、在认知和情感体验中提高语言技能和交际能力。

3.3 后方法视野下的汉语视听说课练习模式设计

基于以上分析,这里以中国人民大学汉语视听说课所使用的《家有儿女》第 1 册第 1 单元第 6 课为例,在后方法理论指导下对原教材的练习①进行了改进设计:首先弥补原教材缺乏层次性的缺陷,配合课堂教学顺序明晰练习层次;其次汲取原教材中适合的练习题型,修改针对性不足、目的不明确的练习;最后增添体现视听说课课型特色、发挥学生能动性、提高学生兴趣、促进学生情感认知和社会体验的新题型及练习组织形式。具体如下:

3.3.1 导入阶段

增设剧情预测的环节,练习形式为自由回答。

请根据上节课的内容,猜一下这一课的剧情会怎样发展?

教师在此过程中可以提示:

小雪只是一时生气离家出走?还是想出来新办法为难刘梅和爸爸?

还可以根据学生回答的情况,把答案分成两组或更多组,等第一遍泛视听结束再来检验。

设计理念:此课为第 1 单元最后一课,前面 5 课剧情都围绕小雪面对新重组家庭特别是对刘梅的抵触冲突展开,特别是第 5 课小雪不告而别了,第 6 课的剧情如何发展,完全可以由学生根据以往情节进行创作性的联想和推测。这个练习不仅可以训练学生的联想能力,也可以训练学生综合信息、逻辑推理的能力。需要注意的是,这种练习要根据剧情是否出现悬念而设置,不是每课都出现。另外,教师的提示目的是增加师生交流,帮助学生扩大信息量。

3.3.2 初步视听理解阶段

其一,热身问题。

---

① 原题型有热身问题、依据剧情选择合适的答案、台词填空、读下列各句注意加点词语的发音、选词填空、用提示的词语完成句子、用提示词语完成对话、成段表达、讨论。

视听前，沿用原教材的热身问题，练习形式仍为自由回答：

(1)小雪回来后，父母有什么反应？

(2)小雪把谁带回了家？

针对第一个问题，学生如对“反应”一词感到陌生，教师还可以进行提示：

父母很生气？很着急？很想知道小雪去哪儿了？……

第一遍泛视听结束后，检验练习结果，但教师对学生的回答只追求是否符合剧情，不追求表达细致。

设计理念：进行第一遍泛视听任务前的预热活动，带着问题视听，以视带听、以听带说。

其二，根据剧情选择合适的答案。

第一遍泛视听结束后，学生回答完热身问题，紧接着进行此题型(沿用原教材题型)。练习组织形式可以采取抢答，可自由抢答，也可根据导入阶段的分组，进行抢答。如：

(1)小雪回来后，爸爸妈妈很(　　)

A. 高兴　B. 生气　C. 平静　D. 奇怪

(2)他们小区后边有一个(　　)

A. 医院　B. 花园　C. 草坪　D. 游乐场

(3)小雪说不喜欢父母给她准备的(　　)

A. 擦脚布　B. 枕巾　C. 毛巾　D. 头巾

(4)小雪带回来一个(　　)

A. 染了发的男孩　B. 戴帽子的男孩　C. 很胖的男孩　D. 很帅的男孩[①]

(5) 狂野男孩给了小雪(　　)

A. 一个玩具　B. 一个蛋糕　C. 一顶帽子　D. 一束花

设计理念：第一遍泛视听，是信息获取阶段，主要训练目的是视听理解。选择题型一般难度较低，所以放在泛视听阶段比较合适。类似的题型还有“根据剧情，判断对错”。

3.3.3 分步视听理解阶段

其一，台词填空。

完整看第二遍视听材料，沿用原教材的“台词填空”练习。练习组织形式为分组完成填空，若两组则为交叉完成填空。如：

---

① 原教材写的是“小狗”，答案差距过大，完全没有作用。而“很帅的男孩”可以起到很好的干扰项作用。

第一组：

(1)雪：你们(　　)不想问点儿什么吗？比如说我(　　)干吗去了？

梅：你确实应该熟悉熟悉这新家的(　　)环境。

(2)星：我们以后也能(　　)这种待遇吗？

第二组：

(3)夏：只要你(　　)，你把擦脚布当枕巾都行！

星：我能把枕巾(　　)擦脚布吗？

梅：你们俩老在这儿捣什么(　　)啊？

夏：(　　)你们两个来讲，擦脚布就是擦脚布，枕巾就是枕巾！

……

练习的检验可再播放一遍视频，由学生自己校验结果，最后老师再公布正确答案。

设计理念：分步视听理解阶段开始要精看、精听，仍然是信息获取阶段，训练目的是通过视频的常速播放，学生对视频材料的主要线索、重点情节有较好的把握，理解视频材料的重点语段、对话，能听出、听懂或猜测出重要或关键词汇和短语。因此，台词填空这种形式的练习在视听说课中是很有训练价值的。类似的还有台词连线、判断台词是谁说的、看图片选或填台词等。

其二，增设跟读台词练习。

选择含有本课重点生词、语言点或表达生动的几句台词或几个对话，教材中标记视频对应播放时间，教师在课堂上快速拉到要跟读台词的画面，常速播放，然后要学生跟读台词。练习组织形式可以齐读，也可以点读。例如：

夏：梅梅呀，我发现你对小雪真有耐心！真佩服！

梅：哼，爱心、耐心、宽大为怀，你急我都不急！

设计理念：学生在信息获取后，则需要语言内化，而语言的内化离不开模仿记忆巩固。并且视听说课中的台词跟读不同于其他课上的跟读，台词有画面、有表演，富含感情、语气，是很好的语境化的语言输入，所以学生能更好地掌握真实语言的形式和意义。

对于有较长台词的片段，就更需要这种形式的练习，如第2单元第1课里的一段小雪台词，特别是画线部分：

雪：你干吗那么凶啊？你从来都没有关心过我！我七岁，你就把我扔在爷爷家不管！出趟国还把我妈给看丢了！<u>我还没从你的离婚阴影中清醒过来，你又给我找了一个后妈！这对我幼小心灵是多么大的伤害呀，你懂不懂啊？</u>

其三，成段表达：谈个人看法。

沿用原教材的题型。练习组织形式可设为双人活动，和同桌或邻近同学互相提问，交流个人看法。

这里改编了原成段表达的问题，教材中原问题分别针对小雪和夏东海，这里建议只围绕小雪谈个人看法。

(1)你对小雪的印象是什么？

(2)对于小雪的表现，你觉得她的真正的想法是什么？

设计理念：不同的学生在课堂活动中参与度不同，不同风格的学生之间也会有不同的交流方法与交流途径，双人活动可以最大限度地保证每个人参与到课堂活动中。对剧中人物发表个人看法，同时训练学生成段表达的能力，也是在审视学生的情感体验。将问题集中在小雪一人身上，是因为小雪是该课的戏剧矛盾中心，就表现而言是争议性人物，这更能激发起不同的情感评价。

其四，语言练习：选词填空。

沿用原教材题型。练习组织形式仍是双人活动，个人在书本上做完该练习，互相交换课本，检验答案是否一致。教师最后公布正确答案。

待遇　　沙漠　　环境　　爱情　　周边　　……

(1)中国的(　　)国家是日本、韩国、泰国、菲律宾、新加坡等。

(2)人人都应该保护(　　)。

(3)他找到了一个(　　)不错的工作。

(4)小孩子喜欢看卡通片，年轻人喜欢看(　　)片。

(5)(　　)地区十分缺水。

……

设计理念：分步视听说训练阶段，也是教师安排讲解本课重点生词和语言点的阶段，在此阶段还是应安排一定数量的语言形式和意义的操练。选词填空是一个能在课堂上方便操作的练习形式。类似的题型还有选择题。

3.3.4 进一步视听说训练

其一，复述故事。

完整地看第三遍视听材料，复述整个故事。练习组织形式，可分组挑选学生复述，第一组学生复述完，第二组学生可进行评述或补充。

复述只重内容，不重形式。教师原则上不纠错，只对情节的完整、顺序等进行点拨。

设计理念：进一步视听说重点训练交际活动，在信息获取和语言内化的基础上，学生将所看、所听、所感用语言表达出来，展开各种交际活动。复述练习是进一步检验学生是否能完整理解剧情，是否能综合、梳理视频材料的主要线索、重点情节，用自己的语言表达出来，是能充分体现视听说课特点的一种练习形式。

其二，模拟表演或分角色配音练习。

选择有一些戏剧性的情节、场景，再播放该片段的视频材料，指定学生分配角色，请学生根据剧情进行模拟表演或配音练习，配音练习时可静音重播该片段。练习组织形式，可点名分组表演，也可按已分组别由其中学生自愿配对表演。例如：

情景1：

从小雪说"我不喜欢你们给我准备的枕巾，我要拿它当擦脚布！"到刘星和小雨说"为什么！"

情景2：

从小雪和狂野男孩进屋，小雪说"呃，介绍一下，这位……"到刘星和小雨说"哇，男朋友！"

学生在这个练习中不一定完整重现原台词，可以加入个人的改编和再加工。与复述不同，学生练习模拟表演或配音练习后，教师应就语言形式做出点评或纠错。

设计理念：视听说课提供的语言学习环境比其他课型都来得真实，而选择一些戏剧性的情节、场景要学生模拟重现乃至再加工，能更好地激发学生的学习兴趣，并且在充满趣味性的交际活动中检验学生的知识内化成果。这也是能充分体现视听说课特点的一种练习形式。

其三，模拟角色陈述。

换不同剧中人物身份对小雪的某些行为进行评述。练习组织形式，可点名或学生自愿陈述。例如：

以刘星的身份评述小雪回家后的各种表现。

以小雨的身份叙述对小雪带狂野男孩来到家里的感受。

设计理念：这个练习是对分步视听说训练中的"谈个人看法"练习的进一步深化，学生模拟剧中人物对其他人物进行评价，需要对人物的性格、思想有更多的个人见解，这可以动用学生更多的情感认知和体验，提高学生的综合理解能力和影视欣赏能力。现行视听说教材中都罕见这类练习。

3.3.5 拓展训练：主题讨论

沿用原教材的题型。练习组织形式为小组活动。

教材中原有问题是：

根据"文化点滴"，谈谈你对"早恋"问题的看法？在你们国家，父母碰到孩子"早恋"一般会怎么处理呢？

这里改为：

"文化点滴"中提到了"早恋"，在你的国家有没有"早恋"的说法？如果有，什么年龄的恋爱可看成是早恋？在你们国家，社会怎么评价小学生或中学生谈恋爱？父母和你交流过恋爱问题吗？他们的意见是什么？

教师还可补充其他相关主题的影视素材或阅读材料，进一步扩大学生的信息量，深化讨论。

设计理念：讨论是语言课经常采用的交际活动练习，能够集中进行口语技能训练，配合着语言、社会、文化知识的理解，进一步提高学生的交际能力。但这也是一个不容易操作的练习，讨论的话题若不具体，起不到启发引导作用，易流于泛泛而谈；话题若只围绕目的国，少考虑学生的概念价值结构，则不易引起共鸣，学生没有讨论的热情。因此，为了更好地促进协商互动、增进文化意识，对于课堂上所要讨论的问题，教师应在教材基础上进行甄别、取舍或再加工。

3.3.6 课后练习

其一，用指定的词语完成句子或对话。

沿用原教材题型。练习完成形式，上交书面作业。例如：

(1)都8点了，他们还不来，(难道)____________________。

或(2)把……当成……

a. 雪：我不喜欢你们给我准备的这条枕巾，我要拿它当擦脚布！

夏：没问题，____________________。

b. 甲：他对你那么重要吗？

乙：____________________。

c. 甲：____________________。

乙：____________________。

设计理念：课后练习应保留一定比例的语言形式的书写练习。用指定词语完成句子或对话属于智力开发型练习，每个人的回答都有自己的创造，因此宜安排为课后练习。

其二，社会调查。

结合主题讨论内容，查找报刊报道，并走访中国同学或街头采访，调查不同年龄层次的中国人对“早恋”现象的看法。练习完成形式，分组调查不同年龄段的一定数量的对象，在第二次课上进行口头报告。

设计理念：深化讨论的内容，在实践中、在任务中、在做中、在用中，完成学习和操练。并且成功的任务型活动应该具有“信息差”，不同组调查不同年龄段对象，各自持有不同信息，最后在课堂上分别报告，彼此交换信息、填补空白，最终完成对当代中国人有关“早恋”的价值体验。而到校园及本地社区走访、调查，也是进一步创造和运用学习机会，这也是后方法时代所提倡的最大化学习机会策略。

其三，短剧表演。

根据提示，以小组为单位表演一个短剧。练习完成形式，拍摄成视频，上交教师或上传到网络共享（如班级 QQ 群、网盘、视频网站等）。

场景：孩子的女朋友或男朋友初次登门拜访父母，父母事先不知道孩子有了女友或男友

人物：女儿或儿子、女/男友、父母、其他孩子或朋友

道具：礼物

设计理念：和社会调查一样，短剧表演也是一个实践性的练习，学生在做、用中内化语言知识和技能。并且视听说的课后练习不应只是书写性或口语性的练习，完全可以和教材中的视听材料一样，是一个融汇视、听、说于一体的整合知识技能的训练。当代电子设备日趋先进，随手拍、微视频等已成年轻人生活常态，所以将短剧表演呈现为视频形式提交完全可以实现。

最后需要指出的是，本文建议汉语视听说课练习模式分为六个阶段进行训练，但就每个阶段适合的练习形式，教师应根据教学内容和学生特点灵活安排。

四 结语

本文结合现行汉语视听说教材中练习设置的考察，指出现有练习编写存在的不足，认为汉语视听说的练习设计应区别于其他课型，特别是精读课型，应多安排能反映视听说课自身特点的、结合视频内容能以“视”带“听”、以“听”带“说”、以“视”带“说”的提高学生综合认知和表达能力的题型，应增加能“视”“听”“说”相结合的提高学生欣赏水平、增进情感价值认同的延伸拓展类练习。另外，好的练习应层次清晰，能有效配合教学顺序，因此本文提出汉语视听说练习的“六层次”设计：导入练习→初步视听说训练→分步视听说训练→进一步视听说训练→拓展训练→课后练习，并结合教学案例设计了不同层次适合的练习题型和形式。“后方法”时代鼓励教师在自己教学实践基础上不断进行反思，提炼自己的教学理论，再将教学理论运用到实践中去，并指出外语教学不应脱离社会、政治等大环境。而作为对外汉语教师，也应建立这样的意识：结合课型和教材分析，自我决策出适合具体教学环境、能服务于教学目标、满足学生需求的自己的训练方法。

参考文献

安占峰、杨文革（2000）汉语视听说课教学初探，《新疆教育学院学报》第 1 期。

陈晓桦（2000）电视短节目作视听说教材的初步研究，《绥化师专学报》第2期。
崔希亮（2011）《对外汉语听说课课堂教学研究》，北京：北京语言大学出版社。
崔永华（2008）什么是好的语言课堂活动——汉语课堂教学策略探讨，《海外华文教育》第2期。
冯　静（2012）对外汉语教学视听说课程中的练习分析——以《走进中国百姓生活》《家有儿女》《秦淮人家》为例，中国人民大学硕士学位论文。
冯惟钢（1995）视听说教学及其教材的编写，《世界汉语教学》第4期。
葛中华（1991）对外汉语视听说课程教材、教法再思考，国家对外汉语教学领导小组办公室教学业务部编《中高级对外汉语教学论文选》，北京：北京语言学院出版社。
郝红艳（2004）对外汉语视听说课的选材探析，《云南师范大学学报》（对外汉语教学与研究版）第3期。
李绍林（2001）谈泛化、分化及有关的练习样式，《汉语学习》第6期。
李绍林（2003）对外汉语教材练习编写的思考，《云南师范大学学报》（对外汉语教学与研究版）第3期。
李　泉（2012）《对外汉语教材通论》，北京：商务印书馆。
李　杨（1994）练习编排的基本原则，李玉敬、王晓澎主编《对外汉语教学中高级课程习题集》，北京：北京大学出版社。
李玉敬、王晓澎（1996）《对外汉语教学中高级课程习题集》，北京：北京大学出版社。
李　源（2013）对外汉语初中级视听说教材评析，中国人民大学硕士学位论文。
罗庆铭（1996）视听说课的教材与课堂教学，《汉语学习》第6期。
骆健飞（2011）视听说课程教学模式研究，崔希亮主编《对外汉语听说课课堂教学研究》，北京：北京语言大学出版社。
刘颂浩（2009）对外汉语教学中练习的目的、方法和编写原则，《世界汉语教学》第1期。
吕必松（1993）对外汉语教学概论（讲义）（续五），《世界汉语教学》第3期。
孟祥晖（2012）对外汉语视听说教材语言项目的选编研究，吉林大学硕士学位论文。
唐　荔（1997）汉语“视听说”课程教学初探，《北京广播电视大学学报》第3期。
田若哲（2014）任务型教学法对对外汉语视听说教材练习编写的启示，中国人民大学硕士学位论文。
田　艳、陈　磊（2014）对汉语教材结构体系中练习设置的分析与思考，《语言教学与研究》第3期。
王　飙（2009）中国大陆对外汉语视听说教材评述与展望，《世界汉语教学》第2期。
杨惠元（1997）论《速成汉语初级教程》的练习设计，《语言教学与研究》第3期。
杨寄洲（2003）编写初级汉语教材的几个问题，《语言教学与研究》第4期。
于　康（1988）视听说课总体设计、教材编写与教学原则及其在对外汉语教学中的运用，《第二届国际汉语教学讨论会论文选 》编辑委员会主编《第二届国际汉语教学讨论会论文选》，北京：北京语言学院出版社。
武和平、张维民（2011）后方法时代外语教学方法的重建，《课程·教材·教法》第6期。
吴丽君（1996）关于高年级的视听说课教学，《世界汉语教学》第2期。
赵金铭（1997）对外汉语教材创新略论，《世界汉语教学》第2期。
赵立江（1997）中高级汉语视听说课有关问题的调查分析与构想，《世界汉语教学》第3期。
张　璐、彭艳丽（2013）中高级汉语视听说教材语料难度分析，《世界汉语教学》第2期。
张　南（2009）对外汉语视听说教材研究——以《汉语视听说》《中级汉语》《秦淮人家》为例，吉林大学硕士学位论文。
周　健、唐　玲（2004）对汉语教材练习设计的考察与思考，《语言教学与研究》第4期。

David, M. Bell (2003) Method and postmethod: Are they really so incompatible. *TESOL Quarterly*, 37(2):325－336.

David, M. Bell (2007) Do teachers think that methods are dead. *ELT Journal*, 61(2):135－143.

Hans, Heinrich. Stern (1983) *Fundamental Concepts of Language Teaching*. Oxford: Oxford University Press.

Hans, Heinrich. Stern (1992) *Issues and Options in Language Teaching*. Oxford: Oxford University Press.

Kumaravadivelu, B. (1994) The postmethod condition: (e)merging strategies for second/foreign language teaching. *TESOL Quarterly*, 28(1):27－48.

Kumaravadivelu, B. (2001) Toward a postmethod pedagogy. *TESOL Quarterly*, 35(4):537－560.

Kumaravadivelu, B. (2003) *Beyond Methods: Macrostrategies for Language Teaching*. New Haven and London: Yale University Press.(《超越教学法:语言教学的宏观策略》,陶健敏译,北京:北京大学出版社,2013。)

Kumaravadivelu, B. (2006) *Understanding Language Teaching: From Method to Postmethod*. New York: Routledge.

Kumaravadivelu, B. (2012) *Language Teacher Education for a Global Society A Modular Model for Knowing, Analyziong, Recognizing, Doing, and Seeing*. New York: Routledge.(《全球化社会中的语言教师教育:"知""析""识""行"和"察"的模块模型》,赵杨、付玲毓译,北京:北京大学出版社,2014。)

常庆丰、邹胜瑛、宋业瑾编著 (2005)《中高级汉语视听说教程——中国城市名片》(商务篇),北京:北京大学出版社。

丁安琪、张学增、刘懿萱编著 (2010)《汉语视听说系列教材——中国电视欣赏〈女人的天空〉》,北京:北京语言大学出版社。

华雨汉风工作室编著 (2009)《中国人的故事——中级汉语精视精读》,北京:北京语言大学出版社。

黄政澄主编 (2008)《你好 北京》(修订版),北京:北京语言大学出版社。

李菊先、王树峰编著 (2003)《秦淮人家——中高级汉语视听说教程》,北京:北京语言大学出版社。

刘立新、邓　方编著 (2009、2010)《汉语视听说教程——家有儿女》,北京:世界图书出版公司。

刘月华、刘宪民、李金玉编著 (2006)《中高级汉语视听说教程:走进中国百姓生活》,北京:世界图书出版公司。

刘月华、李金玉、刘宪民、葛良彦编著 (2008)《初中级汉语视听说教程——中国百姓身边的故事》,北京:世界图书出版公司。

吕必松主编 (2002)《中国全景》,北京:语文出版社。

王晓凌主编 (2010)《快乐中国人:中高级汉语视听说教程》,北京:北京大学出版社。

余　宁主编 (2008、2009)《中国人的故事——中级汉语精视精读》,北京:北京语言大学出版社。

赵昀辉、刘晓雨编著 (2010、2011)《汉语视听说系列教材——看电影学汉语》,北京:世界图书出版公司。

(张璐　北京　中国人民大学文学院　luzhang@ruc.edu.cn)

中级汉语综合课学生提问及教师回应研究*

王 丹

提 要 学生提问是汉语课堂互动中涉及较少的研究课题。本研究采集课堂教学真实语料，借助会话分析的微观研究方法，从学生话语的角度出发，就中级对外汉语课综合课学生提问和相应的教师回应方式进行研究。结果发现学生提问多是由学生自主引发，且在教师回应中，教师有意识地引导学生解决问题的比重偏低。研究建议教师应该重视学生提问在师生互动中的作用，尽可能将话轮分配给学生，形成师生双方对会话的互动性管理，并最终实现学生在学习过程中的互动参与，培养学生的自主学习能力。

关键词 师生互动 学生提问 会话分析 组织序列 话轮转换

一 引言

课堂师生互动作为第二语言教学的重要研究课题，近年来得到了国内对外汉语和华语教学界的关注。相关研究包括师生互动模式、教师提问和反馈，以及教师等待时间等方面（杜朝晖、亓华，2007；亓华、杜朝晖，2008；张东波、赵守辉、刘永兵，2008；祖晓梅，2009；刘弘、靳知吟、王添淼，2014）。从互动参与方来说，这些研究均是从教师话语的角度来探讨，而对师生互动另一方——学生的话语关注较少。本研究从学生话语的角度出发，将关注重点聚焦在与教师提问相对应的学生提问上，借助会话分析的微观研究方法，从会话组织序列和话轮转换方面来探索学生提问在师生互动中出现的位置、教师回应方式，对当前对外汉语教学普遍倡导的以“以学生为中心”的课堂教学理念提出另一种注解。

在对外汉语课堂互动学生话语的研究中，我们曾提出了“学生自主话语”的概念，它是指：“教师指定学生或者学生自我选择作为下一个说话人而引发的话语，且不包括学生对教师提问的回答、学生的私下言语（Private Speech）以及学生之间的讨论，应该说它在很大程度上是一种对新信息的补充和新话题的引入。”（王丹、李子玲，2013）学生提

* 本研究获得教育部人文社会科学研究青年基金项目“对外汉语课堂学生自主话语及师生互动研究”（项目编号13YJC740092）资助，谨致谢忱。

问作为学生自主话语的一种形式广泛存在于采用不同教学法的课堂中，Ohta & Nakaone(2004)就曾认为："学生提问是课堂语言学习师生互动的一个关键点所在。"学生在提问中有机会展现自己的语言知识和语言技能现状，有助于教师确定学生的最近发展区；同时学生对话题选择和话轮发出的主动性也反映了学生对学习过程的理解、控制和把握。因此，研究学生提问有助于深入理解师生互动现象和实质，对现代语言教学理念进行具体而深入的诠释。

二 研究方法与语料

在具体的研究方法上，本研究语料收集和分析方法都完全受到会话分析的指导和影响。它源于20世纪六七十年代的社会学研究领域，是一种针对人们日常社会行为和交际的研究方法，主要研究会话中的组织序列、话轮转换和修复。根据本研究的关注重点，我们主要借鉴前两个方面的概念和相关研究方法。在组织序列中，相邻对作为基本概念和分析单位，分为前件和后件两个部分，即一个会话单位的发出与应答。后件表达了回应者对前件的分析和理解，包括在什么地方起始以及发出什么样的话语内容。前件产生之后，说话人对回应有着某种期待，由此便引发出优先应答和非优先应答之分。比如说话人在前件发出提问，那么后件的"回答"便是被期待的优先应答，而后件的"拒绝"或"充耳不闻"便属于不被期待的非优先应答。话轮转换则涉及转换如何发生及相关位置、何时以及如何取得话轮、话轮如何被分配等，这些都与会话参与者的角色和对会话的管理相关。

我们采用的语料来源于S大学汉语中级二水平(中级分一、二两个层级)2013年春季3个班综合课的课堂教学，共涉及3位主讲老师(具有2—5年不等的对外汉语教学经验)和38名学生(来自19个国家)。根据会话分析的语料搜集和使用传统，我们对真实课堂自然发生的情景进行了录音录像工作，最终采用了12个课时(每名教师4个学时)共540分钟的录像资料进行转写和分析。基于中级汉语教学课堂的现状，教学基本上是以词汇、语法和课文内容教学为主。

三 互动序列中的学生提问

根据课堂互动中师生双方关系并结合话轮转换的基本原则①(Van Lier, 1988)，我

① 话轮转换的基本原则包括：话轮过渡(话轮进展和话轮长短)；话轮分配(说话人的选择和话轮配置)；话轮地位(话轮被重视的程度和状态)；话轮引发(表示在会话序列中的自愿参与情况)。

们将学生提问分成两大类：由教师引发的提问和由学生自主引发的提问。我们试图从话轮引发的角度来考察互动方在会话中的自愿参与情况。

3.1 由教师引发的学生提问

由教师引发的学生提问是指学生采用提问的方式对教师话语进行回应，将被动回应转化为主动回应。这又分为两种情况：陈述性回应叠加学生提问，直接的学生提问。前者通常是对教师提问的回应，后者是在教师主动分配话轮给学生时产生的学生提问。

3.1.1 陈述性回应叠加学生提问

从话轮组成来看，陈述性回应叠加学生提问一是回应和提问在同一个话轮，二是回应和提问分别在不同的话轮。但在我们收集的语料中，前一种情况难觅踪迹，学生很少在同一个话轮中既对老师的提问有所回应，又提出问题。而两者分别存在于不同话轮的情况则比较多见，且两者相隔比较近。限于篇幅，我们只用一个实例来说明（T 表示教师，其他字母表示学生，转写符号说明见附录）：

片段一：

T：（.）↑逃避，你们看看“逃避”hhh 什么？

M：hhh/eh/

K：（0）军队。

T：（.）逃避军队？

K：（.）对吗？

K 对教师话语的回应（第 3 行）和提问（第 5 行）分属于两个话轮，且两者相距很近，提问是在教师对回应做出反馈（第 4 行）之后，目的是想明确他的回答正确与否，形式简短、意图明确（直接询问“对吗？”）。虽然教师没有直接指出学生回答的错误，只是用了一个反问句的形式重述了学生的回答，但是我们通过观察发现学生对教师反馈是很敏感的，通常都比较在意自己的回答是否符合教师的理想答案，在回答结束后，一般都会等待教师的反馈，而不会立刻将被动回应在同一话轮中转换为自主话语；另外我们认为这与课堂会话主导结构 IRE 有关，即教师引发—学生回应—教师评价（Teacher Initiation-Student Reply / Response-Teacher Evaluation）。一般在学生回应之后都是教师的评价或反馈，师生双方对这个互动模式已经习惯并形成了默契，Waring（2009）在课堂中发现学生提问滞后的原因时也论及这个问题。如果学生在回答结束后还要就问题的正确性提出“是吗？”“对不对？”的疑问，就显得有些多余，同时在没有得到教师回应之前，学生也不大可能马上提出别的问题，所以学生一般会等到下一个话轮才进一步提问。因此我们在语料中没有发现被动回应和主动提问在同一个话轮中的例子。

3.1.2 直接采用提问对教师进行回应

这个类别在形式上简洁明了，它是指教师主动留给学生引发话语的空间，将下一个话轮分配给学生，学生承接话轮转换权进行提问从而开启话轮。

片段二：

T： 我们在讲生词，看看生词有什么不懂的，讲完我们就做作业。

M： (0.3)“书信”是::不常用的吗？

T： 在第几个？

M： 呃::呃::六十九。

T： 如果我没划下来，可能是不太常用的。(0.2)你们应该知道嘛，“书信”应该都能猜，就是“信”，是“信”的书面语\/，(.)嗯，所以，我觉得这些词你们应该学过，嗯。

在本例中学生提问时采用了一个是非问的形式，请求教师裁定问答的正确与否，这反映了交际者在会话中遵守权势规则、维护和谐的意识与倾向。但从教师在学生提问之后的后续回应来看，这个提问已经改变了会话序列的结构和走向，会话组织转而围绕“书信”来展开，体现了师生在互动会话中的平等主导权。

3.2 由学生自主引发的提问

学生自主引发提问出现的前提是教师发出的话语没有期望得到学生回应，教师也没有将话轮分配给学生，学生本来是没有话语空间的，但学生却自我选择，在一定的话轮转换相关处承接之前的话轮提出问题。

片段三：

T： 好，这个是“坚韧”，它要有韧性。↑好，这是第一个具体的、指具体的东西。“坚韧”我们还可以来指人的性格、°指人的性格°。

K： (0)是不好的还是好的？

T： (0)呃::是好的。

K： °好的°。

T： 一般都是好的。

……

T： 首先想到他的妈妈的性格，嗯。
坚韧的性格，[因为它在]

K： [所以]|

T： (0)嗯。

K：应该认为他们固执还是::

T：(.)↑不是，他们就是在各种环境下，就是说再困难的环境，他们也能够坚持……

会话分析研究者认为，每一个完整的会话构建单位(turn-construction unit)之后都有可能成为话轮转换相关处，因此在这个位置出现的学生提问相当常见，如第3和第12行的学生提问(第12行“应该认为他们固执还是::”是一个未完成话轮的形式，学生期待教师的补充，形成事实上的提问)。同时我们也可以看到学生提问对话题走势和会话序列发展的影响，教师话语的发出都是为了解决学生疑问，体现了学生学习的主动性和教师充当的辅助角色。

我们对以上三种在不同位置出现的学生提问进行了统计。

表1 学生提问位置的统计表

教师	学生提问在话轮中的位置			学生提问总数
	由教师引发		由学生自主引发(%)	
	陈述性回应和提问(%)	直接采用提问回应(%)		
教师A	4(12.5%)	3(9.4%)	25(78.1%)	32
教师B	9(23.1%)	5(12.8%)	25(64.1%)	39
教师C	2(8.7%)	4(17.4%)	17(73.9%)	23

三种学生提问，第一种陈述性回应和提问以及第三种由学生引发的提问均属于学生自主掌握会话主动权开启提问的情况，第二种直接采用提问回应则属于教师主动进行话轮分配，将话轮开启权转让给学生的情况。在3个班级分别4个学时的课堂教学中，前者的比例均远远高出后者，分别达到9.6∶1、6.8∶1以及4.7∶1。由此可见，在我们观察的课堂中，教师留给学生自由提问的机会是相对较少的，大部分的学生提问由学生自己争取。学生提问可以说是学生自己搭建起来的学习“脚手架”，它不仅有助于教师确定学生语言能力的最近发展区，而且为开启师生互动和第二语言学习创造了有利条件。因此，教师在有关学生提问方面的意识仍有待提高和加强。

四 教师对学生提问的回应

在我们的转写语料中，教师对学生提问的回应形式多样，有单一方法的回应，也有多种回应方法的结合。为了使分类和论述比较清晰，本研究将教师回应与会话序列发展紧密联系，并参考了Jacknick(2009)的分类，按照回应与序列发展的关系将教师回应分为封闭性回应与开放性回应两大类。

4.1　封闭性回应

封闭性回应是指教师对学生提问回应之后，没有分配下一个话轮给学生，学生也没有继续发出话语，会话因而回到了原先的话题或者活动，具体来说就是教师直接并充分回答了学生提问。教师的回答形式上长短不一，有的只需一个话轮，有的则分布在接续的好几个话轮中，这些答案一般都比较充分、完整和准确，由于解答了学习者的疑问，他们不会就同一个问题继续追问。

片段四：

T：“土地爷”，一个神，掌管土地的神。如果你们看很多电视是能看到土地爷的。

K：(0.2)是跟农业有关系？

T：(0)对。(.)土地爷，你看一你们看《西游记》里边，如果喜欢看《西游记》的人就知道，比如说孙悟空到一个地方后，他不知道妖怪叫什么名字，他就用他的那个什么？金箍棒，然后打一下地，那个土地爷就会现身……

本例中，教师在相邻对的后件中对学生提问的前件进行直接回答，这是教师对学生提问积极回应的表现。Ohta & Nakaone(2004)认为直接回答学生提问的方式可以增加学生作为平等参与者的课堂互动机会，并且能鼓励学生发问，特别是当他们无法独立解决问题时，可以通过向教师提问来获取信息，从而提高学习的有效性。应该说学生提问是建立在自身掌握的目标语言知识和技能基础之上的，如“(土地爷)是跟农业有关？”这个问题表明学生在其知识体系中已经涉及中国民俗文化“土地爷”的有关信息，它不太可能超出学习者学习基础太远，否则这类问题不会被提出。教师这类回答属于会话序列中的优先结构，这是一种无标记的、被期待和默认的行为，在日常会话中类似的回应有对邀请行为的接受、对评价行为的认可和对请求行为的允许等。

另外，我们也发现了教师对学生提问出现了无言语回应的情况，或者仅采用了非语言形式的体态语。Have(1999:113)认为交际谈话中的话语是被序列性地组织起来的，这就意味着在谈话进程中，任何话语产生之后就为其下一个话语的出现创造了语境条件。如果下一个话语没有出现，就是一种“可注意到的缺失现象”(Noticeable Absence)，并且这种现象是能被解释的。教师对学生提问的忽略——即没有回应，在我们的研究中主要是教师没有听到，或是出于对课堂会话序列下意识的控制作用，或是因为还有接续的教学步骤或者教学活动的安排，避免教师疲于应付各种课堂打断，从而影响正常教学进度的状况等。

4.2 开放性回应

开放性回应是教师对学生提问进行回应，这种回应为学生在下一个话轮的发话创造了一定的条件相关性，师生之间的互动得以继续进行；与此同时，在会话序列中可能会因此产生插入序列或者非最小后扩展序列的类型，前者是指一个语对中出现的嵌入语对，后者指通过解释和进一步提问等方式对自己或者对方话语进行重述，从而使学习者拥有使用目标语言进行更多互动参与、意义协商和输入输出的实践机会，同时也大大丰富了传统的 IRE 或 IRF 三步式教学模式①。

4.2.1 师生合作性回答

在教学实践中，由于种种原因，教师对学生提问的回应不能总是使学生满意，例如，可能是教师的解释"文不对题"，并非与提问相符；可能是教师在回答中出现了犹豫的迹象；也可能是出现不完备甚至不准确的解释；或者正在讲授的知识与教师之前的授课内容有冲突等(Jacknick，2009)。对汉语中高级水平的学习者来说，他们已经具备了一定的汉语言知识和技能基础，当教师出现上述任何一种不充分回应时，学习者有能力在下一个话轮互动中自我选择发出话语，要求意义协商②，我们称之为师生合作性回答形式。

片段五：

T：((教师翻完书之后看学生))o还有没有o?

((M举手))

T：↑好。((教师看M))

M：呃::那个八:十二:"灰烬"是不是表示抽烟以后的那个?

((M注视老师))

T：不仅是抽烟，还有烧火，比方说，[燃烧东西以后]=

M：=[↑但是包括抽烟?]

T：(0)剩下的，对。

M：(0)嗯，嗯。

T：抽一剩下的那种，灰和那个东西，都叫灰烬。o嗯o。

M：(0)所以，如果一个人抽烟，我可以一我发一在地上发现他=

---

① 自20世纪七八十年代以来，学界普遍认同课堂互动的主导结构是IRE，即教师引发—学生回应—教师评价(Teacher Initiation-Student Reply/Response-Teacher Evaluation)；或者IRF，即教师引发—学生回应—教师后续反应(Teacher Initiation-Student Response-Teacher Follow-up)。

② 意义协商(Negotiation of Meaning)是互动假说中的核心互动形式，对话者在遇到意义理解困难时对交际话语的调整和重建，包括理解核查(Comprehension Check)、确认核查(Confirmation Check)、澄清请求(Clarification Request)三种形式。从学生提问的视角出发，师生间的意义协商事实上已经被拆分归类，如学生提出的理解核查和澄清请求都可以归为学生提问类型，而确认核查并没有出现在学生提问中，这与课堂师生角色密不可分。

T：=那个
[灰烬]
M：[扔的]是=
T：=那个不叫"灰烬"，那个叫一那个叫"烟头"，如果你发现
一灰烬是[它的那个抽烟]=
M：=[但是它不是]、不是那个、不是那个小部分，是::[是]=
T：=[不是]灰那种？
M：(0)对对对，[不是的。]
T：[哦:可以]、可以可以。
M：应该用这个或是=
T：=可以用。
M：(0)没有其他的[词?]
T：["烟灰"]，你可以说"烟灰"。
M：用["烟灰"]
T：[烟灰]，/eh/::，[[可以用]]
M：[[↑啊::]]((然后M埋头写笔记))
T："烟灰"，直接用"烟灰"就可以了，直接就说明它了。
((教师在黑板上板书))

通过这个生动的案例我们看到，教师在回答学生提问后提供不充分的答案，包括教师回应的不准确(第9、11行)，以及回应与学生提问不相符(第16、17行)等，都并非是教师有意为之，却为学生扩展话轮提供了条件。也就是说学习者下一个话轮的获得并不是由教师分配得到的，而是自我选择的结果，学习者在教师回应之后进一步发出自主话语，在这种情况下，师生之间的互动常会出现意义协商。在协商中不仅会话序列得以扩展，而且课堂师生互动也得到调整，这有助于学习者对二语输入的理解，同时也为二语学习创造了有利条件。意义协商对第二语言习得影响的有关研究著述非常多，我们不在此赘引。Have(1999:163)认为，对在课堂中发生的言谈应对来说，话轮分配已经是一套潜存的系统，甚至是话轮的类型也是如此。但是在师生协商的过程中，学习者可以自我选择取得话轮，比如对教师进行追问("没有其他的词?")、对教师话语做出打断("但是包括抽烟?")和提出异议("但它不是")等，学生在会话中自主发出话轮，自愿参与会话，也改变了先前教师单方面对会话组织序列的管理，而教师对协商的参与也有助于对学生现有语言水平进行准确评估，有利于发掘学习者的最近发展区和确定"教什么"。上例中M所发出的最后一个话轮("啊")就反映了在师生双方合作性协商之后，

学生对“灰烬”“烟灰”这些词达到的阶段性学习效果。

4.2.2 教师采用提问引导

不管采用什么教学理念和教学方法，教师始终对课堂教学的布局、构建起主要作用，是学生学习活动开展的设计者和引导者。教师采用提问引导学生参与知识共建，不仅使师生互动话轮得以拓展，而且有助于学生联系旧知、开展自主思考并获得新知。这是教师有意识地增强师生互动的回应方式。这类的回应一般是教师会先抛出一个展示性或者参考性问题来确定学生的相关背景知识，帮助学生理解最后的正确答案。

片段六：

T：(.)对吗？成龙，还有哪些？很多、基本上都是这些大腕儿在做广告，[o现在o]＝

K：＝[那“腕儿”]这个词的意思[是]＝((用手指自己的手腕儿))

T：＝[其实]就是这个意思，[[对。]]

K：[[所以]]他
为什么这样说？

T：(0)我觉得他就是说这个能控制，在这里边是第一的、最好的，嗯。
＞你看他这个地方＜，你看这个地方是不是能控制你的手？
(.)能不能控制？((教师指自己的手腕处))

K：(.)o能控制o。
(.)o起决定作用的o。

T：((T点头))嗯，有实力的。

K：(.)嗯。

教师在第8行的引导提问成效明显，在随后K的话轮中，他回答了教师关于“手腕能否控制手”的提问，并接受了教师在第12行给出的“重铸反馈”(Lyster & Ranta, 1997)，即教师对学生最初的提问直接给出正确答案。以下是我们对教师采用的回应方式进行的统计。

表2 教师对学生提问回应方式的统计表

教师	教师对学生提问的回应				学生提问总数
	封闭式		开放式		
	无言语回应	直接且充分回应	直接且不充分回应	教师的提问引导	
A	4(12.5%)	15(46.9%)	9(28.1%)	4(12.5%)	32
B	3(7.7%)	25(64.1%)	7(17.9%)	4(10.3%)	39
C	1(4.3%)	11(47.8%)	5(21.7%)	6(26.1%)	23

三位教师在中级对外汉语综合课教学中都主要采用直接且充分的方式对学生提问进行回应（最高的是教师B，达到了64.1%）；无言语回应的原因主要是教师没有听到、教师对课堂教学组织的管理和对会话序列的控制等。另外，教师采用提问引导的开放式回应也相对较少（教师C比例最高，占26.1%），也就是说教师有意识地利用学生提问机会让学生参与互动的情况还不是太多。当然这可能与我们转写的课堂内容有关，主要是生词和课文讲授阶段，没有涉及学生之间的两两活动或者小组活动。而直接且不充分回应造成的师生互动则是教师无意识引起的，整体比例为第二位（教师C的比例略低一些）。

五 教学建议

学生提问反映了学生对学习过程的理解和参与意识，在一定程度上改变了师生会话组织序列，显示了对师生互动的影响以及在互动中实现了对会话的互动性管理。而教师对学生问题的回应，不仅是教师基本的教学活动，也是丰富师生互动、提高目标语言输出、共同构建知识能力的学习的好机会。依据本研究对学生提问在话轮中的位置和教师回应方式的发现，我们提出以下的课堂教学建议：

第一，教师应营造包容、开放的课堂氛围，鼓励学生大胆开口提问。教师尽量能照顾到每一个学生提问，一个学生的问题有可能是全班的问题。如果是因为教学计划、时间等因素无法及时解答，应予以简短说明，并在课后主动给学生讲解。

第二，在教学项目、教学环节中应有效利用话轮转换相关处，考虑留出有针对性的、专门的学生提问时间，提高由教师引发的学生提问的比例及其质量。如可以在词汇教学阶段，把学生提问的关键词记录在黑板的一侧，这样师生可以知道针对词汇都提出了哪些问题，哪些是以往已经涉猎的，或是延展性的，或是从未探讨过的；哪些是属于词义、褒贬色彩、用法或者辨析方面的；哪些可以通过字形字义、构成方式、上下文语境可以分析猜测归纳的。由此让学生逐步学会从哪些方面掌握词汇，提高学生的自主学习能力。这样的记录方式在我们此次的课堂观察中没有出现。

第三，教师要真正做到"以学生为中心"，就必须意识到师生平等互动的重要作用。在教师讲授阶段，如果教师对学生提问能立即回应但受到教学安排设置的限制时，可选择直接并充分回答学生的提问，这能迅速解决学生问题、节约课堂时间，成为学生有效便捷的学习资源；另一方面，教师也应当尽量有意识地利用会话组织序列和话轮转换的相关知识，采用意义协商性质的合作性回应、让学生进一步澄清提问性回应、有目的性地设置其他的问题，搭建桥梁让学生参与到问题解决的过程，不仅能增加目标语输入输出的机会，而且也可以引导学生自主思考、联系旧知学习新知，从而将互动作为语言学习的重要途径，使师生互动成为一种开放性的会话组织序列。在课堂互动中教师主动分配话轮，最终实现师生对会话的互动性管理，充分体现教师在现代语言课堂中“以学生为中心”的教学理念。

参考文献

杜朝晖、亓　华（2007）中级汉语会话课堂教师反馈研究，《语言文字应用》第S1刊。

刘　弘、靳知吟、王添淼（2014）对外汉语课堂操练中教师等待时间研究，《世界汉语教学》第2期。

亓　华、杜朝晖（2008）中级汉语会话课堂提问类型研究，《云南师范大学学报》（对外汉语教学与研究版）第6期。

王　丹、李子玲（2013）基于中级对外汉语综合课的学生自主话语研究，《海外华文教育》第3期。

张东波、赵守辉、刘永兵（2008）新加坡华文课堂的教师提问与师生互动，《语言教学与研究》第3期。

祖晓梅（2009）汉语课堂的师生互动模式与语言习得，《语言教学与研究》第1期。

Have, Paulten (1999) *Doing Conversation Analysis*: *A Practical Guide*. London: Sage Publication.

Jacknick, Christine M. (2009) A Conversation-analytic Account of Student-initiated Participation in an ESL Classroom. New York: Columbia University Dissertation.

Lyster, Roy& Leila Ranta (1997) Corrective feedback and leaner uptake: Negotiation of form in communicative classrooms. *Studies in Second Language Acquisition*, 19: 37—66.

Ohta, Amy Snyder & Tomoko Nakaone (2004) When students ask questions: Teacher and peer answers in the foreign language classroom. *IRAL*, 42(3): 217—237.

VanLier, Leo (1988) *The Classroom and the Language Learner*. Ethnography and Second-Language Classroom Research. London: Longman.

Waring, Hansun (2009) Moving out of IRF (Initiation-Response-Feedback): A single case analysis. *Language Learning*, 59 (4): 796—824.

附录：语料转写规则

本文参考了 Sacks 等（1974），Du Bois 等（1993）以及 Ian Hutchby，Robin Wooffitt（1998）的转写系统，并做了一定的调整。参见：

1. Sacks, Harvey, Emanuel A. Schegloff& Gail Jefferson (1974) A simplest systematic for the organization of turn-taking for conversation. *Language*, 50: 696—735.

2. Du Bois, John W, StephanSchuetze-Coburn, Susanna Cumming & Danae Paolino (1993) Outline of discourse transcription. In Jane A. Edwards & Martin D. Lampert (eds.), *Talking Data*: *Transcription and Coding in Discourse Research*, 45—89. Hillsdale, NJ: Erlbaum.

3. Hutchby, Ian & Robin Wooffitt (1998) *Conversation Analysis: Principles, practices and Applications*. Cambridge: Polity Press (UK and Europe), Blackwell Publishers Inc. (USA).

顺序	符号	意义
1	(0.3)	停顿计时，括号中小数点之后的数字表示停顿的时间，单位是秒
2	(0)	紧随话语，无停顿
3	(.)	表示停顿少于2秒
4	[ ]	重叠话语
5	|	未说完而中断的话语
6	—	说话人突然停止话语
7	_(下划线)	强调的字词
8	=	打断
9	°°	这段话语比周围话语音量低
10	::	表示声音的拖长，如果符号:越多，表示拖的时间越长
11	↑	语调突然升高
12	↓	语调突然降低
13	\/	表示语调有所起伏
14	()	括号中的话语表示转写者对说话人话语的猜测
15	(())	所包括的部分是研究者对于某个现象的注释
16	<@@>	笑声
17	><	该符号中间的话语比其他部分速度快
18	<X X>	不确定的记录
19	(/ /)	语音的转写
20	<Q Q>	转述或者引用

（王丹　成都　四川大学海外教育学院　dan028mail@126.com）

库玛后方法理论指导下的成就式自主学习研究

——以美国一所大学中文教学为个案

尤 珉

提 要 成就式自主学习法以自主学习为理论，以后方法为方法论，研究学习者双重学习意识间的共同作用，即教者角色学习意识和学生角色学习意识。该方法提出：让学生换位思考，从教者的角度，在准备教会他人的过程中获得学习的方法从而帮助学生进行自主学习。研究得出结论：教会学生建立潜意识记忆点的方法（后简：建树记忆点），让学生换位思考参与教学，不仅能够使学生在被肯定中进行更好的学习，同时，使用该方法的教师在设置和引导学生的教学过程中，其自身也进行不断自主学习。鼓励学生树立自信心是该方法的基本理念，培养创造性思维是其最高宗旨。该方法十分适用于零起点、初级阶段的汉语学习。它可以使教师和学生在共同的教学活动中达到更接近自主学习的境界。

关键词 自主学习 成就式 记忆点 后方法教育

一 前言

"成就式自主学习法"是一种什么样的方法？它的理论基础是什么？本文通过自主学习理论，介绍如何创建成就式自主学习法（即 Theme Party 目标自主学习）。学习是一个知识习得和传递的过程，是一个学与用的过程，也是一个用与学的过程（Maurice Gibbon，2013）；学习可以是一个"从用的角度"达到学到、获得的过程。成就式自主学习法通过结合教科书内容，在教学中为学生创造"教师角色学习（Student Professor）"。学生通过以"需要教会别人"为目的而进行准备的学习状态，可以从中进行换位思考以及建立新思维记忆点的机会。简言之，如果我们把学习中记忆的过程看作是由 A 点到 B 点的过程，那么进一步解释为：在现实学习中，由 A 到 B 之间所产生的 a_1，a_2……a_n 的记忆点的建树，是形成学习的必要条件，这个必要条件的产生，需要由学生以不同方式创设"自我学习使用点"开始（即建树记忆点、结成思维记忆链）。如果我们把从 A 到 B 之间的 a_1，a_2……a_n，直至达到 b_n，……b_3，b_2，b_1，B 的过程看作习得过程的描述，那么学生在习得细节收获上的区别则取决于学生对学习的自主程度、强度和积极度。正如美国实证主义心理学家桑代克用科学实验的方式来研究学习的规律，他提出了著名的联结学说——效果律（戴尔·H.申克，2012），即学习者在学习过程中所得到的各种正或负的反馈意见会加强或减弱学习者在头脑中已经形成的某种联结。戴尔·H.申克的效果律是一个重要的学习定律，他认为学习者学习某种知识以后，即在一定的结果和反应之间建立了联结，如果学习者遇到一种使他心情愉悦的刺激或事件，那么这种联结会增强，反之会减弱。本文所阐述的成就式自主学习法注重学生心理的引导，全方位鼓励学生树立学习自信心。积极传递正能量，培养学生创造性思维是其最高宗旨。该方法的自我学习记忆点的建树是一个良好的、可以帮助学生建立学习自信心的好方法，它可以帮助学生达到学习目的、增强学习纬度。运用此方法的教师在使用不同教学理念诠释和调节自身教学法时，创造性地去为学生营造建树学习记忆点的教学环境，由此，教师自身也会得到不断提高。这种为适应学生自主学习而随时进行的自我调节，可以使教师自身的思维不断更迭、不断改进教学，故此也会促成教师自身的自主学习。在学习过程中证实正确等于学习，证实非正确同样等于学习，本文主要针对研究学习的过程等于学习的观点，强调在学习过程路径中，A 点到 B 点的任何收获都等于学习，学习不应该有好坏之分，应该只分不同途径以及量的多少，习得的方法并非是唯一的，或者有最佳答案的，习得者所经历的每一个不同路径，不同强度的过程，或不同积极度的过程都是学习，都会产生、发展、收获习得。学习记忆点建树的过程，是习得之门。

二　成就式自主学习法的理论基础和研究现状

2.1　成就式自主学习法是怎样的学习法

成就式自主学习是由教师辅助引导在先，学生个人自我学习和团队自我学习互动相结合的新方法。该方法特意设计了教师与学生之间的互动：一般互动、引导互动、创意互动。教学中教师利用教科书内容，引用 Student Professor 制度，采用以学生为中心的教学方法（Kumaravadivelu，2006），让学生参与进行责任学习（学生自选教科书内容中任意一个章节，以自主研究为主，结合教师指导，然后把所学知识面授给全体同学），并且以让学生参加、设计并以准备一个 Chinese Theme Party 为学习目标，全程贯穿教学内容，邀请学生坐到教师的位子，以教师的角度去研究思考如何教会别人，让学生在执行这个自选内容的准备过程中收集资料并研究如何教会别人的方法。整个过程由学生自由选择学习难度，自主拟定兴趣方向。另外，学生在 Theme Party 中还可以得到自由选择角色的机会，为登上讲台而做准备。学生上讲台前，需要教师对其进行一对一指导。然后学生运用其所学的知识来准备教案，并独立承担一次授课。最终，学生以讲课表达、镜头实录表达等方式完成书面知识、语法、口语等方面的学习。

2.2 成就式自主学习法的理论基础和研究现状

成就式自主学习法以自主学习为理论基础，是作者在美国进行中文教学数年来切身实践的总结。然而，自主学习理论研究开始很早，始于20世纪60年代。Henri Holect 被誉为自主学习理论研究之父，后来，在西方的教学研究领域，William Little wood 、David Little 等诸多有代表性的教育家，纷纷涉足该领域并取得了影响至今的研究成果。自主学习的宗旨是培养学习者的自主学习能力，指的是 The ability to take charge of one's own learning。早期许多学者从不同角度出发来探讨上述问题，因此，"自主学习"曾有许多名称，如"自主的学习"(Autonomous)、"学习者自主学习"(Learner Autonomy)、"自我调节学习"(Self-regulated learning)、"自我引导学习"(Self-directed Learning)等(Palfreyman,2003)。20世纪70年代，自主学习概念被纳入欧洲理事会现代语言项目，正式进入语言学习和语言教学领域。1981年，Henri Holect 出版的《自主性与外语学习》(*Autonomy and Foreign Language Learning*)一书奠定了该领域的研究基础。80年代中期，美国权威心理学家齐莫曼，分别从心理学等不同角度研究自主学习，并建立了一套富有特色的自主学习研究体系。齐莫曼的研究强调元认知、动机和行为等方面的自我调节策略的运用；强调自主学习是一种自我定向的反馈循环过程，自主学习者能够监控自己的学习方法或学习策略的效果，并根据这些反馈反复调整自己的学习活动；强调自主学习者应知道何时、如何使用某种特定的学习策略，或者做出合适的反应（杭厚强,2011)。

成就式自主学习法的学生活动理论基础是以自主学习为理念，教师活动理论基础是以后方法教学理论为分析理念。库玛《超越教学法》中引述了 Henri Holec(1981)的一段话：学习者自主性被称作"掌握自己学习的能力"(David Palferyman,2003)，并进一步解释为"掌握"实际上意味着拥有并承担起明确学习目标、阐明学习内容与进程、选择学习使用的方法和技巧、监控习得步骤，并最终对学习收获进行评估的责任（库玛，2013)。

2.3 成就式自主学习法使学生们学到了什么

2.3.1 成就式自主学习法使学生们最大限度地得到自信心

教育过程就是师生情感交流的过程。愉快的情感，能使学生在感知、记忆与想象方面更加敏锐、牢固和活跃；苦恼焦虑的情感，会使学生在感知、记忆和想象方面出现迟钝和受阻的现象。成就式自主学习法旨在引导、教会学生学会学习方法，鼓励学生参与学习过程，强调学习过程中的任何收获都等于学习(少学或者多学)。该方法明确了以下观点:每个人的学习结果，只有不同程度或者不同方式，没有好坏之分；教学辅助Theme Party活动，尊重学生选择学习内容以及学习量的个人权利；学生以其自身能力，选择参与程度以及未来工作量。因此，成就式自主学习法有效地回避了传统学习方式和测试方式的缺点，避免使学生产生因考试不好而被迫承认“我不是最好的”的心理阴影。

2.3.2 成就式自主学习法强调传递正能量

成就式自主学习法强调个人学习和团队学习相结合，并结合现代电子时代，鼓励学生运用他们熟悉的多媒体知识，以个人或团队形式进行，网上学习。学生对某种事物的方式、模式的最初兴趣，是学生学习正能量传递的最基本基础。使用网络、电子字典、手机等信息查阅工具扩大知识视野。这样的学习，可以让学生结合其所知、所长，增长参与正能量，增长竞争自信心。利用多媒体模式学习，乃至包括电子游戏形式学习，可以开发学生多种思维创造力，鼓励学生树立自信心。

2.3.3 成就式自主学习法给予零起点学习者良性心理引导

自主学习的自我调节策略、学习记忆点建树策略是自主学习过程中的自我定向反馈循环表现方法。初学者在学习中使用的不同表现方法、在不同习得细节上的反馈循环，可以影响其自主学习的程度、强度和积极度。因此帮助学生建树学习记忆点，是使用成就式自主学习法教师的首要任务。遵从这一理念，细致入微地为学生在自我学习中创造多元空间，使学生避免感觉到“××语言太陌生”，从一开始就着力开发学生的潜意识意念，使其愉快接受新事物。如库玛(2013)在相关章节中所论述的一样:教师们不仅应成为策略的实践者，还应成为策略的思考者。在成就式教学过程中，教师正是以设计者身份，借鉴专家理论，运用多种教学方法创造教学法，帮助学生达到学习目的，建立创造性思维，使学生有信心胜任自主学习。

三 成就式自主学习法的具体学习方法

学期初，学生在接受教科书内容教学的基础之上，另外在Theme Party中为自己选定一个目标角色，并在整个学期中由始至终地为其所选择角色做准备，是成就式自主学习法的基本特点。学生在课程学习期间需留意其角色所需要的词汇、为其目标角色做词汇积累，并将它们编写使用在为自己角色所创作的“脚本练习写作”中。脚本写作、表演、拍摄(利用手机功能)以及编辑过程是学生自主学习记忆点的建树过程，也可以形成一种积极、愉快的学习互动体。例如:在 Theme Party 中,每个学生都为自己选择一个角色,最终作品用目标语原文表达。作品可以是单独演示或与他人合作共同完成(如心理医生和病人的对话合作表演)。因此,学生们的学习既独立又相关,既需要独立思考,又需要与他人协作。"Theme Party 目标学习"是个人自我学习与团队自我学习的结合体,是一个诸多学习方法多重组合的共用体。其中,学生与学生之间的合作可以引发一般互动;教师对学生一对一的学习监察辅导则形成引导互动;最后学生在自我设计、自我完善其脚本独立写作、合作写作过程中可以达到创意互动。创意互动的学习过程是成就式自主学习法所期望的最高目标。

3.1 以美国纽约州一所私立大学为个案描述

成就式自主学习方法的实施过程:研究者在美国纽约州一所私立大学进行了历时四年的个案研究,参与学生对象年龄在 18 至 22 岁,中文学员多为零起点,其中华裔学生比例约占 5%—10%。该校的中文课开设于 2006 年,为选修课。此选修课以综合课为主,周学时为 5 小时,每天 1 小时课时,每学期课程为 4 个学分,每年 8 个学分,课程长度为两年,共计 16 个学分。使用《中文听说读写》(*Integrated Chinese*)为教材。研究者介入教学实验历时四年,介入期为该校开设中文课的第二年。在四年的教学试验中,研究者运用自主学习理论逐年验证教学效果,调整教学方法、创意设计了成就式自主学习法。在成就式自主学习教学中,教师采取教学生如何教课的方式授课,使学生反向思维(把自己当作老师),向学生导入如何教别人的思想,教会学生以一个教学者的方式去考虑如何学;学生在反向思考的过程中,在实践如何教会他人中学习。教会他人的准备过程,是一个学生自我学习的过程,更是一个可以最终达到完成自主学习目的的过程。利用学习者双重学习意识的相互作用(教者角色学习意识与学生角色学习意识),采用多种综合方法的教学手段进行教学是成就式自主学习法的特点。正如库玛理论对教师的最高期望,教师利用自身实践创建自己的教学法,这样的方法才是真正的"自下而上"教学的真实体现。

3.2 设立学生 professor 制度

成就式自主学习法的"学生 Professor 制度"目标方案,是教师为配合学生学习所采用的一种放而智纵的方法。教师在知识传递过程中扮演服务者、辅导者角色,让学生在表面上进行自主学习,而实质上是教师对每一位学生的每一项活动进行潜意识引导在先、设计策划在先地帮助学生进行学习。学习过程中学生在自由选择方向之后,接受教师一对一的辅导是教学过程的一个重要组成部分。经由教师辅导之后的学生 Professor才可以在课堂上传授自身所学是这一制度的必要条件。成就式自主学习法通过如此方法，可以帮助学生建立自主学习自信心。例如在学生Professor制度中，考核学生Professor的另一项是看他所教授“学生”的反应。其中包括学生Professor设计所教章节测验题、练习题。这一设计环节，不仅解决了练习方式和习题难度的问题，而且巧妙地将学生组合在一起团结协作。因为每位学生都希望有个好成绩，所以学生Professor关心其“学生”是否听明白其所授课程，是否可以完成他所设计的测验题，能够营造一个“听者多问思辨，教者竭尽心思答”的换位学习境界。所以很多时候学生Professor自信地走进“学生”反复讲解教授知识。这一“走进”与“讲解”过程的表象是学生Professor为自己争取高分，而互动的本身则完成了学习，这就是成就式自主学习法学习过程中的团队互动学习。团队互动学习的动因可以衍生出许多良性和非良性分支发展，此方面不予详述。

四 成就式自主学习法学习记忆点的建树方法

4.1 让学生在教学流程中建树记忆点

设计思考怎样教汉语，怎样教词汇一直是我们教学的重要问题之一。传统的汉语教学多是由字教字或由拼音教字。在处理如何调节枯燥学字的环节时，我们采取用历史知识，文字起源巧妙缓解学生“Chinese is too foreign to me”的恐惧心理。如：用甲骨文、象形字的构字结构，向学生导入字义，用汉语偏旁部首的意思与构字功能扩展教词。用让学生从听的阶段介入，教学生用笔“录音”，创造性地记录拼音发音的方法学习拼音。记音的记录方式可以是选用其母语注音、图画或任何一种学生所熟悉的语音标音方式。以上方法的每一个环节都会帮助学生形成良好的记忆点。因此，成就式自主学习法意在教会学生各种学习能力、教会学生达到独立用拼音学字的学习方法后，使他们自己可以进入更高层次的学习。所以，成就式自主学习法的核心是，以教会学生多种能力和多种学习方法来建立学生自信心，然后让学生自主独立学习。该方法以主题创造能力培养为目标，强调语言意义，兼顾语言听、说、读、写。教师给予学生一个简单固定的模式，然后“扶持”和帮助学生，任由学生自主选择作业内容完成学习过程，在学习过程中学生以自己的方式做事的过程，就是在选择和建树知识记忆点。

4.2 让学生以“双语作文题目”写作为起始建树记忆点

为何从双语作文题目开始？在词汇教学中，学生词汇学习的记忆与运用是一个难点。我们采用母语 comfortzone 带动学生学习积极性，让学生放下包袱，轻松写作，计划性地引导学生学习语言文字与文化。双语作文题目的方法要求学生从用双语写作作文题目开始，开启潜意识思维记忆点，其实是在利用如此简单的行动思维帮助学生在其潜意识中建立记忆储存，为后期对书写、写作等的学习做准备。

4.3 让学生在采用“双语插词写作文”练习过程中建树记忆点

从双语标题开始，以母语“舒适区”带动学习积极性，潜移默化地让学生进入自我激励学习。用母语写作 base，插词融入过渡法让学生练习词汇，是我们创造的新方法。学生在进行每两周一次的文化研究写作中，不断将其所学到的新词放到作文中使用，并且用词比重由母语向目标语（汉语）逐渐过渡。所以“插词写作”在学生潜意识中能够为日后写作文打下基础。许多学生从只可以在他们的母语报告中插入几个中文词，到期末，有的发现自己可以在写作中达到 50%以上的中文插词，有的甚至几乎达到 80%—90%插词用词量。这样的结果往往使学生备受鼓舞，故此增强了学习兴趣和自信心。

4.4 利用学生 professor 制度建树记忆点

教育家 David Little 在自主学习理论上一直强调语言的学与用二者是不可分的（1995），强调 First language development 和 Second language acquisition 然后才是 implication for language teaching（Little D.，1991）。成就式自主学习法就是让学生从教者的角度，与自己身份进行换位思考后进入自主学习。敢于教处在两个极端的不同能力水平的学生，是成就式自主学习法大胆地设立学生 Professor 制度方案的初始动因。库玛在《后方法论》一书中说：“……这种动因鼓励了教师去充当‘反思型的实践者’。”教师在辅导学生 Professor 到课堂上传授自身所学的过程中，直接帮助学生树立学习自信心。在学生 Professor 制度中，每一位学生都以 Student Professor 角色为其他同学讲解、展示其学习研究的收获。这个过程的最为重要环节是，教师必须在学生面对全体学生讲课之前对其进行一对一辅导，对要讲授的知识把关，帮助他们避免在课堂上传递有误的知识。教师在此阶段介入学生的学习总是十分受欢迎。教师在把握知识正确性的同时，会减缓学生初级阶段自主学习的压力，通常学生感觉到他们真正得到了帮助。学生角色在其充当、扮演 Student Professor 时，他们以教授、表达、表演的方式帮助别人学习，使学生的学习思维可以从自我独立自主学习转化为团队互助自主学习。所以，这种教学情境的创设，能够使学生的学习更上一层楼。Theme Party 目标学习法，设计了一个由学生自由选择、自主创造、自主学习的真实模块，体现了教师自身建构的教学实践以及教师在教学中树立学生自信心的过程。

4.5　利用脚本写作激励法建树记忆点

Theme Party 准备方式融合了传统学习方法以外的传媒手段。学期中，学生将已知与未知知识链接，从而进行了自我教授学习、夸张或者表演学习，以建立隐喻思维链学习。如选择扮演银行家的人要写出一个自己的脚本。学生由创造想象事件开始(剧本、对话创作)，进入到事物可视化学习(媒体工具利用)，并最终实践行动(自制剧本拍摄)的一系列学习的过程，是学生在形成自主学习并创建学习记忆点的累积过程，这个点的建树(记忆点)与线的连接(形成思维链)，是一个帮助学生学习的良好的手段。

4.6　利用 Theme Party 考核建树记忆点

在学期末的 Chinese Theme Party 考核中，Student Professor 从运用自己所学知识通过教授其他学生，到设计所教内容的考试试卷(占期末成绩 50%)，完成换位思考。他们把自己当作教师，为人师表，凡事做到最佳。其中，准备教授知识给他人的每一个思考环节，都是学生建树自主学习记忆点的良好时机。

4.7　最后的纪念物 DVD

调动学生娴熟运用当代电子工具的优势，允许学生们利用电脑、手机等多媒体途径，在学习期间准备拍摄、自制 DVD。这个过程中达到了用传媒手段进行自主学习，让学生完成利用原有知识记忆点与新知识记忆点搭桥连接的目的。所以在整个学期中，学生们完成了参与教学——Student Professor 教师角色授课、自我选定角色、自制撰写表演脚本、自演合演等不同手段学习之后，将自己的表演进行录像，并最终制成影像保留。当每一届学生毕业的时候都会得到一个珍贵的纪念物—— Chinese Theme Party DVD。

五　自主学习教学方法论

5.1　成就式自主学习教学与库玛后方法理念的结合

成就式自主学习教学以库玛的后方法为方法论，遵从后方法理论主张的从经济、文化和教育全球化进程中整合教师教育的各项内容，建构包含多元模块的综合教育模式，以求从根本上影响语言教师教育的理念和实践的目标。在“第二语言教学界意识到还没有一种现成的最佳教学法，也不可能找寻出一种最佳的教法”(库玛，2013)的现实中，结合后方法教育理念，即库玛树立的“教学理论实践化，教学实践理论化”的理念，以教师和学生为主体，立足特定教学环境与需求，赋予教学实践者建构自身教学实践理论的权利和能力(库玛，2013)。成就式自主学习法教学者，采用自身体会建树创造新方法，独到地解释和运用了自主学习教学中特有的“特殊性”“实践性”“可能性”这三个核心教育参数的应用，真实表达了成就式自主学习法就是一个自下而上的、来自教师切身体验的方法，是教师为配合学生学习所采用的“放而智纵”而实质上进行潜意识引导在先的学习方法，是教师巧妙地帮助学生学习的教学方法。

5.2 成就式自主学习法邂逅任务法和沉浸式等诸多教学方法

成就式自主学习法解释了后方法理念中所阐释的“第二语言教学界意识到没有一种现成的最佳教学法，也不可能找寻出一种最佳的教法”(库玛，2013)的事实，也解释了教师在自己教学实践中可以将其固有的“特殊性”与“实践性”相结合，并有机地创造出相应的“可能性”。与任务法教学法一样，成就式自主学习法的教师围绕特定的交际和语言项目，设计出明确的、具体的、可操作的任务(学生角色学习)；学生通过表达、询问、沟通、交涉、协商等多种语言活动形式来完成任务(教师角色学习)，达到学习和掌握语言的目的。成就式自主学习法在 Theme Party 目标学习中具备沉浸式教学环境特点。在学生选择 Theme Party 目标角色中，学生要独立收集资料，完成角色目的语撰写，这个过程使学生创建了类似于沉浸环境的学习空间，独自或与他人合作完成任务。使用 Student Professor 制度时，让学生用母语写作 essay，选择任何一个与中国历史有关的方向作为研究学习点，并用其母语写出学习报告，是一种新的利用潜意识进入写作沉浸训练的尝试，有关如何操作，此论文不做详叙。另外，成就式自主学习法强调人本主义教学法(翁燕珩，2013)的基本理念，如，马斯洛在其心理学理论中指出，“人在满足了生存、安全的需求之后，就渴望被尊重，希望人格与自身价值被承认”。尊重学生，给予学生最大的鼓励和正能量肯定是该方法追求的最高境界。成就式自主学习法力求将实践性、特殊性和可能性三个核心教育参数有机结合，在教学的实践性和特殊性中，力求可能创造出集任务法、沉浸式等多种教学方法为一体的立体空间。

六 结论

成就式自主学习法以及记忆点建树方法，是教学法研究“由下而上”的产物。它证明了教学实践者，在被赋予建构自身实践理论权利时，完好地使用这一权利进行教学探索。这体现了后方法理念下，教师的自主性不仅仅是得以突显，还更进一步融入了来自教师的自主决策与设计。教师在其自身教学经验、可行性意识主导下创造的教学过程，教师为学生在 Theme Party 目标学习中选择和组合的不同学习方法和记忆点建树法，都是对后方法理论的诠释示例。

成就式自主学习法，一方面展示了建立学生学习自信心的过程对学生自主学习的帮助，另一方面也表现了具备后方法理念的教师在教学上被激发出的自主创造研究。成就式自主学习法在表象上是教师指导学生的自主学习，而实际上使用该学习法进行教学的同时，也促进了教师自身的不断更新与变化，它要求教师需要具备宏观视野知识和前卫领先的创造性思维。所以，成就式自主学习的教学过程使教师得到不断为适应学生而随时调节的进步。这种教师自身的思维发展和创造能够多方位地带动、改进和提高教学。成就式自主学习由教师立意在先，针对传统教学方式选择挑战，从传递正能量的角度使教学不仅仅传递知识，更传递自信心的增长。所以，成就式自主学习法是一个相向共生、双生双变、互动共进的良好学习方法，它使学生和教师更接近自主学习的境界。

参考文献

戴尔·H.申克（Schunk, D. H.）（2012）《学习理论》，何一希、钱冬梅、古海波译，南京：江苏教育出版社。

杭厚强（2011）什么是自主学习，http://www.zjghczx.com.cn/oblog252/user1/35372/archives/2011/8818.html。

库 玛（2013）《超越教学法：语言教学的宏观策略》，陶健敏译，北京：北京大学出版社。

翁燕珩（2014）人本主义教学法，《教育科学与艺术》第7期。

B. Kumaravadivelu (2006) *Understanding Language Teaching, From method to Postmethod*. New Jersey: Lawrence Erlbaum Assocates Publishers.

Palfreyman, D. (2003) The representation of learner autonomy and learner independence in organizational culture. In Palfreyman, D. & Smith, R. C. (Eds) *Learner Autonomy Across Cultures*. Basingstoke: Palgrave Macmillan.

Little, D. (1991) *Learner Antonomy 1: Definitions, Issues and Problems* Dublin: Authentik.

Holec, H. (1981) *Autonomy and Foreign Language Learning*. Oxford: Pergamon. (First published 1979, Strasbourg: Council of Europe).

Maurice Gibbon (2013) *The Self Directed Learning Handbook*. http://selfdirectedlearning.com/ "There is no separation between learning language and using language" *SECOND LANGUAGE RESEARCH*.

（尤珉 伦敦大学英国教育学院/中央民族大学 you_min@hotmail.com）